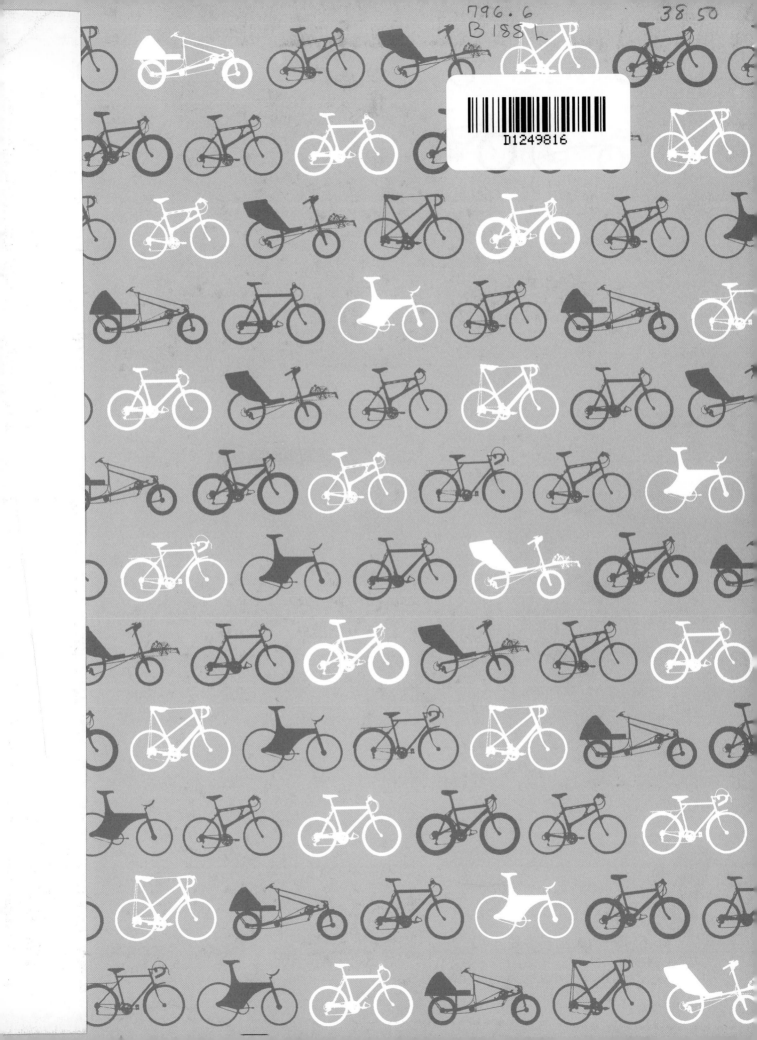

# LE LIVRE DU
# VÉLO

# LE LIVRE DU
# VÉLO

## RICHARD BALLANTINE
## RICHARD GRANT

PHOTOGRAPHIES EN STUDIO
PHILIP GATWARD

HURTUBISE

HMH

**TRADUCTION:**
CHRISTIAN MARTIN DIÉBOLD

**RÉVISION:**
CLAUDE DROUSSENT

**CORRECTION:**
PIERRE GENTY

© HURTUBISE HMH 1992,
POUR L'ÉDITION EN LANGUE FRANCAISE
AU CANADA

ISBN: 2-89428-028-9

DÉPOT LÉGAL: B.N. QUÉBEC MAI 1994
B.N. CANADA MAI 1994

**RESPONSABLE DU PROJET:**
PHIL HUNT

**RESPONSABLES ARTISTIQUES:**
JANE WARRING, IAN CALLOW

**RESPONSABLES ÉDITORIAUX:**
TERRY BURROWS, SUSANNAH STEEL,
LIZ WHEELER

**SERVICE ARTISTIQUE:**
EMMA BOYS, PAULA BURGESS,
TRACY HAMBLETON

**DIRECTEUR ÉDITORIAL:**
SEAN MOORE

**DIRECTEUR ARTISTIQUE:**
TINA VAUGHAN

**DIRECTEUR DE PRODUCTION:**
MERYL SILBERT

ÉDITION ORIGINALE 1992
DORLING KINDERSLEY LIMITED
GRANDE-BRETAGNE

COPYRIGHT © 1992
DORLING KINDERSLEY LIMITED
POUR LES ILLUSTRATIONS
RICHARD BALLANTINE
& RICHARD GRANT
POUR LE TEXTE
COMPOSÉ À PARIS PAR GROUPE LG
PHOTOGRAVÉ À SINGAPOUR
PAR COLOURSCAN
IMPRIMÉ EN ITALIE
PAR A. MONDADORI, VERONE

# Sommaire

# L'ESSENTIEL DU VÉLO

*Bicyclette italienne*

### Les rudiments de la bicyclette

La bicyclette, qui était déjà une machine passionnante lorsqu'elle fut inventée voici plus d'un siècle, n'a cessé de s'améliorer au fil des ans. Ses nombreux avantages — c'est le moyen de transport terrestre au meilleur rendement énergétique, le plus sain, le moins polluant, le plus économique et sûr — ne sauraient faire oublier ce qui lui donne son caractère unique, si singulier et appréciable : elle vous appartient en propre. Vous roulez sur votre bicyclette. C'est la machine individuelle par excellence.

*Clefs*

### La pratique

Ce que vous ressentez dès que vous enfourchez votre vélo — virevoltant dans les virages, le visage fouetté par le vent, l'odeur de l'herbe, des boulangeries au petit matin ou de la rosée du soir — est véritablement grisant, car tous ces plaisirs simples s'offrent à vous seul. Par le travail de vos *Freins* jambes, vous créez un rythme et une allure qui vous sont propres. Lorsque vous pédalez ferme, la vitesse que vous engendrez est totalement vôtre. C'est alors que vous éprouvez cette exaltation qui résulte de la synthèse entre l'esprit, le corps et la machine. A l'image de l'idéal de la Grèce classique, cette harmonie absolue de l'esprit et du corps, l'homme et sa bicyclette incarnent la symbiose parfaite du corps et de la machine, de l'art, de l'artisanat et de la technique,

la pure joie et l'allégresse de la vie. Et, pour votre agrément, ingénieurs et designers ne se lassent pas de chercher jour après jour à concevoir la meilleure bicyclette possible.

### De nouveaux progrès

Parce que les cyclistes ont de tout temps désiré rouler sur de meilleures machines, les progrès furent continuels. Cependant, les innovations les plus récentes dont firent l'objet le dérailleur, les freins, les pneumatiques et, avant tout, l'allègement des matériaux, ont été si considérables que les bicyclettes actuelles sont tout simplement stupéfiantes, comparées à celles qui roulaient voici dix ans encore ; et la demande de machines de qualité, légères, toujours plus performantes, s'avère plus forte que jamais. Ces améliorations sont à l'origine d'une grande différenciation des pratiques du vélo — sport, tourisme, transport, retour à la nature, ou mise en forme — qui seront toutes présentées au fil de cet ouvrage consacré à la machine par excellence, l'engin à propulsion autonome le plus rapide, dans sa splendeur et sa diversité.

*Raccords de cadre ornés*

*Cale-pied*

*Grand plateau*

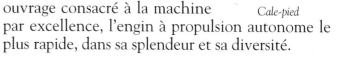

*Bicyclette classique*

# L'évolution de la bicyclette

Bicycle de Léonard de Vinci

En 1966, des moines italiens qui restauraient des manuscrits de Léonard de Vinci découvrirent un croquis datant de l'an 1490 environ, représentant une machine étonnamment semblable aux bicyclettes modernes, munie d'un pédalier et d'une transmission par chaîne. Mais, de même que son aéroplane et ses autres machines visionnaires, le vélo conçu par Léonard de Vinci n'a très vraisemblablement jamais dépassé le stade de la planche à dessin. De fait, la véritable genèse de la bicyclette eut lieu trois cents ans plus tard lorsqu'un Français, de Sivrac, inventa le célérifère, une machine formée de deux roues alignées, reliées par une pièce de bois sur laquelle on s'asseyait à califourchon, et que l'on propulsait en prenant appui sur le sol avec les pieds. En 1817, le baron Karl von Drais ajouta une direction à pivot sur la roue avant, et, découverte capitale, on constata qu'une telle machine pouvait tenir en équilibre. Les draisiennes, qui firent fureur dans l'aristocratie française et allemande — de même que leurs cousines anglaises, les hobby-horses — et connurent un bref succès en Amérique, ne réussirent pas à s'imposer comme moyen de transport quotidien, en raison du mauvais état des chemins et des routes.

Draisienne

## Premières innovations et améliorations

C'est vers 1839 que Kirkpatrick Macmillan, un forgeron écossais, construisit le premier bicycle à pédales. Son invention, restée méconnue, était mue par balanciers. Si elle se révéla pratique d'emploi — Macmillan s'en servit en 1842 pour accomplir un aller-retour de 226 km jusqu'à Glasgow, couvrant 65 km en une seule étape à la vitesse moyenne de 13 km/h — ce ne fut qu'à partir de 1861 que débuta vraiment

Bicycle à pédales de Macmillan

en France la fabrication de bicycles, lorsque que le carrossier Pierre Michaux adapta des manivelles et des pédales sur la roue avant d'une draisienne, engin qu'il baptisa vélocipède. En 1866-1867, il lança un modèle muni, entre autres perfectionnements, d'une roue avant plus grande. Le succès fut immédiat. La pratique du cyclisme commença dès lors à se répandre. L'année 1869 connut plusieurs inventions déterminantes, dont le moyeu à billes, la roue à rayonnage métallique, le pneumatique en caoutchouc plein, le garde-boue, ainsi que le dérailleur à quatre vitesses actionné par manette. Mais un an plus tard, la France, en raison de sa défaite contre l'Allemagne, perdit son leadership au profit de la Grande-Bretagne. Puisque pédales et manivelles du vélocipède étaient

Vélocipède de Michaux

intégrées à la roue avant, plus le diamètre de celle-ci était grand, plus vite pouvait rouler la machine. Au début des années 1870, le vélocipède était devenu le "grand bi", une machine imposante dont la roue avant était presque aussi haute qu'un homme. Pour que le pédalage soit plus efficace, le cycliste était perché presque exactement au-dessus de la grande roue, juste en retrait du centre de gravité. Mais que la roue avant vienne à

Grand "bi"

*Bicyclette "Rover Safety"*

juste en retrait du centre de gravité. Mais que la roue avant vienne à rencontrer une ornière, et le bicycle culbutait son conducteur tête la première vers le sol. Propension à basculer vers l'avant qui impliquait également que la machine ne pouvait être dotée de freins efficaces. Cela n'empêcha pourtant pas le "grand bi" de connaître une popularité internationale. Vers le début des années 1880, la baisse du prix des machines, l'expansion du chemin de fer et le déclin des voitures à cheval préparèrent l'entrée en scène d'une innovation majeure : la bicyclette de sécurité. La roue arrière motrice, qui caractérisait la "Rover Safety", lancée en Angleterre par John Kemp Starley en 1885, ouvrit la voie à la transmission par chaîne et pignons et aux roues de taille raisonnable. En résultait une machine qui pouvait désormais aborder les obstacles sans risque de verser et qui, en outre, freinait bien. La conduite plus rude qu'impliquaient les roues plus petites fut compensée par l'utilisation des pneumatiques développés par John Boyd Dunlop en 1888. L'ensemble pneu-chambre à air absorbait les chocs et, réduisant les frottements, permettait des allures plus rapides. Le "grand bi" était dépassé.

La bicyclette, machine dont tout un chacun pouvait disposer, se répandit très rapidement dans l'ensemble des pays industrialisés. Si en 1896 une bicyclette coûtait encore en moyenne trois mois du salaire d'un ouvrier, vers 1909 son prix ne représentait plus qu'un mois. Un moyen de transport personnel était enfin à la disposition de tous ceux qui en avaient le plus besoin ; dans les petits villages, les femmes se libéraient de leur confinement, la société était transformée et les progrès intellectuels stimulés : il était désormais possible de parcourir de plus grandes distances pour se rendre en classe ou à des meetings.

La bicyclette connut un grand essor dans l'Europe de l'entre-deux-guerres : les progrès techniques accomplis dans la fabrication des tubes, les alliages et le dérailleur (breveté pour la première fois en 1895) furent à l'origine de l'apparition de machines légères et de grande qualité. Aux Etats-Unis, cependant, la bicyclette perdit progressivement de sa popularité jusqu'à n'être plus considérée que comme un gadget. En 1933, Schwinn tenta bien de lancer son sosie de motocyclette, à vitesse unique et pneus larges, mais ce vélo était bien trop lourd et trop peu pratique pour connaître le moindre succès.

*Vélo d'agrément à quatre roues*

*Métamorphose de la vie quotidienne*

## L'essor de la bicyclette

Durant la décennie qui suivit la Seconde Guerre mondiale, le parc automobile européen tripla et, à l'inverse, les ventes de vélos sombrèrent. Aux Etats-Unis, le cyclisme connut un regain d'intérêt comme activité de loisir, accompagné d'une augmentation des importations de bicyclettes européennes, légères et munies de dérailleurs. Vers 1970, le boom du vélo battait son plein, vogue qui à son tour se répandit en Europe. Puis en Californie, au milieu des années 70, des cyclistes du comté de Marin, adeptes du hors-piste, associèrent aux pneus larges et à la stabilité des bolides à pneus ballon de Schwinn les matériaux légers qu'avait engendrés l'essor des vélos de route et les machines de bicross. Il en résulta le vélo-tout-terrain, cette machine robuste et légère qui a métamorphosé dans le monde entier le visage du cyclisme.

Aujourd'hui, on commence déjà à imaginer de nouveaux vélos, les vélos à siège baquet qui permettent de définir de nouvelles normes de vitesse, de sécurité et de charge. Tout comme les années 1890 furent celles de l'expansion de la bicyclette, les années 1990 promettent d'être fructueuses quant à l'évolution du plus important mode de transport individuel au monde, le vélo.

*Bicyclette carrénée suisse*

# La bicyclette actuelle

e seul moyen de transport individuel viable au monde, c'est le vélo. Affirmation principalement battue en brèche par l'automobile qui fut le support de l'industrialisation mondiale au XXᵉ siècle. Mais la voiture a déjà fait la preuve de ses limites : villes engorgées, pénurie des ressources énergétiques, grave pollution induite, sans parler des 250 000 morts et 10 millions de blessés dont elle est responsable chaque année dans le monde. Les pays industrialisés, qui s'aperçoivent progressivement que le passif de la voiture est de loin supérieur à son actif, commencent à chercher des solutions de remplacement. Ce sursaut profite essentiellement à la bicyclette, dont on redécouvre l'efficacité et les vertus écologiques. Elle est à la veille d'un nouvel âge d'or. Les fabricants, stimulés par le regain d'intérêt que provoque le vélo-tout-terrain, s'efforcent de lancer des vélos aussi high tech et conviviaux que possible, plus robustes et légers que jamais, dotés de freins plus puissants, de dérailleurs plus faciles à manœuvrer et de nouveaux systèmes de suspension. Ironie du sort, la simple et ordinaire bicyclette routière à une vitesse, qui est toujours la norme du transport individuel dans le tiers monde, reste dans ces pays un élément essentiel à l'amélioration de la qualité de vie.

PERSONNES TRANSPORTÉES PAR MÈTRE ET PAR HEURE

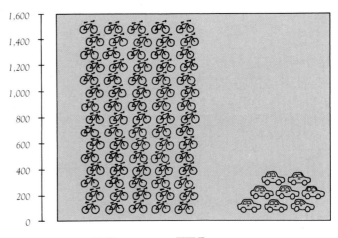

Légende : 🚲 *20 personnes*  🚗 *20 personnes*

### TRAFIC URBAIN

*Les recherches sur le trafic urbain montrent que sur une voie d'autoroute peuvent circuler en une heure deux fois plus de cyclistes que d'automobilistes. Dans les grandes villes où la vitesse moyenne ne dépasse pas 16 km/h, la voiture ne présente aucun avantage.*

### ECONOMIE D'ESPACE

*Des cyclistes de Montréal (ci-dessus) ont organisé cette manifestation pour montrer que le vélo permet de rentabiliser l'utilisation de la rue. Une automobile occupe en moyenne la place de huit bicyclettes.*

### UTILISATEURS DE VÉLOS

*Certaines études récentes effectuées au Japon, en Allemagne et aux Pays-Bas (où l'on compte presque une bicyclette par habitant) montrent combien les pays à fort pourcentage d'utilisateurs de vélo (à gauche) considèrent ce dernier comme une alternative sérieuse et sûre à l'automobile.*

POURCENTAGE D'UTILISATEURS DE VÉLO PAR RAPPORT À LA POPULATION

| | |
|---|---|
| AUSTRALIE | |
| CHINE | |
| INDE | |
| JAPON | |
| MEXIQUE | |
| PAYS-BAS | |
| CORÉE DU SUD | |
| FRANCE | |
| ÉTATS-UNIS | |
| ALL. DE L'OUEST | |

0  10  20  30  40  50  60  70  80  90

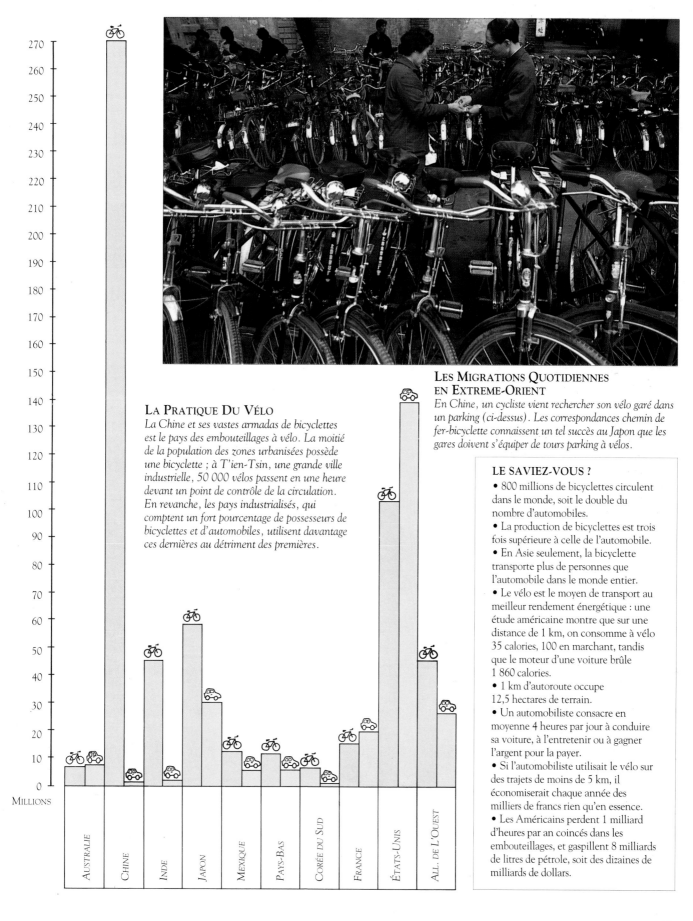

270
260
250
240
230
220
210
200
190
180
170
160
150
140
130
120
110
100
90
80
70
60
50
40
30
20
10
0

MILLIONS

AUSTRALIE · CHINE · INDE · JAPON · MEXIQUE · PAYS-BAS · CORÉE DU SUD · FRANCE · ÉTATS-UNIS · ALL. DE L'OUEST

### LA PRATIQUE DU VÉLO

*La Chine et ses vastes armadas de bicyclettes est le pays des embouteillages à vélo. La moitié de la population des zones urbanisées possède une bicyclette ; à T'ien-Tsin, une grande ville industrielle, 50 000 vélos passent en une heure devant un point de contrôle de la circulation. En revanche, les pays industrialisés, qui comptent un fort pourcentage de possesseurs de bicyclettes et d'automobiles, utilisent davantage ces dernières au détriment des premières.*

### LES MIGRATIONS QUOTIDIENNES EN EXTREME-ORIENT

*En Chine, un cycliste vient rechercher son vélo garé dans un parking (ci-dessus). Les correspondances chemin de fer-bicyclette connaissent un tel succès au Japon que les gares doivent s'équiper de tours parking à vélos.*

### LE SAVIEZ-VOUS ?

• 800 millions de bicyclettes circulent dans le monde, soit le double du nombre d'automobiles.

• La production de bicyclettes est trois fois supérieure à celle de l'automobile.

• En Asie seulement, la bicyclette transporte plus de personnes que l'automobile dans le monde entier.

• Le vélo est le moyen de transport au meilleur rendement énergétique : une étude américaine montre que sur une distance de 1 km, on consomme à vélo 35 calories, 100 en marchant, tandis que le moteur d'une voiture brûle 1 860 calories.

• 1 km d'autoroute occupe 12,5 hectares de terrain.

• Un automobiliste consacre en moyenne 4 heures par jour à conduire sa voiture, à l'entretenir ou à gagner l'argent pour la payer.

• Si l'automobiliste utilisait le vélo sur des trajets de moins de 5 km, il économiserait chaque année des milliers de francs rien qu'en essence.

• Les Américains perdent 1 milliard d'heures par an coincés dans les embouteillages, et gaspillent 8 milliards de litres de pétrole, soit des dizaines de milliards de dollars.

# L'anatomie du vélo

Si la spécialisation a engendré différents types de bicyclettes, toutes restent fondamentalement identiques, même si leurs composants varient en qualité, conception, poids ou méthode et facilité d'emploi. Par ordre d'importance, le vélo se compose d'un cadre, de deux roues, d'une transmission par chaîne et de freins, puis d'une potence, d'un guidon et d'une selle. Le cadre porte toujours le nom de son fabricant, de même que les autres éléments, que l'on appelle accessoires, et qui proviennent de différents constructeurs.

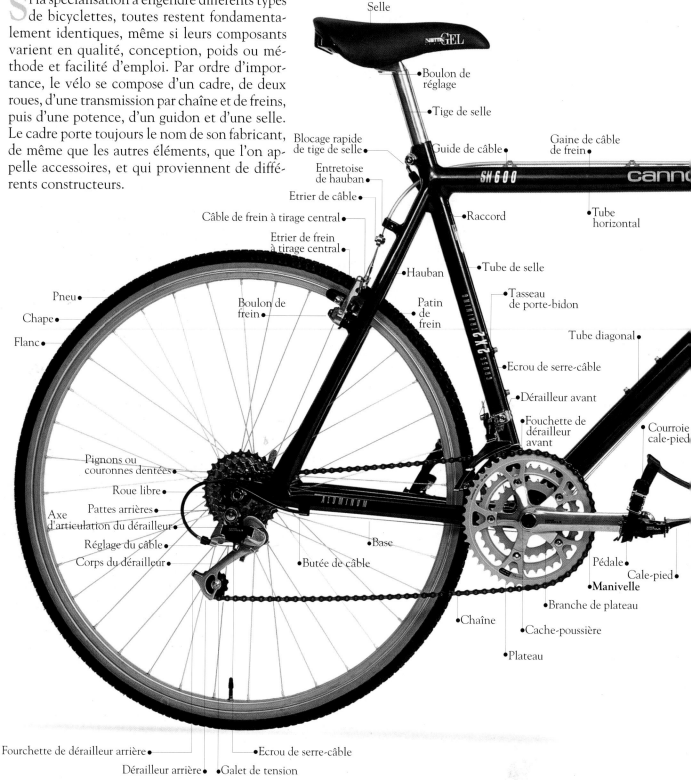

Selle

Boulon de réglage

Tige de selle

Blocage rapide de tige de selle

Entretoise de hauban

Etrier de câble

Câble de frein à tirage central

Etrier de frein à tirage central

Guide de câble

Gaine de câble de frein

Raccord

Tube horizontal

Hauban

Tube de selle

Pneu

Chape

Flanc

Boulon de frein

Patin de frein

Tasseau de porte-bidon

Tube diagonal

Ecrou de serre-câble

Dérailleur avant

Fouchette de dérailleur avant

Courroie cale-pied

Pignons ou couronnes dentées

Roue libre

Axe d'articulation du dérailleur

Pattes arrières

Réglage du câble

Corps du dérailleur

Base

Butée de câble

Pédale

Cale-pied

**Manivelle**

Branche de plateau

Chaîne

Cache-poussière

Plateau

Fourchette de dérailleur arrière

Ecrou de serre-câble

Dérailleur arrière

Galet de tension

## UN VÉLO HYBRIDE

*Le Cannondale SH600 est un vélo hybride associant la légèreté et la rapidité d'un vélo de course à la robustesse et à la souplesse d'un vélo tout-terrain. Polyvalent, adapté aussi bien aux trajets en ville qu'aux sentiers boueux, c'est le vélo idéal.*

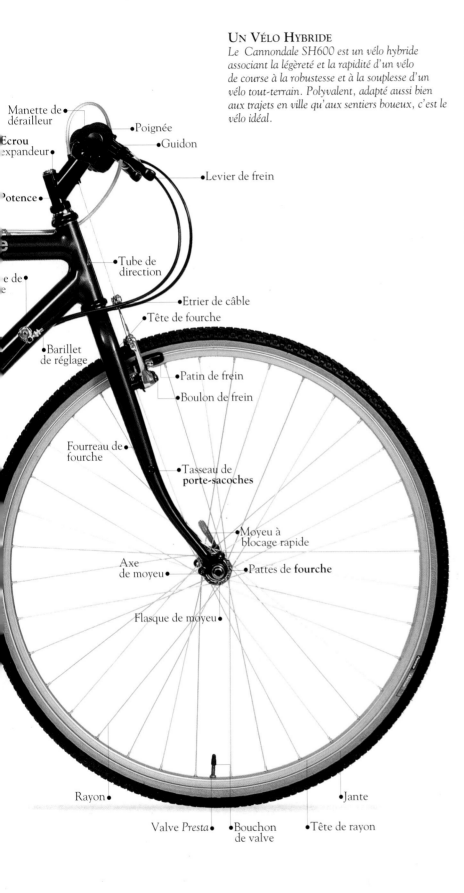

Manette de dérailleur

Ecrou expandeur

Potence

Poignée

Guidon

Levier de frein

Tube de direction

Etrier de câble

Tête de fourche

Barillet de réglage

Patin de frein

Boulon de frein

Fourreau de fourche

Tasseau de **porte-sacoches**

Moyeu à blocage rapide

Axe de moyeu

Pattes de **fourche**

Flasque de moyeu

Rayon

Jante

Valve *Presta*

Bouchon de valve

Tête de rayon

## LES TERMES TECHNIQUES

Le vélo possède sa terminologie et son langage particulier. Nombreux sont les mots qui parlent d'eux-mêmes : la tige de selle soutient la selle, le plateau est un mécanisme circulaire qui fait se mouvoir la chaîne, la manivelle est un levier et le pédalier est composé d'une paire de manivelles. Mais d'autres termes sont moins évidents : tasseau, branche de pédalier, câble de frein à tirage central, cage de pédale.

### Le vocabulaire du vélo

Certains termes appartiennent au vocabulaire des ingénieurs, d'autres sont des survivances du passé, mais tous sont essentiels au langage du vélo. Vocabulaire qu'un débutant devra déchiffrer s'il veut comprendre ce qu'un vendeur enthousiaste ou une revue spécialisée indiquent par des phrases telles que : "Le triangle arrière est renforcé par des haubans courts". Qu'est-ce qu'un hauban ? Qu'elle est sa longueur ? Cet ouvrage est conçu pour répondre à ces questions à mesure qu'elles apparaissent, et aider le lecteur à les comprendre : quels sont les différents modèles de vélo, comment sont-ils fabriqués, comment le corps humain le fait-il avancer, et comment l'adapter à la morphologie de chacun ?

### Explication de texte

On trouvera dans ces pages l'explication du vocabulaire technique propre au vélo — empattement, chasse, cintre de fourche, angle — à la fabrication des cadres et aux gestes du cycliste — cadence, coup de pédale, monter en danseuse. Les chapitres suivants, consacrés aux différents types de vélo, donneront, à l'exception de La bicyclette au quotidien, toute information sur leur forme, leurs techniques de fabrication et leurs paramètres de dimensionnement. Quelle que soit la page que l'on est en train de lire, les renseignements afférents ne sont pas loin. Mais le langage du vélo s'apprend assez vite, et vous n'aurez pas besoin d'être submergé d'informations techniques pour apprécier vos promenades à vélo — ou lire cet ouvrage.

# La structure des cadres

L e cadre doit supporter le poids du cycliste, transformer la force d'appui sur les pédales en mouvement horizontal et permettre de diriger le vélo. Les points de contact avec le cycliste — pédales, selle et guidon — ainsi que l'espacement des roues sont des paramètres relativement constants, ce qui explique pourquoi un vélo de course ou un vélo tout terrain ont des cadres de forme semblable. Comme de nombreux éléments étroitement dépendants les uns des autres interviennent dans la géométrie du cadre et dans le choix des matériaux, de légères variations de conception peuvent induire de grandes différences de caractéristiques et de performances. Ces nuances, complexes et subtiles, font de la création d'une bicyclette davantage un art qu'une science. Et si grâce aux matériaux modernes et aux nouvelles technologies on peut concevoir des modèles révolutionnaires, c'est en définitive à la patte du fabricant, à son instinct et à son expérience que sont redevables le comportement et la maniabilité d'un vélo.

## L'EMPATTEMENT

C'est la distance entre l'axe des deux roues, ou entre le point de contact des pneus avec le sol. L'empattement (E) varie de 98 cm pour le vélo de route à 114 cm pour le vélo tout terrain. La chasse (T) est la différence entre l'axe de roue et le point pivot de direction. Le point pivot marque l'intersection avec le sol de la ligne prolongeant vers le bas le tube de direction. Le cintre de la fourche (C) est la différence entre l'axe (extrémité de la fourche) et la ligne pivot de direction. Plus le cintre est important, plus petite est la chasse. Moins de chasse implique une conduite plus souple et plus sensible. Davantage de chasse induit une conduite plus lourde, un vélo moins maniable, mais plus de stabilité.

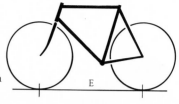

## LE CADRE DES VÉLOS TOUT-TERRAIN

*Conçu pour garantir solidité et stabilité en terrain accidenté, le cadre des VTT est de construction avant tout trapue et robuste.*
*Sa forme générale est surbaissée, pour accroître la maniabilité, et sa géométrie ample assure souplesse et équilibre.*

• TUBE HORIZONTAL. Il descend souvent en pente du tube de direction au tube de selle, en particulier sur les cadres de plus petite taille, ce qui permet d'allonger le tube de direction, renforce le cadre et accroît la chasse entre le cycliste et le cadre.

• ANGLES DU TUBES DE SELLE. Ils varient de 68 à 740, en fonction de la longueur du tube horizontal par rapport à l'empattement.

TASSEAUX DE MONTAGE. Soudés, ils constituent une plate-forme rigide pour les freins à tirage central.

• TUBE DE SELLE. Pour laisser plus de liberté de mouvement au cycliste en terrain accidenté, et surbaisser la selle en descente, le tube de selle est de 7,7 à 12,7 cm plus court que sur un cadre de route.

• BASES. Leur longueur varie de 43,4 à 47,4 cm. Elle est en moyenne de 43,4 à 43,6 cm sur un vélo conçu pour les ascensions. Les plus longues offrent davantage de stabilité et un meilleur positionnement des charges au-dessus de l'axe arrière.

• BOITE DE PÉDALIER. Sa hauteur varie de 29,5 à 33,3 cm.

EMPATTEMENT. Il peut varier de 101,6 à 114,3 cm, et sur les modèles rapides de taille standard de 101,6 à 106,7 cm.

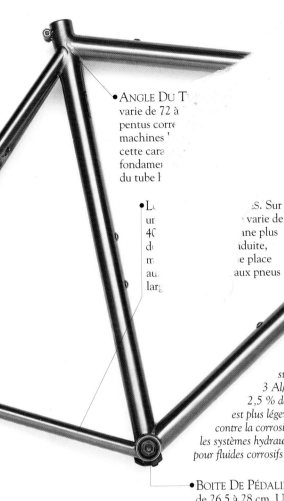

**ANGLE DU T[...]** varie de 72 à [...] pentus corre[...] machines '[...] cette cara[...] fondame[...] du tube l[...]

**L[...]** S. Sur [...] varie de [...] ur [...] ne plus 40[...] duite, d[...] e place m[...] aux pneus au[...] larg[...]

**ANGLE DU TUBE DE DIRECTION.** Il peut varier de 73 à 760. Les plus pentus ramènent vers l'arrière la roue avant, raccourcissant l'empattement, ce qui donne plus de souplesse à la direction.

**FOURCHE.** C'est la tête de la fourche, près de l'articulation avec le tube de direction, qui subit les contraintes maximales dues aux heurts de la route. Les extrémités peuvent bouger, mais les mouvements verticaux restent minimes. Le cintre de la fourche est modifié pour ajuster la chasse et la direction, non la suspension.

### LE CADRE DES VÉLOS DE ROUTE

*Légers et compacts, ces cadres sont adaptés sur mesure au cycliste. L'alliage de titane 3 Al/2,5 V (94,5 % de titane, 3 % d'aluminium, 2,5 % de vanadium) dont sont faits ces cadres Merlin est plus léger que l'acier, extrêmement résistant et garanti contre la corrosion. Ces tubes sont fabriqués à l'origine pour les systèmes hydrauliques en aéronautique et pour les canalisations pour fluides corrosifs de l'industrie chimique ou nucléaire.*

**BOITE DE PÉDALIER.** La hauteur varie de 26,5 à 28 cm. Un empattement de 98-99 cm offre une direction plus souple, une meilleur maniabilité, et fait peser plus de poids sur la roue avant, améliorant ainsi traction et équilibre.

### LES CARACTÉRISTIQUES DE LA DIRECTION

*La chasse est généreuse, de 4,5 à 7,5 cm ou plus, ce qui aide la roue avant à se remettre en ligne. Sur un vélo tout-terrain, le cintre de la fourche varie de 4,5 à 7 cm, et tient compte de la chasse plus importante que crée l'angle d'environ 70° du tube de direction. Un cadre destiné aux ascensions peut avoir un angle de tube de direction plus pentu et un cintre de fourche moins important. Sur les vélos de course, le cintre de fourche tend à rester faible (de 0,75 à 4,5 cm). La chasse varie de 11,5 à 17,75 cm, ce qui donne à la machine sa stabilité à grande vitesse.*

**PATTES.** Elles sont en titane 6 Al/4 V massif, ultra-dur, découpé au jet d'eau de 3 450 bars (kg/cm2).

### L'INFORMATIQUE

*L'informatique est devenue un outil essentiel à la conception et à la fabrication des bicyclettes modernes. Les programmes d'analyse de résistance des matériaux peuvent simuler les chocs de la route, les actions sur les pédales et les autres forces en jeu sur le vélo, permettant de tester et de mesurer rapidement une vaste gamme de projets. Si les programmes de conception assistée par ordinateur (CAO) servent à mettre au point les plans de construction, la vérification finale reste humaine : le prototype fait à la main est alors contrôlé tant pour son comportement que pour sa conduite.*

# Construction et matériaux du cadre

Les cadres de bicyclette sont fabriqués soit en métal, tel que l'acier, l'aluminium ou le titane, soit en composites de fibres structurelles de carbone, de verre, d'aramide ou de spectra, agrégées par des colles ou des liants plastiques. Les métaux sont isotropes — ils présentent les mêmes propriétés de dureté et de rigidité en toutes directions — et ont le meilleur rapport résistance/poids en ce qui concerne la fabrication des cadres classiques, en forme de losange. Les composites sont des matériaux anisotropes — résistants et rigides seulement dans l'axe des fibres. Ces dernières peuvent adopter presque toutes les formes requises, et être utilisées pour leurs propriétés dans la direction voulue. C'est pourquoi les matériaux composites ne sont adaptés qu'à la fabrication de cadres moulés ou de cadres monocoques (voir p. 138).

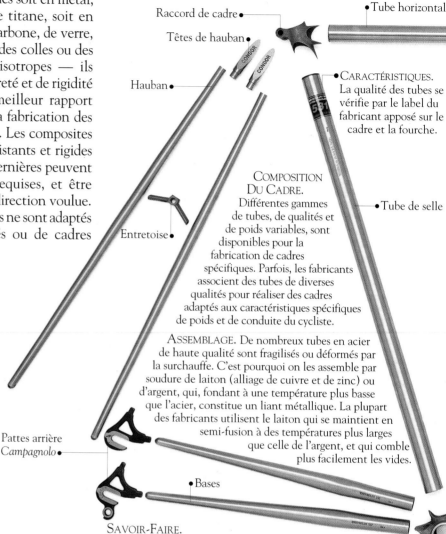

Raccord de cadre • — • Tube horizontal

Têtes de hauban

Hauban •

**CARACTÉRISTIQUES.** La qualité des tubes se vérifie par le label du fabricant apposé sur le cadre et la fourche.

**COMPOSITION DU CADRE.** Différentes gammes de tubes, de qualités et de poids variables, sont disponibles pour la fabrication de cadres spécifiques. Parfois, les fabricants associent des tubes de diverses qualités pour réaliser des cadres adaptés aux caractéristiques spécifiques de poids et de conduite du cycliste.

Entretoise •

• Tube de selle

**ASSEMBLAGE.** De nombreux tubes en acier de haute qualité sont fragilisés ou déformés par la surchauffe. C'est pourquoi on les assemble par soudure de laiton (alliage de cuivre et de zinc) ou d'argent, qui, fondant à une température plus basse que l'acier, constitue un liant métallique. La plupart des fabricants utilisent le laiton qui se maintient en semi-fusion à des températures plus larges que celle de l'argent, et qui comble plus facilement les vides.

Pattes arrière *Campagnolo* •

• Bases

**SAVOIR-FAIRE.** Les alliages modernes, très souples d'emploi, peuvent être **brasés** ou assemblés à la machine par soudage TIG, ce qui réduit les coûts de fabrication sans grande perte de qualité. Mais les tubes délicats et légers doivent être assemblés à la main.

### LA SOUDURE

*Afin d'assurer une répartition uniforme de la chaleur, les brûleurs à gaz sont soigneusement disposés autour des raccords de cadre. Lorsque la température requise est atteinte, la fusion du fondant de brasage décape la surface du métal, puis on applique la soudure (une baguette d'alliage de laiton ou d'argent) qui fond et se répand par capillarité autour de l'assemblage.*

---

### ROMPRA-T-IL ?

Le métal cède sous l'effet soit d'un impact qui excède sa résistance, soit de la fatigue qu'occasionnent de faibles contraintes, nombreuses et répétées. L'acier et le titane, qui ont tous deux un seuil de rupture, résisteront tant que les contraintes restent en dessous de ce seuil. L'aluminium n'a pas de limite de fatigue, aussi chaque contrainte se traduit-elle par une usure et une fatigue qui provoquent à la longue une rupture. Les concepteurs de cadres en aluminium, qui doivent tenir compte de ce facteur,

les renforcent pour leur garantir un bon comportement à long terme. Bien traité, un cadre en acier ou en titane reste presque comme neuf, et sa durée de vie se compte par dizaines d'années, au contraire des cadres en aluminium qui ne font guère que trois à cinq ans. Si ces derniers sont extrêmement bon marché, les cadres en acier ou en titane, très onéreux, peuvent à la longue se révéler plus avantageux. Maints cyclistes professionnels affirment qu'ils épuisent leurs cadres en acier en une seule saison,

ou moins, mais en réalignant ces "cadres morts", on peut leur donner une nouvelle jeunesse. Les cadres en matériaux composites sont trop récents pour que l'on puisse connaître leur résistance à long terme, mais il semblerait qu'à l'exemple de l'aluminium les frictions internes répétées puissent provoquer fatigue et perte de vitalité qui se solderaient par la rupture. Dans quelle mesure ? Cela reste à voir, et les utilisateurs de cadres en matériaux composites sont trop heureux de pouvoir s'en servir pour s'en inquiéter.

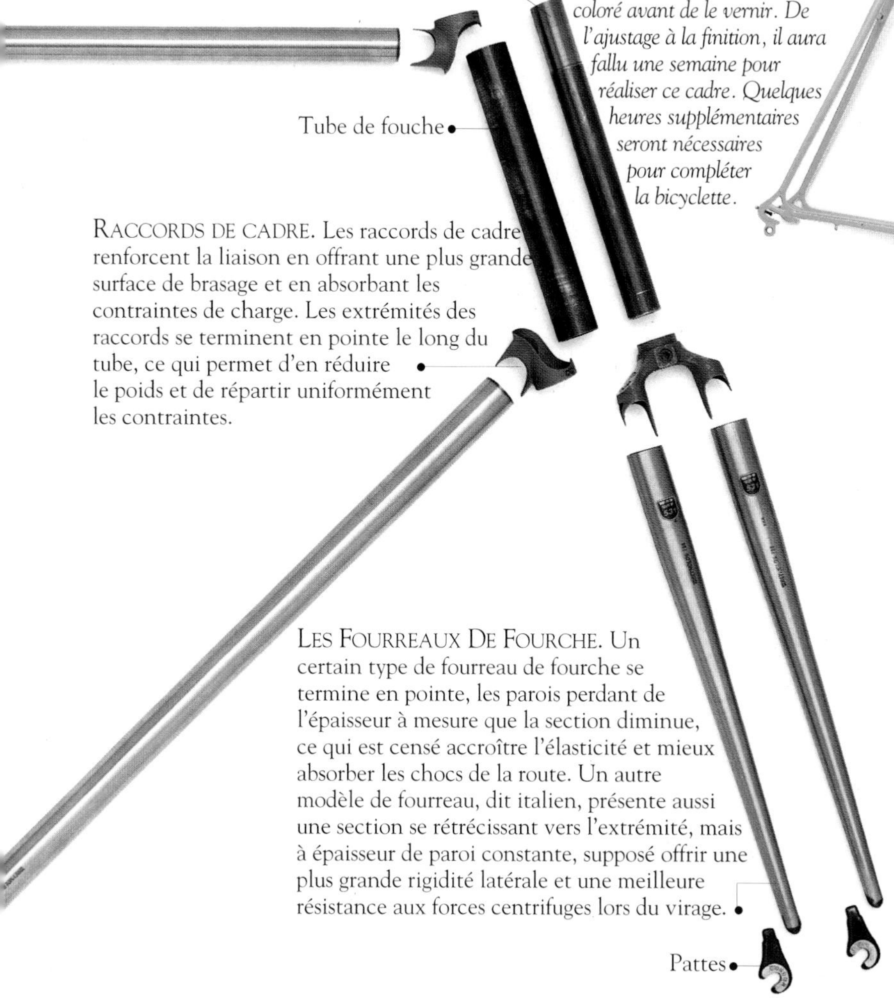

Tête de fourche

Tube de fouche

## LA FINITION DU CADRE

*Après avoir été façonné, brasé et aligné, on applique sur ce cadre (à droite) une sous-couche de peinture et d'émail coloré avant de le vernir. De l'ajustage à la finition, il aura fallu une semaine pour réaliser ce cadre. Quelques heures supplémentaires seront nécessaires pour compléter la bicyclette.*

DÉCALCOMANIES. On les met en place avant d'appliquer la couche de laque.

RACCORDS DE CADRE. Les raccords de cadre renforcent la liaison en offrant une plus grande surface de brasage et en absorbant les contraintes de charge. Les extrémités des raccords se terminent en pointe le long du tube, ce qui permet d'en réduire le poids et de répartir uniformément les contraintes.

LES FOURREAUX DE FOURCHE. Un certain type de fourreau de fourche se termine en pointe, les parois perdant de l'épaisseur à mesure que la section diminue, ce qui est censé accroître l'élasticité et mieux absorber les chocs de la route. Un autre modèle de fourreau, dit italien, présente aussi une section se rétrécissant vers l'extrémité, mais à épaisseur de paroi constante, supposé offrir une plus grande rigidité latérale et une meilleure résistance aux forces centrifuges lors du virage.

Pattes

## LE DIAMETRE DES TUBES

La "raideur" est la résistance d'un matériau aux modifications structurelles, indépendamment de la forme. On peut accroître la rigidité du tube, qui est fonction à la fois de la raideur et de la forme, en épaississant la paroi ou en agrandissant la section. Si en théorie le diamètre d'un tube ne doit pas dépasser cinquante fois la largeur de sa paroi, certains tubes de bicyclette de haute qualité franchissent très largement ce seuil, ce qui les rend vulnérable aux chocs. Pour augmenter le diamètre sans accroître le poids, il faut utiliser un matériau plus léger, moins dense, afin de renforcer la résistance de la paroi. Aluminium et titane sont moins rigides que l'acier, mais, étant plus légers, ils peuvent servir à la fabrication de tubes de grand diamètre destinés à des cadres rigides et de faible poids.

SOUDAGE TIG DE L'ALUMINIUM. Le soudage TIG (tungsten inert gas, sous atmosphère inerte), laissé visible, s'harmonise avec le métal nu d'un cadre fonctionnel qui ne se détériorera pas facilement et demandera ainsi un entretien minime.

FIBRE DE CARBONE. Les tubes sont collés à l'aide d'une résine époxy dans des raccords de cadre en aluminium. Les extrémités du tube portent des manchons en fibre de verre pour prévenir toute corrosion galvanique.

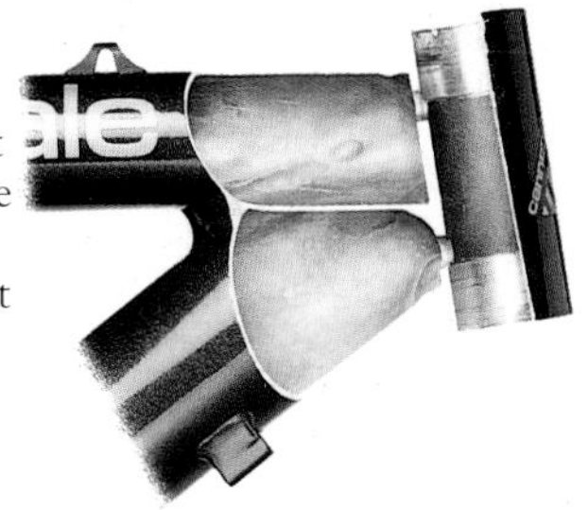

BRASURE SANS RACCORD. Cette soudure épaisse est souvent nécessaire lorsque les tubes du cadre forment des angles inhabituels qui ne permettent pas l'utilisation de raccords de cadre (sur les machines construites sur mesure).

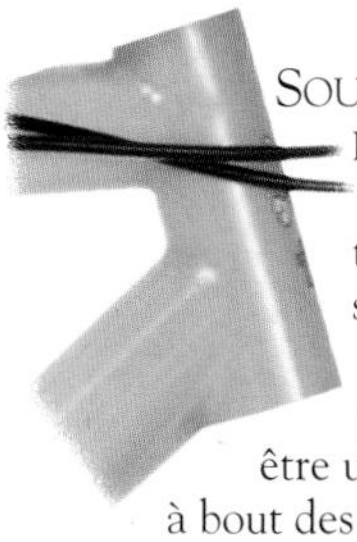

SOUDAGE TIG DE L'ACIER. Devenues très précises, les techniques de soudage sous atmosphère inerte peuvent sans risque être utilisées pour souder bout à bout des aciers légers au molybdène de chrome.

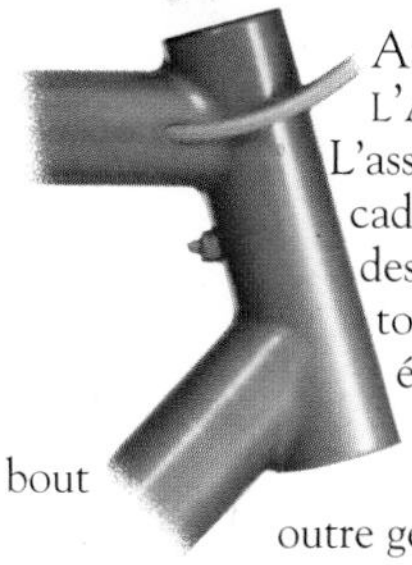

ASSEMBLAGE DE L'ALUMINIUM. L'assemblage des cadres par collage des tubes élimine tout problème éventuel dû à la chaleur. Les colles sont en outre généralement plus résistantes que le matériau des pièces à assembler.

LISSAGE DE SOUDAGE TIG DE L'ALUMINIUM. Sur les cadres sans raccord, les tubes peuvent être très précisément découpés aux longueurs et aux angles requis, de sorte que pour chaque taille de cadre les proportions restent exactes. Les profondes marques de pénétration (ci-dessus) indiquent l'intensité de la fusion du métal. L'incurvation des soudures, lissées au moyen d'abrasifs, qui permet de détourner les contraintes du point d'assemblage, fait office de raccord de cadre.

# Le moteur humain

L e corps humain est comparable à un moteur à combustion interne qui exige une alimentation continue en oxygène et en carburant pour fonctionner convenablement. Son rendement est optimal lorsque production d'énergie et consommation d'oxygène sont équilibrées. Contraindre son corps à un travail trop rapide provoque l'essoufflement ; lui imposer un effort trop important induit l'accumulation dans les muscles de déchets qui entraînent l'apparition de douleurs et de crampes. Le cyclisme est un excellent exercice physique, en particulier en ce qui concerne les systèmes respiratoire et cardio-vasculaire, essentiels à la santé.

Deltoïde

Trapèze

Latissimus dorsi

Sterno-mastoïdien

Pectoralis major

Biceps

Brachialis

Triceps

Brachioradialis

Serratus anterieur

Extenseur du poignet et des doigts

Rectus abdominis

Externe oblique

Muscles fessiers

Tendons du jarret

Gracilis

Mollet

Quadriceps

Appareil illio-tibial

Tibialis antérieur

Extenseur digitorum longus

Peroneus longus

Peroneus brevis

Peroneus tertius

Extenseur retinaculum supérieur

Extenseur retinaculum inférieur

Tendon d'Achille

Pour prévenir surchauffe et brûlures, il est important que les chaussures soient bien ventilées.

Lorsque l'on pratique ce sport, il faut manger souvent, mais légèrement. Les aliments riches en hydrates de carbone, comme les pâtes, les céréales et les fruits, réussissent bien aux cyclistes ; les protéines et les graisses sont excellentes à condition d'être associées à un régime équilibré, mais leur digestion, plus longue, libère trop lentement leurs propriétés énergétiques.

## Alimentation et boisson

Les hydrates de carbone, stockés dans le corps sous forme de glycogène, peuvent s'épuiser en moins de deux heures d'efforts intenses à vélo, ce qui peut provoquer, si l'on n'y prend garde, un épuisement total. D'où la nécessité d'un réapprovisionnement fréquent. Les réserves de graisse, au contraire, sont quasi illimitées ; les longues courses à vélo, modérément intensives, brûlent la majeure partie des graisses et sont idéales pour perdre du poids. Il faudrait éviter les aliments sucrés car, s'ils procurent un apport énergétique aussi rapide que bref, ils leurrent l'organisme en diminuant son métabolisme. Il est également important de boire fréquemment, avant d'avoir soif, car à ce moment-là le corps a déjà perdu trop d'eau et son rendement s'en trouve affaibli d'autant.

### LES MUSCLES DU BRAS

*Les muscles du bras vous permettent à la fois de maîtriser le vélo et de positionner votre corps d'arrière en avant au-dessus du guidon. Evitez de bloquer vos coudes en extension — en les fléchissant, vous amortirez tous les chocs de la route.*

### LES MUSCLES DU DOS

*Les muscles dorsaux et ventraux, qui ne sont pas directement sollicités par l'action sur les pédales, contribuent à l'équilibre, en maintenant en position votre buste et votre tête, et en dégageant la poitrine. Les muscles du bas du dos travaillent peu, c'est pourquoi il faudra les protéger contre le froid.*

### LES MUSCLES DES CUISSES

*La pratique du vélo met à contribution les muscles les plus gros et les plus puissants de l'organisme. Au niveau des cuisses, quadriceps et jarrets travaillent en harmonie pour actionner en un mouvement circulaire les pédales et faire avancer le vélo. Lorsque vous appuyez sur la pédale avec les quadriceps du sommet de la cuisse et mettez la jambe en extension, les jarrets en dessous se contractent pour ramener la jambe en arrière et achever le mouvement de rotation. Les efforts inutiles dus à l'extension excessive des quadriceps si la selle est trop haute, ou à une contraction excessive des jarrets si la selle est trop basse, peuvent provoquer des douleurs.*

### SOULAGER LES GENOUX

*Le mollet (gastrocnemius) se rattache au fémur derrière le genou et au tendon d'Achille au-dessus de la cheville. Les muscles de la cuisse et de la jambe font levier sur le pivot du genou. L'action sur les pédales à une cadence aérobique de 80 tr/mn (tours ou rotations par minute) fait se plier et déplier le genou 4 800 fois par heure. Le genou est soumis à des efforts excessifs s'il ne reste pas dans le plan vertical, ou si la pédale tord le pied en dehors de son alignement naturel avec le genou.*

## ARTICULATIONS FRAGILES

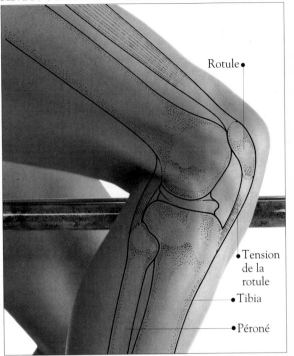

Rotule

Tension de la rotule

Tibia

Péroné

**Flexion du genou**
A la différence de la plupart des autres articulations, le genou tient par la réunion des muscles, tendons et ligaments. Les os glissent facilement sur le cartilage lubrifié par le liquide huileux que sécrète la capsule synoviale. Les tissus tendres enflent lorsqu'ils sont blessés.

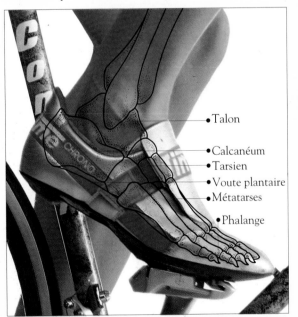

Talon

Calcanéum

Tarsien

Voute plantaire

Métatarses

Phalange

**Tension du pied**
Lors du pédalage, la plantar fascia, le principal ligament de la voûte plantaire, subit des tensions répétées et doit être soutenue par une chaussure de cycliste à semelle rigide, afin d'éviter toute blessure que provoqueraient des flexions excessives.

# Adaptation à la taille

L'adaptation de la bicyclette à la morphologie du cycliste est un point fondamental. Des modifications minimes (parfois de quelques millimètres) de votre position de conduite peuvent affecter vos performances et votre confort, et présenter des risques de blessure. Aussi, déterminez soigneusement les cotes de votre vélo et votre position. Il existe pour cela des méthodes bien fondées mais non infaillibles. Puisque morphologiquement nous sommes tous uniques, faites tous les réglages qui conviennent le mieux à votre physique et à votre façon de rouler, et quand vous aurez trouvé votre taille de bicyclette et votre position, ne les modifiez plus, même si au début cela peut vous sembler inefficace et inconfortable. Les muscles demandent un certain temps pour s'adapter à de nouveaux mouvements, et votre récompense sera de pouvoir rouler sur un vélo qui répond vraiment lorsque vous pédalez.

## ADAPTER LE VÉLO AU CYCLISTE

*Pour le vélo tout-terrain et la course, le cycliste devra choisir parmi les plus petits cadres qui lui conviennent, car ils sont plus légers, plus rigides et plus sensibles. Quant au cyclotourisme, plus le cadre est grand, plus il est stable dans les descentes et les virages. Les gabarits utilisés pour déterminer les cotes correspondant à un cycliste de grande taille et à une cycliste de petite taille (ci-dessous et à droite) montrent que si les angles restent presque identiques, la longueur du tube de selle et du tube horizontal peut varier considérablement.*

HAUTEUR DE SELLE. Debout, adossé à un mur, écartez le pied de 10 cm par rapport au mur. Mesurez la longueur de votre entrejambe au sol, multipliez-la par 0,885 et ajoutez 3 mm si votre pointure de chaussure est grande pour votre taille. Le résultat donne la distance entre le sommet de la selle et le centre de l'axe de pédalier.

TIGE DE SELLE. La sortie de selle devrait être de 9 à 13 cm pour la course, de 7 à 10 cm pour le cyclotourisme, et de 15 à 20 cm pour le vélo tout-terrain.

ANGLES DE SELLE. Ils varient de 68 à 750, la fourchette étant en moyenne de 72 à 740. Certains vélos plus petits ont des angles plus pentus.

LONGUEUR DU TUBE HORIZONTAL. La somme des longueurs du tube horizontal et de la potence devrait dans l'idéal positionner le guidon de sorte qu'il cache à la vue le moyeu avant en roulant "au train".

GARDE. Lorsque vous enfourchez le vélo, la chasse de l'entrejambe au tube supérieur devrait être de 2,5 à 6 cm pour la course, de 2,5 cm pour le cyclotourisme et de 7,5 cm ou plus pour le vélo tout-terrain.

ANGLE DE DIRECTION. Il résulte de la taille du cadre, de l'angle de selle, de la longueur du tube horizontal, de la chasse de la roue avant et de la rapidité de la direction.

POSITION SUR LA PÉDALE. En roulant, s'assurer que la partie la plus large du pied soit au-dessus de l'axe de la pédale.

## UN VÉLO SUR MESURE

Des machines telles que Elite, Fit Kit et Serotta Size Cycle, ainsi que des programmes informatiques spécialisés, comme ProBikeFit, prennent en charge toutes les questions d'adaptation du vélo à la morphologie du cycliste. Elles permettent à un fabricant de cadres sur mesure de déterminer toutes les cotes du vélo aux mesures exactes de son utilisateur. Le logiciel ProBikeFit, qui possède des données sur les bicyclettes les plus courantes et leurs éléments, permet d'adapter rapidement un vélo sorti du stock aux dimensions du cycliste. Les cotes essentielles sont les suivantes : hauteur de selle, longueur du tube horizontal, sortie de la tige de selle lorsque la hauteur de selle est correcte, et enfin chasse de l'entrejambe au tube horizontal. Ces cotes varieront en fonction du type de bicyclette (vélo de course, cyclotourisme ou vélo tout terrain) et de la morphologie du cycliste. Ce dernier doit pouvoir rouler le dos droit, pour bien respirer, le corps détendu et les bras légèrement pliés pour absorber les chocs.

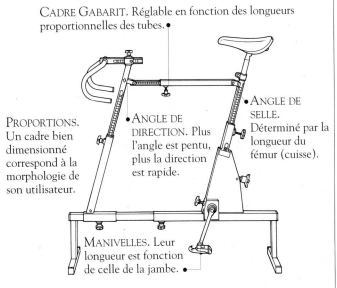

**CADRE GABARIT.** Réglable en fonction des longueurs proportionnelles des tubes.

**PROPORTIONS.** Un cadre bien dimensionné correspond à la morphologie de son utilisateur.

**ANGLE DE DIRECTION.** Plus l'angle est pentu, plus la direction est rapide.

**ANGLE DE SELLE.** Déterminé par la longueur du fémur (cuisse).

**MANIVELLES.** Leur longueur est fonction de celle de la jambe.

**POTENCE DE GUIDON.** La potence dépasse votre allonge. La plupart des cyclistes utilisent des potences de 6 à 12 cm ; plus elle est longue, plus grands sont les risques de rupture. Si vous avez besoin de plus de 12 cm, c'est que le tube horizontal est trop court.

**HAUTEUR DU GUIDON.** Pour rouler "au train", le sommet de la potence doit se trouver de 2 à 4 cm sous le sommet de la selle, et, en course, jusqu'à 7 cm en dessous.

**LARGEUR DU GUIDON.** Il doit être aussi large que les épaules : 38 à 40 cm pour les femmes, 40 à 44 cm pour les hommes.

**PROFONDEUR DU CINTRE.** Elle dépend de la taille de vos mains. 14 cm : peu profonde ; 14 à 15 cm : moyenne ; 15 cm ou plus : profonde.

**LES GENOUX.** Avec les mains sur les cintres et les avant-bras parallèles à la route, les genoux doivent dépasser les coudes au sommet du coup de pédale.

### MENSURATIONS DES VÉLOS POUR FEMME

*La femme a généralement un torse et des bras plus courts qu'un homme. Si on détermine les cotes d'un vélo de femme à partir de la longueur relative de l'entrejambe et du tube de selle, on obtient souvent un tube horizontal de longueur excessive. La meilleure solution consiste à utiliser une tige de selle plus longue sur un cadre plus petit.*

**POSITION DE LA SELLE.** La selle doit être à niveau : inclinée vers le haut, elle est cause d'inconfort et de blessures des nerfs ; inclinée vers le bas, le cycliste glisse vers l'avant, faisant peser un poids excessif sur les bras. Les femmes, qui ont un bassin plus large, doivent utiliser des selles plus amples.

# LE VÉLO-TOUT-TERRAIN

Le vélo-tout-terrain est la plus passionnante invention du siècle dans le domaine du cyclisme. C'est une machine révolutionnaire qui a complètement transformé l'industrie du cycle. Grâce à elle, on peut désormais rouler sur des terrains jusqu'alors tenus pour impossibles, et des millions de personnes sont enfin en mesure de connaître ces joies de la bicyclette qui leur semblaient inaccessibles. Le vélo-tout-terrain (VTT), avec ses pneus larges, ses petits braquets, ses freins ultra-puissants et son cadre renforcé, a bouleversé un siècle de technologie cycliste. Comme toutes les grandes découvertes, il fut inventé là où l'on s'y attendait le moins - non sur la planche à dessin d'un ingénieur, mais par deux fanatiques du vélo qui vivaient au milieu des années 70 dans le comté de Marin, en Californie.

*Selle*

## Le vilain canard

Lorsque ses co-inventeurs, Charlie Kelly et Gary Fisher, présentèrent pour la première fois aux fabricants de cycles leur "mountain bike", c'était comme si le vilain canard venait de faire irruption dans un bal mondain : une machine lourde et épaisse perdue au milieu de vélos de course élégants et raffinés. Immédiatement refusé par les fabricants aveugles, leur vélo favorisa cependant l'essor d'une petite industrie locale en Californie. La nouvelle se répandit, les ventes commencèrent à grimper, et les constructeurs jadis réticents durent faire acte de contrition en

*Frein*

*Pédale*

*Potence*

constatant que le VTT faisait des Etats-Unis un leader mondial du commerce du cycle. Ce vélo eut du succès car il répondait à un besoin. Il offre un excellent équilibre, une grande puissance de freinage, une conduite en douceur, et ses plus petits braquets donnent même à un débutant la possibilité d'escalader les pentes les plus abruptes ; mais avant tout, il permet de rouler en dehors des pistes et d'échapper à la circulation.

*Fourche*

## Une évolution rapide

Les défauts du premier "mountain bike" de Kelly et Fisher furent progressivement éliminés : des 20,4 kg d'origine, il maigrit jusqu'à 11 kg, avec des pneus toujours aussi épais, mais moins lourds. Les freins à tirage central ou hydrauliques remplacèrent les imposants freins à tambour, et les innovations se succédèrent d'un même rythme. Le changement de vitesse a été démystifié par une simple manette à déclic unique. De nouveaux systèmes de suspension ont amélioré sans commune mesure confort, performance et conduite, faisant du vilain canard d'autrefois l'un des vélos les plus conviviaux qui soient.

*Cycliste sur son vélo-tout-terrain*

# L'anatomie du vélo-tout-terrain

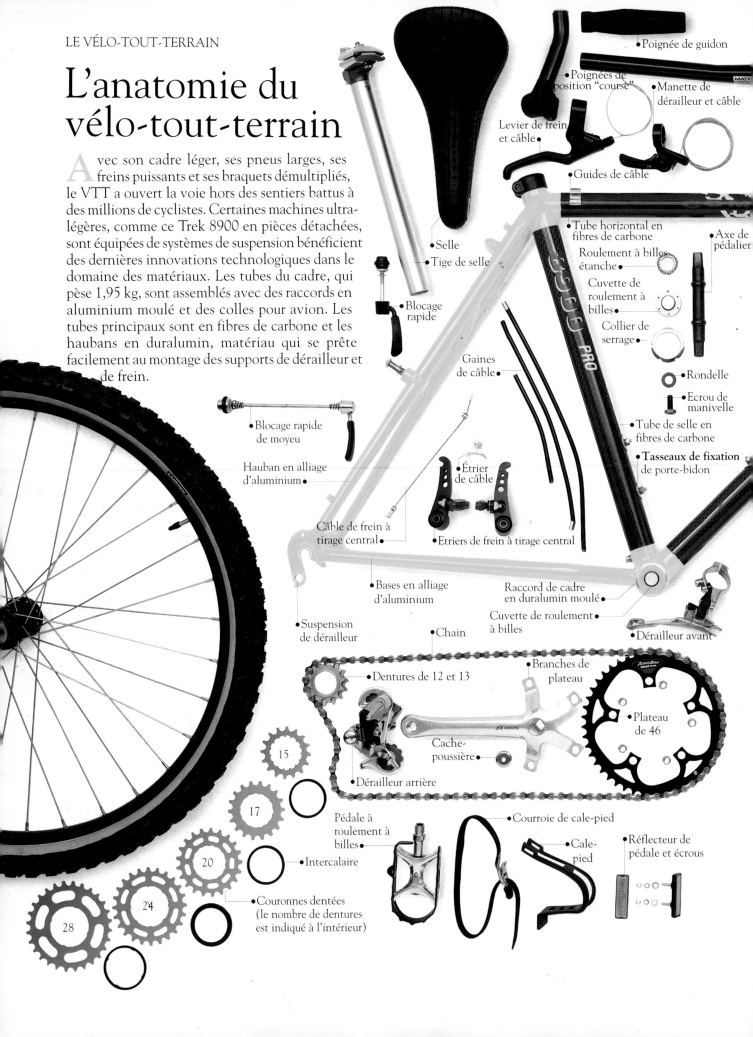

Avec son cadre léger, ses pneus larges, ses freins puissants et ses braquets démultipliés, le VTT a ouvert la voie hors des sentiers battus à des millions de cyclistes. Certaines machines ultra-légères, comme ce Trek 8900 en pièces détachées, sont équipées de systèmes de suspension bénéficient des dernières innovations technologiques dans le domaine des matériaux. Les tubes du cadre, qui pèse 1,95 kg, sont assemblés avec des raccords en aluminium moulé et des colles pour avion. Les tubes principaux sont en fibres de carbone et les haubans en duralumin, matériau qui se prête facilement au montage des supports de dérailleur et de frein.

• Poignée de guidon

• Poignées de position "course"

• Manette de dérailleur et câble

• Levier de frein et câble

• Guides de câble

• Tube horizontal en fibres de carbone

• Axe de pédalier

• Roulement à billes étanche

• Cuvette de roulement à billes

• Collier de serrage

• Rondelle

• Écrou de manivelle

• Tube de selle en fibres de carbone

**Tasseaux de fixation** de porte-bidon

• Selle

• Tige de selle

• Blocage rapide

• Gaines de câble

• Blocage rapide de moyeu

• Hauban en alliage d'aluminium

• Étrier de câble

• Câble de frein à tirage central

• Étriers de frein à tirage central

• Bases en alliage d'aluminium

• Raccord de cadre en duralumin moulé

• Cuvette de roulement à billes

• Dérailleur avant

• Suspension de dérailleur

• Chain

• Branches de plateau

• Plateau de 46

• Dentures de 12 et 13

15

• Dérailleur arrière

Cache-poussière •

17

• Pédale à roulement à billes

• Courroie de cale-pied

• Cale-pied

• Réflecteur de pédale et écrous

20

• Intercalaire

24

• Couronnes dentées (le nombre de dentures est indiqué à l'intérieur)

28

• Guidon

• Poignées de position "course"

• Levier de frein et câble

• Contre-écrou

• Manette de dérailleur et câble

• Potence en **alliage**

Bague supérieure •

• Écrou de manivelle

• Rondelle

• Roulement à billes étanche

Coupelle • de cuvette supérieure de la fourche

• Anneau anti-poussière

chon cache sière •

Coupelle de cuvette inférieure de la fourche •

• Rondelle de serrage

• Roulement à billes étanche

• Roulement à billes étanche

• Tube diagonal en fibres de carbone

Bague inférieure •

• Gaines de câbles

• Fork brace

• Sertissage anti-poussière

• Plateau de 24

• Étrier de câble et écrou

• Plateau de 36 et écrous de fixation

• Étrier de frein à tirage central

• Patin de frein tous temps

• **Tasseaux** d'étriers de frein

• Système d'amortisseur pneumatique/ hydraulique

• Cache-poussière

• Pédale à roulement à billes, cale-pied et courroie de cale-pied

• Manivelle de 175 mm

• Câble de frein à tirage central

• Fourche *Rock Shock*

• Chambre à air

• Axe de blocage rapide de moyeu

Enveloppe en *kevlar* renforcé de 26 x 2 •

## LE VÉLO-TOUT-TERRAIN DE COMPÉTITION

Le modèle Trek 8900 est un vélo de compétition de haut niveau, à fourches absorbant les chocs pour un plus grand confort et une vitesse accrue.

Jante en dural anodisé de 32 rayons à écrous sertis •

Rayon en acier inoxydable de 15 g •

• Étrier de frein à tirage central

## LE SAVIEZ-VOUS ?

• Lorsque le premier "mountain bike" fut présenté en 1981 au Bike Show de New York, on affirma à ses inventeurs qu'il n'aurait aucun succès. Aujourd'hui, le "mountain bike" représente aux Etats-Unis près de 80% de l'ensemble des ventes de vélos.

• La première bicyclette à escalader le mont Kilimandjaro, le "toit" de l'Afrique culminant à 5 895 m, fut un vélo-tout-terrain.

25

# Changement de vitesses et freins

Rouler en tout-terrain, c'est souvent associer de nombreuses manœuvres à de rapides changements de vitesse et de fréquents freinages. Le vélo-tout-terrain est muni d'un guidon droit, pour un meilleur contrôle de la machine, sur lequel les leviers de frein et les manettes de dérailleur sont regroupés de sorte que l'on puisse s'en servir sans avoir à lâcher le guidon. Les leviers de frein peuvent s'ajuster à la taille de vos mains et sont positionnés de manière que deux doigts seulement puissent les manœuvrer tandis que les deux autres doigts restent bien en-roulés sur le guidon. Les manettes de dérailleur sont placées de façon à être actionnées par une pression du pouce ou une torsion du poignet. Des freins puissants et facilement réglables sont essentiels au VTT, ce qui a favorisé le développement de nombreuses variantes du simple mais efficace frein à tirage central, ainsi que celui de nouveaux types de patins et de jantes. Les freins hydrauliques ultra-puissants ou les freins de moyeu à tambour tous temps ont également amélioré les performances et de la souplesse du vélo.

**MANETTES DE DÉRAILLEUR.**
Le modèle *Rapid Fire* est un système complexe, constitué de nombreux éléments, ce qui explique la fiabilité aléatoire des pre-mières versions. En cas de panne, il n'y a aucune échappatoire, et le cycliste reste bloqué au vrai sens du terme.

**MANETTE INFÉRIEURE.**
Une poussée fait remonter la chaîne d'un plateau. Une poussée prolongée fait remonter d'un coup la chaîne du plus petit plateau au plus grand.

**MANETTE SUPÉRIEURE.**
Celle-ci, l'une des deux commandant le dérailleur avant, fait descendre la chaîne d'un plateau à la fois.

**MANETTES À MOUVEMENT ROTATIF**
*Actionnée d'une torsion du poignet, la commande de dérailleur Grip Shift est aussi simple que fiable. Sa première qualité est de permettre à la main de rester fermement agrippée au guidon. Mais les soubresauts du vélo peuvent provoquer des changements de vitesse involontaires : à quand le modèle qui fasse descendre la chaîne sur les pignons par une torsion du poignet, et la fasse remonter en actionnant un bouton.*

**MANETTES INDEXÉES**
*Les manettes indexées, fiables et légères, ont la préférence des cyclistes de compétition. Si la commande de dérailleur semi-automatique se dérègle, la manette peut instantanément s'utiliser en mode manuel et fonctionner comme un système à friction conventionnel.*

### FREINS HYDRAULIQUES

*Les freins hydrauliques (à gauche), qui agissent par le truchement d'un fluide (comme les freins de voiture), sont extraordinairement puissants - suffisamment pour écraser une jante fragile - tout en restant très souples d'utilisation. Ils sont plus particulièrement efficaces sur terrain humide, boueux ou gelé.*

### FREINS À TIRAGE CENTRAL

*Les freins à tirage central dit Cantilever (à droite) sont légers, résistants et puissants. Pour éviter les vibrations, il vaut mieux les monter près de la jante. Certains modèles, comme le frein roller-cam, offrent davantage de précision et de puissance, mais exigent un entretien plus régulier, et sont souvent bloqués par la boue des courses tout-terrain.*

LEVIERS DE FREIN : Ceux-ci sont montés juste en dessous du guidon, plutôt que parallèlement à ce dernier, pour être à portée optimale des deux doigts qui les actionnent.●

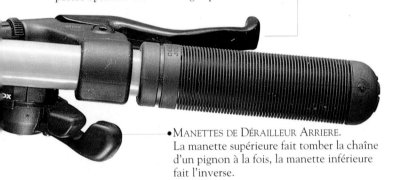

●MANETTES DE DÉRAILLEUR ARRIÈRE.
La manette supérieure fait tomber la chaîne d'un pignon à la fois, la manette inférieure fait l'inverse.

### GAUCHE OU DROITE ?

*La convention internationale sur les transmissions par engrenage précise que la manette gauche doit commander le dérailleur avant, et la manette droite le dérailleur arrière. Quant aux freins, les habitudes varient d'un pays à l'autre. Aux Etats-Unis, par exemple, où le "mountain bike" est né, le levier gauche actionne le frein avant, le levier droit le frein arrière comme en France. En Grande-Bretagne, les positions sont inversées. Avant d'enfourcher une bicyclette qui ne vous est pas familière, vérifiez toujours la disposition des commandes.*

## DÉRAILLEUR ET BRAQUET

Le dérailleur, comme un levier, est un système qui permet de modifier l'intensité d'un travail. Le degré de modification est appelé rapport. Sur un vélo, ce rapport, le braquet, est déterminé par la taille relative des plateaux du pédalier et des pignons de la roue libre. Avec un plateau de 52 dents, une rotation complète des manivelles fera tourner quatre fois une roue munie d'un pignon de 13 dents ; le rapport est de 4/1. Un plateau de 28 fera tourner une fois une roue avec pignon de 28 ; le rapport est de 1/1. Un braquet de 52/13 est dit "grand" : il permet de rouler vite. Un braquet de 28/28 est "petit" : il offre la puissance nécessaire pour grimper dans une montée, en roulant lentement. Un cycliste moyen produit une puissance de 1/8 CV en roulant "au train", avec un rendement maximal lorsqu'il pédale à une cadence comprise entre 55 et 85 tr/mn.

La fonction du dérailleur est de maintenir l'efficacité de la cadence ; l'essentiel dans son utilisation, c'est l'anticipation : changez de vitesse avant que la nouvelle vitesse soit requise, la cadence restera alors souple et régulière. L'anticipation est plus particulièrement importante lorsqu'il s'agit de passer aux vitesses basses en ascension. Bien que les dérailleurs modernes soient rapides et sûrs, soulager brièvement la pression sur la pédale facilitera le rattrapage de chaîne. Ne jamais croiser la chaîne, en la faisant passer du plus petit plateau au plus petit pignon, ou du plus grand plateau au plus grand pignon, sinon son angle trop prononcé réduira le rendement et augmentera l'usure.

Si la chaîne est sur le petit plateau et le grand pignon, le vélo parcourt à chaque tour de manivelle une courte distance ; il roulera plus loin lorsque la chaîne passe du grand plateau au petit pignon.

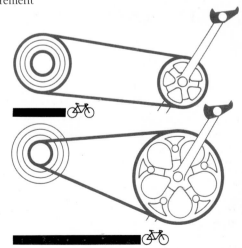

# Les vêtements

En roulant, vous produisez dix fois plus de chaleur qu'au repos, et avez l'impression que la température extérieure augmente de 11 °C. Pour votre confort, il est donc essentiel de vous vêtir légèrement, le cas échéant avec plusieurs couches de vêtements facilement retirés ou rajoutés en fonction des conditions météo et du rythme de la course. Vous n'aurez besoin dans la plupart des cas que de quelques effets bien choisis. N'oubliez cependant jamais, même en été, d'emporter des affaires supplémentaires pour vous protéger, soit si vous vous arrêtez, soit si le temps se dégrade. Si vous vous aventurez en terrain inconnu, emportez également un kit de survie (voir p. 34) pour toute urgence éventuelle.

### RANDONNÉE HIVERNALE

*Le vent et la pluie peuvent refroidir le cycliste bien en dessous de la température extérieure. On se protégera efficacement en portant un vêtement imperméable qui recouvre tout le corps tout en laissant respirer la peau, suffisamment ample pour que l'on puisse porter en dessous d'autres habits isolants. Les bottillons soutiennent bien le pied et le protègent aussi efficacement.*

### RANDONNÉE ESTIVALE

*Même par temps chaud, le blouson imperméable reste indispensable. Il en existe de nombreux modèles, légers, et qui se replient dans une petite poche.*

GANTS : Ils protègent contre les chocs et les vibrations, et contre les coupures en cas de chute.

DÉPERDITION DE CHALEUR : Luttez contre la déperdition de chaleur par la tête en portant un couvre-casque en Gore-Tex ou une casquette isolante.

CHAUSSURES : Ce modèle peut être utilisé avec des cale-pieds ou des pédales à fixation automatique.

## ROULER PAR TEMPS FROID

*Le cycliste représenté ci-dessous porte l'équipement nécessaire
par des températures inférieures à zéro. Il vous faudra trois couches
de vêtements : une couche interne en tissu séchant rapidement,
une chaude couche intermédiaire en laine ou en tissu à poil, et un coupe-
vent extérieur, en Gore-Tex, Entrant ou Thintech.
Par temps plus doux, la couche intermédiaire peut ne pas être nécessaire,
mais n'oubliez pas de l'emporter, car vous pourriez tout de même en
avoir besoin. Emportez éventuellement un blouson en nylon léger qui
peut se replier dans un petit sac, car c'est un bon isolant.*

## ROULER PAR TEMPS CHAUD

*Vous n'aurez besoin que d'un maillot et d'un cuissard en tissu léger,
comme ceux représentés ci-dessous, mais emportez toutefois d'autres
vêtements pour vous prémunir contre tout risque de refroidissement
ou d'excès de soleil. Repliés, jambières, blouson en nylon ou maillot
à manches longues ne prennent pas beaucoup de place. Protégez votre
peau contre le soleil et le vent, avec des brumisateurs et des écrans
solaires. Une casquette de cycliste portée sous le casque, la visière
tournée vers l'arrière, abritera votre nuque des rayons du soleil.*

LE CORPS :
Un vêtement thermique
(en *Thermolactyl* par
exemple) porté sous un
coupe-vent vous aidera à
rester au chaud par
temps froid.

LA TETE : Par temps
froid, c'est la tête qui
subit la plus importante
déperdition de chaleur.
Aussi, protégez-la avec
un bandeau ou une
casquette sous le casque.

LEVRES : On utilisera une
pommade contre les
gerçures dues au vent.

MAILLOT : Portez un
maillot en tissu absorbant
la transpiration, vous vous
rafraîchirez plus vite.

COLLANTS :
Les collants
en *Lycra*
réchauffent
les jambes et
facilitent leurs
mouvements.

CHAUSSURES :
Leurs cales étant
intégrées à la
semelle, on peut
utiliser ces
chaussures pour
marcher.

CUISSARD : Il doit être doublé
d'une peau de chamois, pour
plus de confort et pour éviter
les irritations.more comfort.

29

# Réglage du vélo-tout-terrain

L e VTT est conçu pour être conduit sans ménagement. Il est essentiel que la machine soit réglée à la taille du cycliste et que le poids de celui-ci soit bien réparti pour assurer le meilleur équilibre. La selle à la bonne hauteur et les manivelles parallèles au sol, la saillie osseuse située juste sous le genou doit se trouver exactement au-dessus de l'axe de la pédale. Le dos doit être incliné d'au moins 45° vers l'avant, afin que les muscles fessiers puissent également servir au pédalage. Une telle position fera peser plus de poids sur les bras qui seront légèrement fléchis pour absorber les chocs, avec les poignets tendus.

TIGE DE SELLE :
La sortie de tige de selle est de 15 à 20 cm. Pour que le pédalage ait un rendement maximal, la hauteur de selle devrait rester la même sur route et en tout-terrain (voir p. 20). Dans les descentes très raides, baissez la selle pour faire balancier avec le dos déporté vers l'arrière.

GUIDON : Le guidon, dont la largeur varie de 53 à 61 cm, est positionné de 2,5 à 5 cm sous la hauteur de selle. Un guidon large permet de mieux contrôler le vélo à vitesse réduite. Les plus étroits sont mieux adaptés à la course.

MANIVELLES : Sur les VTT, elles sont généralement plus longues de 5 mm que sur les vélos de route, ceci pour leur donner davantage de force de levier.

## DIMENSIONS ET SÉCURITÉ

*Vous devez pouvoir manier le vélo sans risquer de vous contusionner les cuisses, et avoir l'assurance, lors d'une chute, de ne pas vous blesser sérieusement.*

GARDE : Lorsque l'on roule en tout-terrain, la distance entre l'entrejambe et le tube horizontal doit être d'au moins 8 à 10 cm. •

## QUELQUES CONSEILS

On recommande généralement d'utiliser un VTT de taille inférieure de 5 à 10 cm à celle de votre vélo de route. Les cotes des VTT sont cependant mesurées de diverses manières, et de nombreux modèles sont dotés d'un tube horizontal incliné, c'est pourquoi il faut essayer plusieurs vélos afin de déterminer lequel vous conviendra le mieux. Sur les VTT de bonne facture, les tailles de cadre sont proportionnelles : angles et longueurs de tube sont calculés de sorte que les plus grands cadres aient davantage de longueur. La selle placée à bonne hauteur, il vous faut une longue tige de selle et une chasse importante. Votre genou doit se trouver au-dessus de la pédale avant placée à l'horizontale, et vous devrez avoir un appui sur le guidon suffisamment confortable en ayant le dos incliné à 45° et les bras légèrement pliés.

### Adaptation à la taille de la Femme

La femme, qui a généralement des proportions plus courtes, a besoin d'une tige de selle plus haute et d'un tube horizontal moins long. On détermine en gros les dimensions d'un cadre de vélo pour femme en faisant le calcul suivant (en centimètres) : longueur de l'entrejambe x 0,52 = taille du cadre. Il ne s'agit que d'une estimation qui doit servir de base de départ. Essayez toujours plusieurs vélos afin de choisir le bon.

## CHOISIR UN PETIT MODÈLE

*Maints cyclistes débutants se sentent plus à l'aise sur un cadre de VTT qui est en fait trop grand pour eux, puisque les petits cadres sont bien plus manœuvrables, légers et sûrs. Choisissez toujours, parmi les cadres adaptés à votre taille, le plus petit.*

### TROP GRAND

*Un haut tube horizontal est parfait pour la ville ou la randonnée sur route, mais veillez à ce que la garde ait au moins 2,5 cm, sinon gare aux accidents douloureux !*

### TROP PETIT ·

*Un tube horizontal très bas facilite les acrobaties et les cascades, mais, sauf si vous êtes de petite taille, vous aurez du mal à prendre appui sur le guidon et votre position sera très inconfortable.*

# Le vélo-tout-terrain de randonnée

En terme de souplesse d'adaptation, il est difficile de concurrencer le VTT pour la randonnée sur route ou en tout-terrain. A une extrémité de la gamme, on trouve le VTT de sport, ultra-léger, aussi agile que rapide, à empattement court, tube horizontal incliné et fourche à cintre minimal. Partir en randonnée avec un tel vélo implique le port du sac à dos, excellente discipline lorsque l'on cherche à réduire le poids de l'équipement — sa contenance limitée vous contraindra à ne pas emporter trop d'affaires. A l'autre extrémité de la gamme, il y a le VTT de randonnée, robuste "gros porteur", à empattement large, qui peut facilement transporter sur de longues distances des charges de

**SAC À DOS :**
Pour toute courte randonnée en tout-terrain, portez votre équipement sur le dos, pour que le vélo reste plus maniable en terrain changeant. •

**DOUBLE EMPLOI**
*Le modèle Klein Attitude est un VTT de compétition bien adapté aux randonnées rapides à charge légère. Son poids total de 10 kg en fait un poids plume parmi les VTT, et une machine bien plus légère que celles de cyclotourisme de moyenne gamme.*

• **DÉRAILLEUR :**
Un vélo de compétition tel que le *Klein Attitude* dispose de braquets à faibles rapports : la petite différence de l'une à l'autre de ses 21 vitesses permet de conserver un rendement de pédalage maximal.

• **BASES :**
L'absence de tasseaux pour porte-bagages est délibérée. Les bases, relativement courtes, conçues pour la vitesse, interdisent l'emploi de sacoches.

30 kg — potentiellement tout l'équipement dont vous aurez besoin pour camper pendant quinze jours. Stabilité et équilibre étant essentiels, assurez-vous de remplir d'un poids égal les deux sacoches avant et arrière, en mettant au fond les objets les plus lourds afin de garder un centre de gravité le plus bas possible.

## UN ROBUSTE VTT DE TOURISME

*Le F.W. Evans (ci-dessous) est un VTT moderne conçu pour transporter confortablement de lourdes charges. Il est équipé d'origine de tasseaux brasés pour accueillir les porte-bagages avant et arrière. Sans comparaison en termes de vitesse et de poids avec le Klein (page précédente), la géométrie de son cadre est soigneusement calculée pour minimiser l'effet des lourdes charges portées sur de grandes distances. Les longs haubans typiques de ce genre de VTT de randonnée autorisent l'emploi de sacoches arrière sans risquer de gêner les talons du cycliste. Un tel vélo est idéal pour les randonnées tout-terrain de plusieurs jours, où vous aurez besoin de l'équipement nécessaire pour établir un camp de base perdu dans la nature, et que vous utiliserez, après l'avoir déchargé, en tant que randonneur léger de tout-terrain.*

SANGLES : Pour fixer les sacoches sur les porte-bagages, lors de randonnées en terrain accidenté, utilisez des rubans élastiques plutôt que de simples sandows jamais assez résistants aux secousses.

EMPATTEMENT : Le grand empattement accroît la stabilité lorsqu'on transporte des sacoches.

DIRECTION : Le cintre généreux de la fourche, réduisant les chocs dus aux bosses et nids de poule, est conçu pour une conduite tout en souplesse.

SACOCHES : Les sacoches standards s'accrochent sur la partie haute du porte-bagages et ont un second point d'ancrage, relié par un tender, qui fixe le bas de la sacoche à un œillet ou à une patte.

PORTE-BAGAGES AVANT : Pour une conduite optimale, les porte-bagages avant positionnent les sacoches sur l'axe du moyeu.

BASES : Leur longueur permet de positionner les sacoches au-dessus de l'axe de moyeu arrière, d'où une bonne répartition des charges.

33

# Projets d'expédition

Rouler en tout-terrain, cela implique que vous soyez en mesure de vous débrouiller seul en pleine nature. Un brusque changement de météo, une panne, une blessure, ou tout simplement le fait de s'égarer, voilà qui pourrait transformer une randonnée agréable en cauchemar où votre survie même peut être en jeu. Et si vous paniquez, ou décidez de tout abandonner, vous vous mettriez également en danger. Mais si le projet que vous avez préparé reste réaliste, tout devrait bien se passer. Ceux qui affrontent des situations extrêmes sont souvent très expérimentés et doués d'une grande faculté d'adaptation. Ils aiment être seuls à se débrouiller dans la nature. Si ce genre d'aventure ne vous convient pas, ne partez jamais hors piste sans un compagnon de route. C'est une habitude couramment pratiquée dans de nombreux sports, même si le sentiment de sécurité qu'elle procure n'est qu'illusoire. Car si vous vous faites une mauvaise fracture lors d'une chute, c'est de votre compagnon de route, parti chercher de l'aide, que dépendra votre vie. La règle fondamentale, c'est de toujours dire à quelqu'un où vous allez et quand vous comptez revenir.

## LE KIT DE SURVIE MINIMAL

Lors de toute excursion hors piste, même brève et proche de la civilisation, emportez toujours votre équipement de survie minimal. "Toujours sur le qui-vive !" est une formule qui peut sembler assommante, mais c'est la leçon fondamentale de la survie en pleine nature. Ne vous laissez pas surprendre par un excès de confiance ou l'ignorance des gestes de base. Il est très facile de perdre son chemin dans une soudaine nappe de brouillard, de se faire geler jusqu'aux os par une averse soudaine ou de tomber stupidement, par mauvais temps, dans un torrent glacé. L'équipement minimal se décompose ainsi : vêtements, cartes, eau et nourriture ; kit de survie ; enfin, trousse à outils. Emportez toujours un blouson ; un pantalon et un chapeau ne sont pas superflus, l'objectif étant de vous protéger le cas échéant contre l'humidité et le froid, ou le soleil. Par temps doux, vous pouvez porter des vêtements légers ; par temps froid, emportez suffisamment de vêtements pour rester au chaud si vous deviez passer plusieurs heures sans rouler. L'eau est un élément essentiel. Vous pouvez partir sans nourriture si vous le souhaitez, mais emportez tout de même un en-cas. La carte d'une région que vous connaissez bien pourra paraître superflue, mais on ne sait jamais. Ne roulez jamais en terrain inconnu sans carte. Emportez votre kit de survie et modifiez-le en fonction des conditions climatiques. On peut s'en procurer dans le commerce, mais il vaudra mieux que vous le prépariez vous-même.

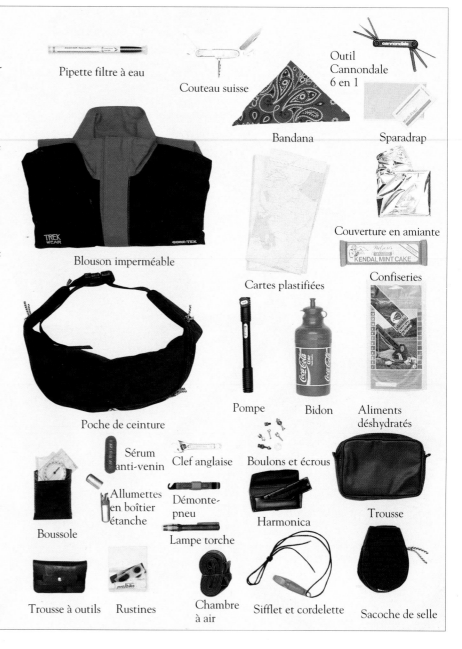

Pipette filtre à eau

Couteau suisse

Outil Cannondale 6 en 1

Bandana

Sparadrap

Couverture en amiante

Blouson imperméable

Cartes plastifiées

Confiseries

Pompe

Bidon

Aliments déshydratés

Poche de ceinture

Sérum anti-venin

Clef anglaise

Boulons et écrous

Boussole

Allumettes en boîtier étanche

Démonte-pneu

Harmonica

Trousse

Lampe torche

Trousse à outils

Rustines

Chambre à air

Sifflet et cordelette

Sacoche de selle

## BOITE À OUTILS POUR TROIS JOURS

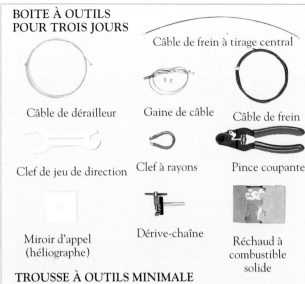

Câble de dérailleur — Câble de frein à tirage central — Gaine de câble — Câble de frein

Clef de jeu de direction — Clef à rayons — Pince coupante

Miroir d'appel (héliographe) — Dérive-chaîne — Réchaud à combustible solide

### TROUSSE À OUTILS MINIMALE

Vous devez connaître l'utilisation de chaque élément de votre trousse à outils. Les plus essentiels sont les suivants : sifflet et cordelette, pipette filtre à eau, couverture en amiante (deux de préférence), allumettes en boîtier étanche, lampe de poche, boussole, couteau de poche, sparadrap et aliment énergétique. Le tout doit rentrer dans une trousse suffisamment petite pour se glisser dans votre poche. La trousse à outils de base doit également faire partie de votre kit de survie. Quelques câbles de rechange ne prennent pas beaucoup de place ; coupez-les à la longueur voulue chez vous et mettez un point de colle ou de soudure aux extrémités pour qu'elles ne s'effilochent pas (voir p. 186), ce qui vous permettra de ne pas emporter la pince coupante. Ajoutez d'autres outils et accessoires en fonction de la distance à parcourir. Des rayons de rechange, une clef à rayons, un dérive-chaîne, une clef plate de jeu de direction - tous peuvent se révéler indispensables en pleine nature, mais évitez autant que possible l'excès de poids. Le *Cool-tool* est un excellent outil polyvalent (voir p. 149). Si vous roulez en groupe, partagez-vous la trousse à outils, de même que le réchaud et les gamelles pour les boissons chaudes, sans oublier la trousse de premiers secours la plus complète possible.

Donner toute indication sur la région où vous avez prévu de rouler pourra se révéler utile si vous n'êtes pas de retour à la date prévue et que les secours doivent partir à votre recherche. Voici quelques règles à suivre impérativement. Cherchez de l'aide avant d'en avoir besoin. Si vous commencez à avoir des difficultés, essayez de vous en sortir rapidement — la plupart des situations critiques résultent de l'accumulation de petits problèmes et d'erreurs. Si l'aide d'une tierce personne vous semble utile, n'hésitez pas à la demander. Si vous deviez vous égarer et perdre la trace de vos compagnons de route, et que vous retrouviez votre chemin vers la civilisation, prévenez de votre retour. Il n'y a rien de plus exaspérant que de passer la nuit sous la pluie à chercher quelqu'un qui est en fait déjà chez lui, bien au chaud dans son lit. La panique peut vous faire commettre des actes stupides.

Le meilleur antidote à l'apathie qui succède souvent à l'accident, c'est l'action. Passez en revue les priorités et consacrez-vous à la plus urgente. Si une blessure grave vous empêche de vous rendre en lieu sûr et que la nuit tombe, sans abri ni de quoi vous réchauffer, vous risquez de mourir. Mais si personne ne sait où vous vous trouvez, il vous faudra continuer à avancer. Si vous avez perdu votre chemin, déterminez la direction qui vous semble la plus encourageante et relevez sur la carte tous les points de repère pour pouvoir garder le cap. Arrêtez-vous et reposez-vous fréquemment. Si vous devez passer la nuit à la belle étoile, construisez un abri, faites un feu et préparez des signaux d'alarme. Si vous décidez de repartir le matin, laissez un message au campement précisant votre nom et votre destination. De nombreux livres et stages sont consacrés aux premiers secours et aux techniques de survie : plus vous en saurez dans ce domaine, mieux vous serez armé pour faire du tout-terrain en solitaire.

## BOITE À OUTILS POUR SEPT JOURS

Lubrifiant — Extracteur de manivelle — Arrache-roue libre

Clef de serrage pour colliers de direction et pédalier — Bande élastique

Clef pour cuvette de pédalier — Clef anglaise — Pharmacie

### GUIDE DE SURVIE

Vous roulez seul quand brusquement la roue avant s'accroche dans une branche, et vous culbutez la tête la première contre un tronc d'arbre. Que faire ? La première précaution à prendre après un accident, c'est de vérifier mécaniquement votre état — coupures importantes, fractures — car vous pourriez avoir une poussée d'adrénaline qui vous rende insensible aux blessures et à la douleur. Utilisez la trousse de premiers secours si nécessaire et passez au point suivant : vérifier l'état du vélo. Rien n'est plus facile de tomber, de remonter immédiatement en selle et de chuter à nouveau en raison d'une défaillance de la machine. Si vous êtes blessé ou si votre vélo est endommagé, prenez les dispositions suivantes :

1. Faites immédiatement le nécessaire contre la panique ou l'apathie, le froid, le chaud et la déshydratation.
2. Evaluez vos ressources et la situation, puis décidez soit de rester sur place, soit de repartir.
3. Rassemblez une quantité suffisante de vivres.

# Les chemins de grande randonnée

Si le vélo-tout-terrain a contribué à accroître les potentiels du cyclotourisme, il est également responsable de l'accroissement du nombre des randonneurs. Il fut un temps où le VTT soulevait une grande hostilité. On le considérait à peine mieux qu'une moto sans moteur, labourant les chemins et troublant le calme alentour ; dans certaines régions, le soudain afflux de cyclistes inquiéta tant marcheurs et cavaliers que le VTT fut interdit de séjour sur les sentiers. Mais depuis, sa popularité n'a pas cessé de croître, en partie parce que les cyclistes, qui prennent une part active à la défense de l'environnement, ont prouvé que le tout-terrain était une activité de plein air aussi légitime que respectueuse de l'écologie. Une initiative originale a plus particulièrement permis au VTT de gagner la faveur du grand public : il s'agit d'une forme de parrainage, où les cyclistes s'engagent à entretenir un sentier, à en aménager les accès, ou à ouvrir de nouveaux chemins, en collaboration avec les défenseurs de l'environnement. Et dans les régions les plus reculées, redécouvrir un sentier oublié peut apporter autant de satisfactions que de le parcourir à vélo.

## PAQUETAGE

Le fait d'emporter une tente pour une expédition de plusieurs jours vous donnera toute liberté de mouvement, mais celle-ci devra être extrêmement légère et compacte. Certaines tentes spécialisées, comme celle illustrée ci-dessous, utilisent le vélo comme mât : les cordons s'attachent à la tige de selle et à la potence. Outre l'économie de poids due à l'absence de mât, ce modèle vous offre la garantie d'être immédiatement prévenu en cas de tentative de vol.

Les autres tentes adaptées au cyclotourisme, légères, sont généralement équipées de mâts et d'un double toit, imperméable et bien ventilé pour limiter la condensation.

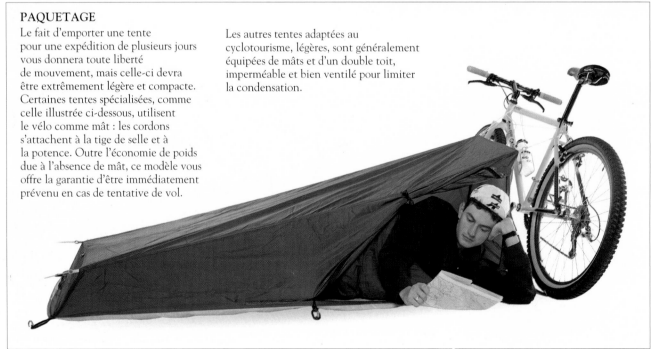

## LES JOIES DE LA CAMPAGNE

*L'exploration de sentiers de randonnée calmes et méconnus (à gauche), qui vous mènera loin des routes les plus fréquentées, vous donnera de grandes satisfactions. C'est souvent en étudiant avec soin une carte d'état-major que vous les localiserez. Les cartes anciennes ou les photographies aériennes vous renseigneront sur les vieux sentiers aujourd'hui envahis par la végétation ou sur les voies de chemin de fer désaffectées, car leur seule trace n'est souvent qu'une trouée entre les arbres. Vous pourrez également en découvrir en explorant les cours d'eau asséchés, ou en suivant les pistes du bétail. S'il vous faut traverser une propriété privée, vous devez impérativement en demander l'autorisation au propriétaire. Respecter la campagne, c'est la règle à ne pas oublier : labourer le terrain par de violentes manœuvres à vélo est autant dommageable à l'environnement qu'à la bonne volonté des autres utilisateurs du sentier et des fermiers dont vous traversez les terres.*

## PAYSAGES SPECTACULAIRES

*Pour atteindre les paysages les plus spectaculaires et les plus reculés, il vous faudra souvent plusieurs jours, voire plusieurs semaines de randonnée. Soyez en bonne condition physique pour pouvoir apprécier une longue course et planifiez soigneusement chaque aspect de votre périple — route, approvisionnement, refuges et imprévus. Vérifiez le bon état général de votre machine et prévenez quelqu'un de votre destination, des diverses routes que vous allez emprunter ainsi que des dates prévisibles d'arrivée et de retour.*

## LES RÈGLES DE LA RANDONNÉE

Le vélo-tout-terrain sera définitivement accepté comme moyen de transport légitime le jour où cessera toute suspicion envers lui. Vous contribuerez à changer les esprits en faisant acte de courtoisie et de bon sens chaque fois que vous montez en machine. Essayez de vous conformer systématiquement à la réglementation de l'ancienne Association internationale du vélo-tout-terrain. Le VTT est désormais placé sous l'égide de l'Union Cycliste Internationale (UCI), dont voici les points principaux :
- Planifier sa route et ne rouler que sur les sentiers ouverts.
- Ne laisser aucune trace - rapporter ses déchets à la maison.
- Maîtriser son vélo.
- Toujours se conformer aux indications du sentier.
- Ne jamais effrayer les animaux.

Vous devez en outre :
- Eviter tout risque d'incendie.
- Ne pas souiller les points d'eau.
- Protéger la faune et la flore.
- Ne faire aucun bruit inutile.
- Observer les droits de passage dans les fermes et cultures.
- Ne pas troubler bétail et cultures, ni toucher aux machines agricoles.
- Utiliser barrières et échaliers des clôtures, haies et murs.
- Laisser toute barrière dans sa position d'origine.

# Kilimandjaro

Le "mountain bike" (vélo de montagne) a été judicieusement nommé, car certains aventuriers l'utilisent dans le monde entier pour gravir des montagnes. La conquête par deux cousins, Nick et Dick Crane, du Kilimandjaro, le "toit" de l'Afrique, a représenté l'apogée de longues années d'alpinisme et de cyclisme, car rouler en altitude, c'est affronter des contraintes très particulières. En approchant du sommet, à 5 900 mètres, ils ne pouvaient progresser que de quelques mètres à la fois, avant de s'effondrer, essoufflés par le manque d'oxygène. Mais leur récompense fut extraordinaire : la descente en roue libre du siècle.

**L'ÉQUIPEMENT DE L'AVENTURIER**
*Nick Crane (ci-dessous), est équipé pour l'escalade en vélo du Kilimandjaro. Le VTT est un Saracen de série, sans modification ni ajout.*

•PROTECTION DE LA TETE : Le passe-montagne en *Thermolactyl* porté sous le capuchon peut se retourner de sorte que le rabat serve de visière, ou de l'autre côté pour protéger la nuque.

•PROTECTION DES YEUX : Les lunettes d'alpiniste sont indispensables pour protéger les yeux de la réflexion et des rayons ultraviolets, comme sont essentielles les lampes torches accrochées sur la tête pour rouler de nuit.

•VETEMENTS : L'habillement est fondé sur le principe des couches superposées. Salopettes et T-shirts isolants sont recouverts d'un blouson doublé de *Thintech* à l'intérieur et de *Gore-Tex* à l'extérieur.

•PNEUS : Il s'agit de pneus de 2,125 pouces à crampons classiques de série, accrochant bien dans la boue, la rocaille et la neige. Normalement gonflés, ils n'exigent aucun soin particulier.

**BIEN ÉQUIPÉS**
*Les Crane (ci-dessus) accomplirent les 80 km aller-retour en en peu plus de huit jours. Ils emportèrent dans leurs sacs à dos vêtements supplémentaires, outils, nourriture, ainsi qu'un médicament pour s'acclimater à l'altitude.*

### LE SOUTIEN LOGISTIQUE

*Réchauds, sacs de couchage, aliments déshydratés, équipement et tentes (ci-dessus) étaient transportés par un groupe de porteurs et d'amis qui veillaient également à ce que photographies et comptes rendus parviennent aux sponsors et aux médias à mesure que progressait l'expédition.*

### L'ESCALADE DU CRATERE

*A quelque 914 mètres sous le bord du cratère, neige et glace empêchèrent la progression en selle : les Crane durent porter vélos et sacs à dos (à droite). Plus tard, en approchant du sommet, ils ne purent rouler que par fractions de deux minutes ponctuées de repos de dix minutes, pour reprendre leur souffle.*

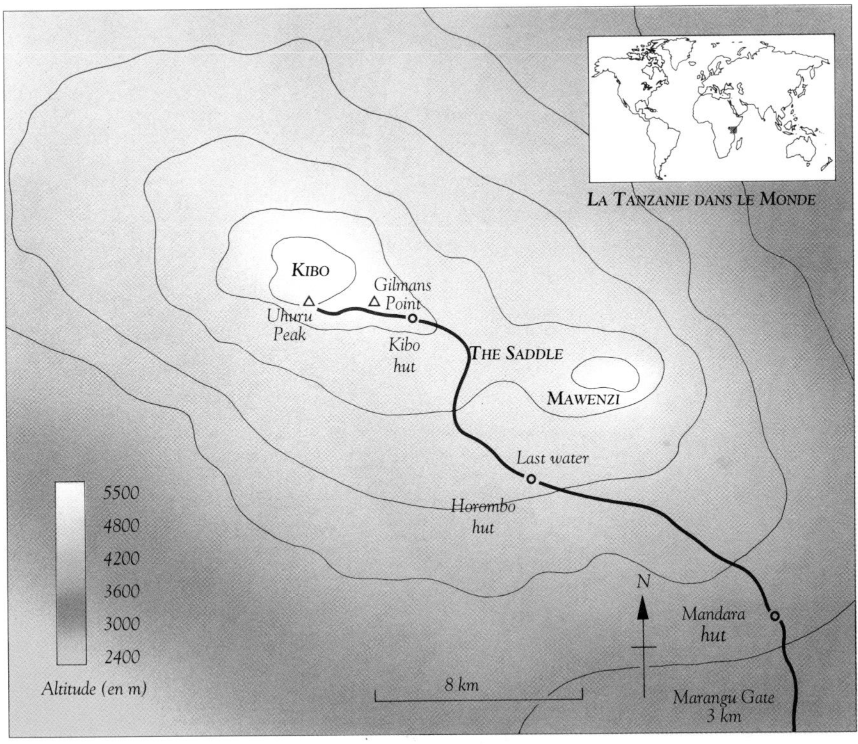

### LA PRÉPARATION DE L'EXPÉDITION

*Bien que le Kilimandjaro (à gauche) soit le plus haut sommet d'Afrique, il fut choisi en raison de la déclivité exceptionnellement faible de ses pentes d'approche. La carte indiquait que les Crane devaient rouler à travers plusieurs zones climatiques, en commençant par celle de la forêt équatoriale pluviale, avant d'atteindre 4 700 mètres. Ils auraient ensuite à porter leurs vélos sur plus de 900 mètres jusqu'au bord du cratère avant de pouvoir à nouveau rouler jusqu'au sommet. Ce qui donne tout son prix à l'aventure, c'est l'absence de guide détaillé de la région explorée. Bien qu'ils aient consulté les cartes et les alpinistes familiers du Kilimandjaro, les Crane ne savaient pas jusqu'à quel point il leur serait possible de rouler et dans quelle mesure il leur faudrait descendre de selle et porter leur machine. Les courbes de niveau d'une carte n'indiquent que la pente du terrain, et non sa nature. L'exploit fut organisé au profit de l'organisation Third World Charity Intermediate Technology.*

LA TANZANIE DANS LE MONDE

KIBO
Gilmans
Point
Uhuru
Peak
Kibo
hut
THE SADDLE
MAWENZI
Last water
Horombo
hut
N
Mandara
hut
5500
4800
4200
3600
3000
2400
Altitude (en m)
8 km
Marangu Gate
3 km

# Un vélo de course tout-terrain

Les VTT de compétition sont autant conçus pour la vitesse que pour survivre aux pires traitements. Une course longue de 80 km, ponctuée de descentes rapides d'une pente de 30 p. cent dans les éboulis, de traversées de rivières à gué et de passages dans des bourbiers profonds jusqu'aux chevilles, est aussi éprouvante pour le cycliste que pour sa machine. A la différence des épreuves sur route, le VTT avec lequel le coureur finit la course est celui sur lequel il l'a commencée. C'est un véritable défi que doivent relever les fabricants. En ce qui concerne la production en série, les cadres en aluminium de gros diamètre, légers et rigides, tendent à remplacer les tubes en molybdène de chrome. Mais sur un vélo fait main, plus onéreux, et réalisé par un artisan expérimenté, le molybdène de chrome concurrencera toujours l'aluminium en termes de poids et de résistance.

**L'ARTISANAT DE L'ACIER**
*Le vélo de course Fat Chance "Yo-Eddy" est un véritable hommage à l'art de la fabrication des cadres en acier. Le cadre est assemblé par soudage TIG (sous atmosphère inerte), procédé qui soude les tubes par fusion. Ceux-ci sont en molybdène de chrome, un alliage d'acier. Le cadre et la fourche pèsent ensemble 2,15 kg, et le poids total du vélo complet ne dépasse pas 12 kg.*

●COURSE DU CABLE :
Les câbles à nu permettent un freinage et un changement de braquet plus précis, en raison de l'absence de jeu inhérent aux longues gaines.

●GARDE AU SOL : La hauteur de la boîte de pédalier et l'espacement des bases, plus importants que d'habitude, sont conçus pour l'utilisation de pneus larges.

●BASES : Les bases relativement courtes (43 cm) donnent plus de puissance au pédalage.

MANETTES DE DÉRAILLEUR : En compétition, plutôt qu'une manette unique placée en dessous du guidon, on préfère utiliser des manettes montées au-dessus, plus pratiques à manipuler lorsqu'on est debout et plus faciles à réparer. ●

**LE CADRE ET LA FOURCHE**
Du *Klein Attitude* sont en aluminium. Son guidon et sa potence, d'une seule pièce, pèsent ensemble moins de 500 g. Le vélo complet pèse 10 kg - atout décisif en montée.

● DIRECTION : Les fuseaux de fourche rectilignes et les pattes verticales du *Yo-Eddy* sont extrêmement robustes. Cintre et chasse sont déterminés d'origine par l'inclinaison de la fourche par rapport au tube de direction.

EMPATTEMENT : L'empattement important (105 cm) donne au vélo davantage de stabilité.

● PNEUS LARGES : Les pneus *Specialized* de 2,5 pouces, parmi les plus épais existant sur le marché, offrent une excellente prise en toutes conditions.

# Les suspensions du vélo-tout-terrain

L e VTT a donné un nouvel élan au développement de systèmes de suspension qui, s'ils alourdissent la machine, en accroissent grandement le confort, les performances et la maniabilité. Quiconque connaît ce que font subir au cycliste un sentier accidenté ou une route creusée de nids de poule appréciera les avantages d'une suspension. Le plus étonnant, c'est qu'elle permet de rouler non seulement avec plus de souplesse, mais également avec une vitesse supérieure de 20% en moyenne dans les descentes. En améliorant la traction, les suspensions permettent des virages plus rapides et de meilleures grimpées. A l'avant, elles réduisent les vibrations, les jambes absorbant alors les chocs à l'arrière, mais un vélo équipé de suspensions avant et arrière aura cependant le meilleur comportement.

### UNE CONDUITE PLUS SOUPLE

Le système *Girvin Offroad Flexstem* est un dispositif simple qui permet de réduire les secousses sans avoir à modifier la géométrie du cadre. Le *Flexstem* pivote sur un boulon qui compresse un segment en élastomère au niveau de la potence. Sa course ne se fait que dans un seul sens, du haut vers le bas, de sorte que le guidon reste rigide durant la montée. Lorsque la roue avant heurte un obstacle, le *Flexstem*, compressé vers le bas, amortit le choc. Plusieurs modèles de segments sont disponibles.

### LE DERNIER CRI

Le Fisher RS-1, *à suspensions avant et arrière bien équilibrées, offre une extraordinaire qualité de conduite. Les fourches sont des Fisher* calibrées *Rock Shox, à suspension pneumatique réglable et amortisseurs hydrauliques. L'ensemble arrière consiste en un parallélogramme flottant à quatre points pivots, amorti par une paire de duromètres et complété par un puissant frein à tambour Phil Wood.*

### AMORTIR LES CHOCS

*Le Cannondale EST (Elevated Suspension Technology), ci-dessus, se caractérise par un bras oscillant arrière fixé à la boîte de pédalier sur le tube de selle. La course de l'amortisseur hydraulique est de 2,5 cm. La tension est réglable et la suspension disponible en trois modèles différents en fonction du poids du cycliste. La suspension avant est une Offroad Flexstem (voir à gauche). Les bases du Cannondale EST font 42,5 cm de haut, ce qui améliore la traction en ascension.*

### SUSPENSIONS ADAPTÉES AU VÉLO

*Le système Offroad Pro-Flex (ci-dessus) est constitué de bases oscillantes à pivot sur tube tenseur au-dessus de la boîte de pédalier (à droite). Suspension et amortissement résultent de la liaison des bases à la partie inférieure du hauban arrière, par l'intermédiaire d'un manchon en élastomère à course de 2,5 cm. Différentes sortes de manchons sont disponibles en fonction du poids du cycliste. C'est un système simple comparable à la suspension avant du système Flexstem. La suspension n'est active qu'en cas de besoin. Sur bonne route, le Pro-Flex se comporte comme un vélo normalement rigide ; en tout-terrain, la conduite est souple et rapide. En raison de sa simplicité de conception, ce modèle a l'avantage d'être bien moins onéreux que les systèmes de suspension concurrents.*

# Les techniques de pilotage

L e VTT est un sport total, qui s'adresse autant à votre esprit qu'à votre corps. A la différence du vélo de route, où corps et machine se déplacent avec souplesse en un mouvement uniforme, le VTT sollicite activement bras et épaules et vous demande de constantes rectifications de position, toujours à la recherche du meilleur équilibre lors des changements de surface ou de pente. Le VTT exige vigueur et dynamisme : quelle que soit votre forme physique, vous constaterez une rapide amélioration de votre souplesse, de votre force musculaire et de votre endurance, sans parler de votre habileté à manier le vélo.

### LES ASCENSIONS : BONNE ET MAUVAISE POSITIONS

*Le cycliste de tête (ci-dessus) se penche trop au-dessus du guidon : la roue arrière n'aura plus de force de traction. Le second cycliste déporte trop son poids vers l'arrière : la roue avant va se soulever et le vélo ne pourra plus être dirigé. Ces deux positions se soldent toujours par une perte de contrôle de la machine. Pour grimper correctement, restez debout durant les passages faciles et les pentes raides, et asseyez-vous dans les passages difficiles. Ramassez-vous en position de jockey, votre centre de gravité situé au-dessus des pédales, la tête au-dessus du guidon et les bras bien appuyés sur celui-ci. Si la pente vous semble infranchissable, essayez de la gravir en diagonale.*

### LES POSITIONS DE BASE : ASSIS ET DEBOUT

*Vérifiez la bonne adaptation à votre taille de tous les réglages (voir p. 162-165). En roulant, restez légèrement assis, les mains appuyées sur le guidon, l'index et le majeur posés sur les leviers de frein. Les bras doivent supporter une partie du poids du corps. Cette position vous permettra de vous lever instantanément en cas de changement de terrain, ou pour sauter au-dessus d'une souche. Le VTT est toujours plus maniable à basse vitesse, lorsque le cycliste se tient debout sur les pédales, les bras formant un triangle avec le guidon. En pédalant dans cette position, évitez de déporter votre poids vers l'avant.*

### LES DESCENTES

*La seule occasion où il vous faudra vous agripper fermement au guidon, ce sera dans les descentes cahoteuses. La pente et le terrain peuvent changer en quelques mètres. Ne tentez pas de diriger le vélo en poussant ou en tirant sur le guidon, mais en déplaçant le poids de votre corps, en inclinant la tête et les épaules. Quelle que soit votre manœuvre, vous vous sortirez facilement de toute situation délicate en appliquant la règle de l'anticipation : apprenez à lire le terrain devant vous, changez de vitesse à l'avance, ajustez votre cadence de pédalage, et soyez prêt à déplacer votre corps sur le vélo.*

## LES OBSTACLES

Le VTT doit permettre d'affronter toutes les variations du terrain. Approche et anticipation sont essentielles aux montées et descentes. Le problème le plus délicat dans la descente, c'est d'éviter les obstacles tels que tronc d'arbre ou rocher. L'approche la plus dangereuse consiste à vouloir les franchir de face, en les heurtant de plein fouet, votre poids déporté vers l'arrière. Quelle que soit la vitesse, vous vous blesserez et endommagerez votre machine. Anticipation, "allègement" et, avant tout, synchronisation, vous permettront de rester en course, comme le montre la photographie en accéléré ci-dessus. Bien que dévalant la pente à grande vitesse, le cycliste a cessé d'actionner son frein avant, suffisamment longtemps pour tirer sur le guidon et soulever la roue avant au-dessus du tronc d'arbre. La vitesse acquise le porte vers l'avant puis il se ramasse en position de jockey, ce qui permet à la roue arrière, ainsi allégée, de passer l'obstacle. A partir de ce moment-là seulement, la position de descente n'étant plus nécessaire, vous pourrez à nouveau utiliser le cas échéant le frein avant.

## LES VIRAGES EN DESCENTE

Conservation de la vitesse acquise et de la traction sont deux règles fondamentales du VTT, car il s'agit de maintenir constante l'adhérence, les roues collées au sol. Dans les descentes rapides, vous devez déporter autant que possible votre corps vers l'arrière et laisser les pédales à l'horizontale, de sorte que pour effectuer un virage il vous suffise de vous pencher légèrement vers l'intérieur de la courbe. Une technique plus avancée consiste à entrer dans le virage la pédale intérieure baissée et traînant sur le sol, ce qui incline davantage votre corps et laisse la pédale extérieure prête à l'action en sortie de virage. Maîtrisez toujours votre vitesse pour ne pas perdre le contrôle du vélo, et freinez pour compenser l'accélération due à la pente. Ne le faites pas brutalement, et utilisez davantage le frein arrière, plus efficace en descente. Si vous écrasez brutalement le frein avant dans un virage, vous risquez de plonger par dessus le guidon ou de mettre le vélo en travers.

# En terrain meuble

Gérer les brusques variations du terrain, c'est l'une des grandes sensations qu'offre le VTT Les surfaces peu compactes et meubles, telles que sable, neige, boue, gravillons ou éboulis, sont quelques unes des plus difficiles et des plus stimulantes que l'on puisse aborder à vélo. Grimper, freiner et descendre sur de tels terrains implique une approche positive, une machine adaptée et un minimum de notions techniques, aussi simples qu'efficaces, grâce auxquelles il vous sera possible de rouler partout. Dans de tels passages, il est essentiel de conserver la vitesse acquise et la traction, en ne cessant pas de pédaler. Si vous devez aborder une longue distance en terrain meuble, vérifiez que la pression des pneus soit suffisamment basse, car les pneus

### ROULER DANS LES ÉBOULIS

*Les éboulis dévient facilement la roue avant dont les soubresauts sont souvent désastreux si on ne maîtrise pas le vélo d'une main ferme. Pour le diriger, évitez de tourner le guidon, mais déplacez votre corps, et plus particulièrement les épaules, pour incliner le VTT dans la direction souhaitée.*

### LA NEIGE

*La neige est un véritable défi. Cela ressemble à rouler dans le sable, à la différence que le vélo tend à s'enliser plus profondément et plus longtemps. Et vouloir rouler en ligne droite demande de constantes corrections sur le guidon pour vous diriger d'un point moins instable à un autre.*

### LA DESCENTE DANS LE SABLE

*N'espérez pas toujours faire de la roue libre en descente. Comme le sable accentue les résistances au roulement (ci-dessus), il vous sera souvent nécessaire de pédaler pour dévaler une dune. Et rappelez-vous que des pneus faiblement gonflés réduisent les risques d'enlisement.*

trop gonflés ont tendance à s'enliser, créant ainsi une résistance au roulement. Les pneus moins gonflés s'enfoncent moins, et leur surface de roulement plus grande donne une meilleure traction. Jusqu'à quelle pression peut-on descendre ? Tout dépend des circonstances. Sur une surface extrêmement molle, un cycliste léger, sur pneus larges, peut descendre jusqu'à 1,5 bar (kg/cm$^2$), tandis qu'un cycliste plus lourd, sur des jantes étroites, aura besoin d'au moins 2 bars pour éviter toute crevaison éventuelle par pincement du pneu sous la jante. Avant d'aborder une surface meuble, passez à un braquet inférieur, vous aurez ainsi assez de traction et la roue arrière ne risquera pas de se dérober. Choisissez le chemin le plus direct. Déportez votre poids vers l'arrière, ne cessez pas de pédaler et tirez sur la roue avant afin qu'elle rase le sol sans s'enfoncer dans le sable, la neige ou la boue.

## A L'EAU

*Avant de traverser un cours d'eau, assurez-vous d'en voir le fond. Sinon, ne vous y risquez pas. Avant d'aborder l'eau, passez à un braquet inférieur, déportez votre poids vers l'arrière et accélérez afin de conserver assez de vitesse durant la traversée.*

## LES ENVELOPPES DE PNEU

Les pneus de VTT, dont les dimensions s'écartent peu de celles des bandes de roulement moyennes, se répartissent en quelques types et tailles de base. Les enveloppes de 26 x 2,125 pouces sont les plus couramment utilisées, cependant les largeurs disponibles varient de 1 à 2,6 pouces. Il existe trois sortes de pneu : lisse, à crampons, et polyvalent. Les pneus lisses font davantage ressembler le VTT à un vélo de route, les pneus à crampons sont destinés au tout-terrain, et les polyvalents servent aux deux.

### (SLICK) LISSE

*Le pneu Matrix Road Warrior (à gauche), lisse et sans chape, offre une adhérence optimale sur l'asphalte et le béton. Il permet de rouler confortablement, avec un minimum de résistance au roulement et un bruit réduit.*

### POLYVALENT (1)

*Le Specialized Nimbus (à droite) est un pneu ultra-léger, complet, et très stable par temps humide. En utilisation tout-terrain, il convient aux surfaces dures et compactes, mais déteste la boue.*

### POLYVALENT (2)

*Le Matrix Cliffhanger (à gauche) est un pneu de cross et de route complet. S'il reste satisfaisant sur toute surface dure et compacte, ses sculptures latérales, trop rapprochées, ne laissent pas s'écouler la boue.*

### (KNOBBLY) A CRAMPONS (1)

*Le Onza Racing Porcupine (à droite) est le pneu idéal à gomme tendre sculptée, à crampons bien espacés et bien découpés. Il offre une traction excellente, mais sa gomme n'a qu'une durée de vie limitée.*

### (KNOBBLY) A CRAMPONS (2)

*Le pneu arrière Panaracer Smoke (à gauche) est conçu pour répondre à toutes les exigences du tout-terrain. Les crampons, largement écartés, laissent bien passer la boue et la traction qu'offrent les bandes horizontales améliore les accélérations.*

### (KNOBBLY) A crampons (3)

*Le Specialized Hardpack (à droite) est un pneu de compétition très prisé, et dont le dessin de la chape se prête bien aux terrains rocailleux. Le grand volume d'air qu'il renferme en raison de sa largeur (2,2 pouces) offre plus de confort en hors-piste.*

# La compétition

Dès l'origine, les courses de VTT ont incarné une forme de sport hautement énergétique, conviviale, et nullement entravée par une réglementation tatillonne sur les machines ou les tenues vestimentaires. Les premières courses de "mountain bikes" remontent aux célèbres "Repacks", ces épreuves contre la montre qui furent improvisées en 1976 dans la descente d'un coupe-feu ayant un dénivelé de 396 mètres sur moins de 3,2 km. Inventé aux Etats-Unis, ce sport s'est depuis répandu dans le monde entier : amélioration de l'organisation et diversification des épreuves ont donné naissance à de spectaculaires compétitions. Mais l'esprit casse-cou du VTT reste le même : le cycliste, sur sa machine, affronte seul les éléments et les autres concurrents, sans aucune assistance mécanique. Les compétitions se répartissent en cross-country, descente, course de côte, slalom parallèle et trial (voir p. 50), et les concurrents en groupes de niveaux, tenant compte de l'âge et du sexe. Les licences internationales se subdivisent en élite, expert et sport. Les groupes d'âge distinguent les cadets (12-15 ans), les juniors (16-18 ans), les seniors (19-39 ans), les vétérans (40-49 ans) et les "masters" (50 ans et plus). Les épreuves sont organisées en conséquence : une compétition de cross-country senior avec départ groupé se court sur une distance variant de 39 à 58 km, sur un circuit d'au moins 6,5 km, avec 90% de tout-terrain et pas plus de 10% de passages où il peut être nécessaire de porter la machine. Les courses de descente font environ 8 km, la descente devant représenter au moins 80% de la distance.

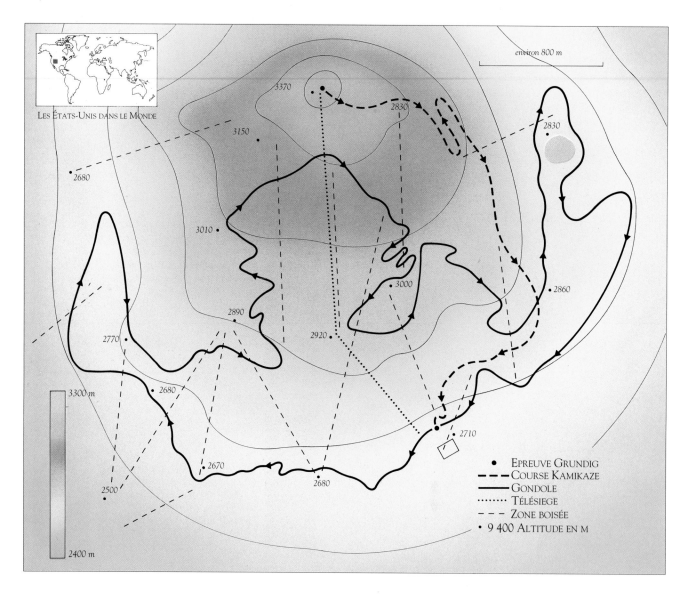

# LES COMPÉTITIONS DE VÉLO-TOUT-TERRAIN

## LA FILIÈRE DU CYCLO-CROSS

Les compétitions de cyclo-cross (à gauche) sont antérieures à celles de VTT. Les coureurs cyclistes pratiquent ce sport exténuant en guise d'entraînement hivernal, sur des machines adaptées, munies de pneus étroits conçus pour le tout-terrain et de freins à tirage central. Une course de cyclo-cross est ponctuée de passages difficiles plus rapidement franchis lorsque le cycliste descend de machine et la porte sur son dos, à la différence du VTT où le concurrent préférera toujours rester sur sa machine, même dans des conditions impossibles. Et tandis que ce dernier ne bénéficie d'aucune assistance mécanique, le cyclo-crossman est autorisé à changer de vélo durant la course. Les différences s'arrêtent là : les carrefours sont nombreux entre ces deux disciplines, et il n'est pas rare de voir un espoir du cyclo-cross devenir champion de VTT.

## L'ÉVOLUTION D'UN SPORT NEUF

Les compétitions de VTT englobent aujourd'hui différents types d'épreuves, outre celles de cyclo-cross traditionnel. Dans une épreuve de trial le cycliste court contre la montre et se voit infliger certaines pénalités s'il pose le pied au sol. Dans le slalom parallèle, organisé sur une descente courte (environ 800 mètres) mais impitoyable, les coureurs dévalent de front, par groupe de deux, jusqu'à l'élimination de tous, sauf des deux derniers. Dans les courses de côte, dont le départ se fait groupé, le gagnant est le premier arrivé. Les concurrents grimpent la plus grande partie du parcours et atteignent à peine la vitesse moyenne de 10 km/h.

## UNE COURSE DE LÉGENDE

*La région de Mammoth Lakes, dans la Sierra Nevada, en Californie (à gauche), compte de nombreuses stations de sports d'hiver qui, les premières, ont adapté leurs installations pour la pratique du VTT au printemps et en été. Dans les milieux du tout-terrain, Mammoth Lakes est une véritable légende. L'épreuve de cross-country organisée pour la coupe du monde 1991 s'effectue sur une longue boucle de 9,4 km que les concurrents doivent parcourir trois fois. Sa fameuse descente "kamikaze", longue de 6,3 km, offre un dénivelé de 610 mètres - le record établi en catégorie professionnelle est de 5 mn 25 s., à une vitesse moyenne de 69,4 km/h !*

## UN ÉVÉNEMENT PRESTIGIEUX

*En VTT, la seule épreuve qui permette de déterminer le cycliste le plus complet est celle de cross-country (à droite). Dessiner le tracé d'une course présentant des obstacles exclusivement naturels est devenu un véritable art : les aires de départ et d'arrivée doivent être suffisamment vastes pour permettre aux concurrents de partir groupés, puis le circuit se rétrécit brusquement, obligeant les concurrents à sprinter pour être en bonne position avant de se retrouver, hors d'haleine, au pied d'une forte montée.*

# Trials

Ces épreuves, qui demandent de la part du concurrent le meilleur de ses talents de cycliste, sont organisées sur une courte section de terrain accidenté, riche en difficultés : le cycliste doit escalader sur son VTT une pente quasi verticale, en s'y reprenant à plusieurs fois, profitant de l'élan, comme s'il s'agissait de gravir une échelle. La course typique comporte dix sections successives que le concurrent parcourt trois fois, en trente étapes au total. S'il s'appuie ou touche le sol, un arbre ou un spectateur, il peut se voir infliger une pénalité maximale de cinq points par section, de même s'il tombe ou roule en dehors des limites de la section. Sur la totalité de l'épreuve, le meilleur score possible est de zéro point, et le plus mauvais peut atteindre 150 points. Il y a deux types de VTT et de coureurs de trial. La plupart des cyclistes de niveau international utilisent des machines spécialement conçues, dotées de roues de 20 pouces et d'une vitesse unique à petit braquet. Il est très impressionnant de voir les cyclistes évoluer sur ces machines aussi sophistiquées que spécialisées, mais parfaitement impropres à tout autre usage. La plupart des autres cyclistes pratiquent cette discipline simplement pour le plaisir d'améliorer leur habileté. Ils utilisent soit des VTT de série, soit des vélos de trial à roues de 26 pouces, à bases courtes, angles de cadre à forte pente et boîte de pédalier surélevée.

**LE VÉLO DE TRIAL**
*Avec son empattement de 105 cm et ses bases surélevées de 41 cm, ce Rocky Mountain Experience canadien est un grimpeur tenace.*

**BOÎTE DE PÉDALIER :**
La hauteur de la boîte de pédalier (31 cm) donne une chasse suffisante au-dessus des obstacles et le protège-pédalier *Rock-Ring Chainwheel* permet d'éviter les dégâts.

**CALE-PIED :**
Le cale-pied *Power Grip* donne au coup de pédale une puissance maximale, tout en permettant le dégagement rapide du pied.

## PASSAGE D'UN TRONC D'ARBRE

*A 50 cm du tronc, faites de la roue arrière en appuyant sur les manivelles tout en tirant sur le guidon (à gauche). Accélérez légèrement, pliez les genoux pour préparer le saut et déportez votre poids vers l'avant puis, les manivelles à l'horizontale, posez la roue avant sur le tronc.*

*Tandis que vous sautez au-dessus du tronc, poussez vers l'avant sur le guidon (ci-dessous à gauche), de sorte que lorsque vous passez l'obstacle la roue arrière ricoche en touchant le tronc au même endroit que la roue avant. Le vélo devrait continuer tout droit sur sa lancée. Puis rejetez-vous vers l'arrière afin d'amortir l'atterrissage de la roue avant, et replongez vers l'avant pour adoucir également l'impact de la roue arrière sur le sol. Le vélo doit davantage se comporter comme une échasse sauteuse plutôt que de rouler sur le tronc.*

• FREINS : Les freins à tirage central auto-serreurs *Suntour XC 9000* à manettes trois doigts et les commandes de dérailleur par poignée tournante *Grip Shift* autorisent toutes les manœuvres sans avoir à changer de position de main.

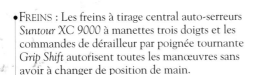

## AMÉNAGER SA PISTE PERSONNELLE

*La pratique du trial est l'un des moyens les plus rapides et les plus sûrs d'améliorer votre agilité à vélo. C'est également un sport à la portée de tous, car il ne requiert qu'une petite surface de terrain accidenté. Cherchez l'obstacle adapté à l'entraînement que vous aurez choisi, ou apprenez à sauter par-dessus de vieux pneus. Ceux-ci sont parfaitement adaptés au saut d'obstacle, car ils ne risquent pas d'endommager les plateaux du pédalier. Procurez-vous-en de diverses tailles et enterrez-les à moitié dans le sol, ou soudez-les côte à côte pour simuler un tronc d'arbre. Si vous optez pour un autre type d'obstacle, fixez un protège-pédalier et rabaissez votre selle en cas de rebonds imprévus. Le saut sur tronc d'arbre vous demandera beaucoup d'entraînement avant de trouver la bonne technique, mais vous ne risquez pas de vous ennuyer.*

• FOURCHE : La fourche à large section aplatie *Tange "Big Forks"* est renforcée à l'intérieur, au niveau des points soumis aux plus violentes contraintes.

# Le vélo extrême

Le summum de ce qu'il est possible de réaliser à vélo, ce sont les épreuves de VTT d'endurance. Dès son origine, on utilisa la bicyclette pour tester les limites de résistance de l'homme.

En 1875 déjà, à Birmingham, des pionniers moustachus juchés sur leurs grands bicycles avaient roulé 12 heures non-stop, pour savoir tout simplement quelle distance ils pouvaient parcourir dans ce temps et à quelle vitesse.

Aujourd'hui, leurs émules vêtus de Lycra et pédalant sur VTT donnent à cette tradition des dimensions homériques - découvrir combien de sommets on peut escalader en 24 heures ; participer à une course de 322 km dans la neige de l'Alaska, au cœur de l'hiver ; traverser le Sahara avec la caravane du Paris-Dakar ; ou battre de vitesse un cheval dans les montagnes du pays de Galles.

La part de folie qui caractérise ces épreuves d'endurance remonte au milieu des années 70, aux débuts du "mountain bike", quand les pionniers du VTT s'amusaient à dévaler sur leurs bécanes le fameux "Repack", une descente en épingle à cheveux ayant un dénivelé de 396 mètres sur moins de 3,2 km.

Les actuels cyclistes de l'extrême, qui n'ont rien perdu de ce sens de l'exploit à vous faire dresser les cheveux sur la tête, exercent leurs talents à l'occasion d'innombrables compétitions organisées çà et là, le tout pour une modeste somme d'argent, une notoriété considérable et l'occasion toujours renouvelée de savoir jusqu'où on peut survivre à vélo.

### L'ÉPREUVE LA PLUS FROIDE DU MONDE

*La course "Iditabike" organisée chaque année en Alaska, au mois de février (ci-dessus), est aussi éprouvante pour les concurrents que pour les machines. On lui doit certaines innovations, notamment la roue double, constituée de deux jantes fixées sur un seul moyeu, qui offre davantage de traction dans des conditions météo pouvant varier de 5 ℃ avec profonde neige fondue jusqu'à - 40 ℃ dans le blizzard. Le circuit est celui de la course de chiens de traîneau d'Iditarod, 338 km de pistes enneigées et de rivières gelées à travers la toundra. Les concurrents, qui doivent montrer un grand savoir-faire pour avancer dans la nuit polaire, s'acquittent avant le départ d'une caution destinée à payer leur éventuelle évacuation d'urgence par hélicoptère. En 1990, les conditions climatiques furent si mauvaises que la course dut être arrêtée après seulement 84 km.*

### L'HOMME CONTRE LA NEIGE

*En espérant trouver une neige suffisamment compacte pour rouler, ce concurrent de la course "Iditabike" en Alaska (à gauche) traîne sur une luge son vélo démonté.*

## LE CHEVAL CONTRE LE VÉLO

*La première course mondiale homme contre cheval (à gauche) eut lieu en 1980 dans les montagnes du pays de Galles, près de Hay-on-Wye, après une chaude discussion de pub portant sur le point de savoir qui, de l'homme ou du cheval, était le plus rapide. Les humains furent plus lents que les équidés. Mais en 1985 le VTT entra dans la course et l'on put constater que le cheval ne surpassait que de peu le vélo. En 1988 enfin, l'homme, en la personne de Tim Gould, un champion de VTT, passa le poteau d'arrivée après 1 h 51 mn de course, avec une avance de 3 mn sur le cheval.*

## LE DÉFI

*Le circuit de 35,2 km tracé dans les collines de Brecon inclut franchissements de gués et montées à plus de 1 200 mètres. Les VTT sont avantagés par le temps chaud, qui assèche les marécages à flanc de coteau, et que le cheval supporte plus difficilement que l'homme.*

# LE VÉLO DE COURSE

La course cycliste est un des sports les plus éprouvants. Quel que soit le type de compétition, vous serez toujours confronté au désir d'améliorer vos performances et à l'obsession d'être le meilleur. La compétition vous oblige à réévaluer très sérieusement l'ensemble de votre pratique de la bicyclette : les différents éléments de votre machine et leur potentiel, votre position en selle, cadence de pédalage, régime alimentaire, entraînement, et même la durée de votre sommeil.

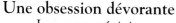

*Guidon de triathlon*

qui vénèrent d'étranges machines, observent de singuliers rituels, se rasent les jambes, portent des tenues très ajustées et parlent un langage codé.

*Roue à bâtons*

## Un sport à la portée de tous

Et pourtant, la compétition cycliste est tout d'abord un sport à la portée de tous, qui ne requiert qu'un vélo et une volonté à toute épreuve. La fascination constante qu'elle exerce s'explique en ce qu'elle associe la puissante séduction de la technologie au désir insatiable, et presque irrésistible, de mesurer les performances humaines. Alliance de technique et de force physique qui demande endurance et sagacité, et pour laquelle il n'existe nulle recette définie. C'est un sport suffisamment diversifié pour offrir au débutant comme au professionnel le type de compétition qui corresponde le mieux à ses aspirations.

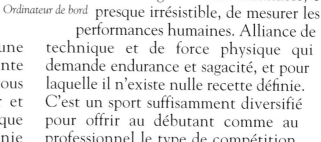

*Ordinateur de bord*

*Bidon*

## Une obsession dévorante

La compétition peut vite devenir une obsession totale, une relation dévorante entre le cycliste et son vélo, où vous ne vivez plus que pour rouler et roulez pour vivre, avec pour unique objectif la plus grande harmonie entre vous et votre bicyclette, celle qui fera de vous deux la machine suprême. Cette quête se rencontre partout, sur route ou sur piste, sur courtes ou longues distances, sur terrain plat ou en montagne, dans les courses en ligne ou contre la montre. C'est une relation exigeante, de dévouement et de courage, dont le prix est à la fois souffrance et triomphe, et qui souvent vous isole du reste du monde - le monde des courses cyclistes semble parfois un étrange ghetto culturel dont les membres,

*Frein*

*Pédale*

*Coureur cycliste*

# L'anatomie du vélo de course

C'est au vélo de course sur route, conçu et construit pour la vitesse, que l'on doit la géométrie du cadre classique. La plupart des vélos actuels ont des caractéristiques comparables aux machines qui roulaient encore voici dix ans : empattement court, forte pente des angles de tube de direction et de selle, pédalier haut, court cintre de fourche. Géométrie qui permet au coureur d'adopter la position aérodynamique qui transmet le plus efficacement la puissance musculaire aux pédales tout en offrant une moindre résistance à l'air. C'est par le choix de leurs matériaux et de leurs éléments que l'on optimise les performances des cadres standardisés. Les tubes en fibres de carbone du Rossin (illustré ici) sont 30% plus légers que des tubes en acier, et ses éléments Campagnolo sont aussi efficaces que fiables.

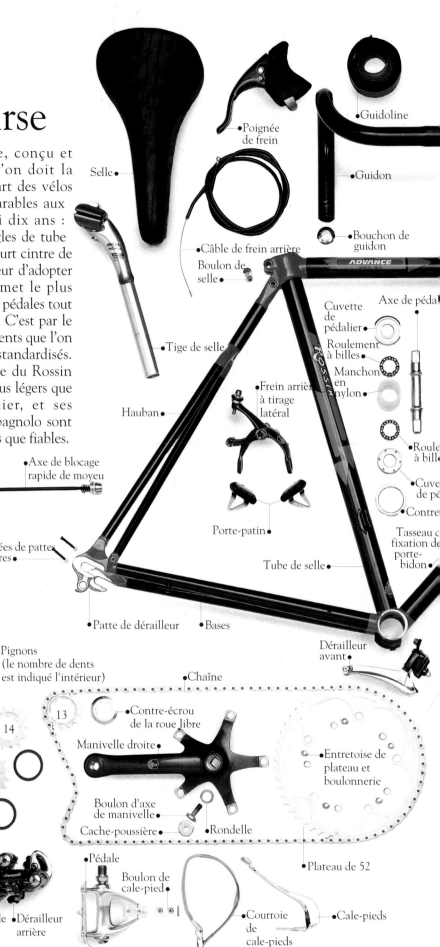

Selle

Poignée de frein

Guidoline

Guidon

Bouchon de guidon

Câble de frein arrière

Boulon de selle

Cuvette de pédalier

Axe de péda

Roulement à billes

Manchon en nylon

Tige de selle

Frein arriè à tirage latéral

Hauban

Roule à bill

Cuve de pé

Contre

Porte-patin

Tasseau fixation d porte-bidon

Tube de selle

Axe de blocage rapide de moyeu

Buttées de pattes arrières

Patte de dérailleur

Bases

Dérailleur avant

Pignons (le nombre de dents est indiqué l'intérieur)

Chaîne

Contre-écrou de la roue libre

13

14

Manivelle droite

Entretoise de plateau et boulonnerie

15

16

Boulon d'axe de manivelle

17

Cache-poussière

Rondelle

18

Pédale

Plateau de 52

19

Rondelle de denture

Dérailleur arrière

21

Boulon de cale-pied

Courroie de cale-pieds

Cale-pieds

Guidoline

Poignée de frein

Câble de frein avant et gaine

Potence

Tube horizontal

Bouchon de guidon

Tube de direction

Cuvette de direction supérieure

Contre-cuvette de pédalier

Couvre-cuvette

Câble de dérailleur

Boulon

Joint

Manette gauche

Roulement à billes

Bague anti-poussière

Butée

Selle

Tube de fourche

Contre-écrou de jeu de direction

Boulon

Manette droite

Joint

Rondelle

Butée

Gaine

Tube diagonal

Câble de dérailleur

## UN VÉLO DE COURSE ACCOMPLI

Le Rossin est un vélo de course équipé d'un guidon de triathlon pour les épreuves contre la montre.

Support d'avant-bras de guidon de triathlon

Guidon de triathlon adaptable

Frein avant à tirage latéral

Porte-patin

Plateau de 42

Pédale et cale-pied

Fourreau de fourche

**Manivelle gauche**

Axe de blocage rapide de moyeu

Boulonnerie et cache-poussière de manivelle

Boyau

Jante en aluminium

## LE SAVIEZ-VOUS ?

Deux coureurs roulent plus vite qu'un seul lorsque le second prend la roue du premier (il rapproche sa roue avant le plus près possible de la roue arrière de l'autre, lequel fait alors office de coupe-vent). Lorsque le peloton se déploie en éventail, aucun coureur ne roule à 100% de ses possibilités, mais ils vont tous bien plus vite qu'un coureur isolé.

# La fabrication du cadre

Le poids d'un vélo de course est un élément décisif. Tout l'art consiste à fabriquer une machine aussi légère et précise que possible. Moins il y a de "vélo", meilleur il sera. Naguère, la fabrication de cadres de qualité était une tradition artisanale qui demandait un grand savoir-faire, notamment pour le brasage de tubes légers en alliage d'acier. Durant les années 70, les fabricants exploitèrent divers alliages d'acier adaptés au brasage mécanique, ce qui ouvrit la voie à la fabrication en série de cadres légers et bon marché. Puis, dans les années 80, les recherches dont firent l'objet les tubes en aluminium réduisirent encore leurs coûts et leur poids. Mais c'est la fibre de carbone qui, depuis 1990, est devenue le matériau de choix, bien plus résistant, rigide et léger que l'aluminium ou l'acier.

### RACCORDS ORNEMENTAUX

*Renforçant les assemblages brasés, les raccords finis à la main étaient souvent décoratifs. Sur ce cadre brasé classique, les raccords sont effilés, ce qui permet de répartir uniformément les contraintes. Certains constructeurs, comme Alf Hetchins, ont fait du raccord une véritable œuvre d'art, en créant des motifs tels que le Magnum Bonum, complexe association de fleur de lis, de volutes et de flammes.*

SOLIDITÉ. Les raccords de cadre renforcent l'assemblage en procurant une surface supplémentaire au brasage. •

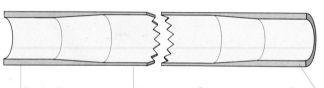

•Paroi plus épaisse vers les extrémités    •Paroi mince au centre    La paroi épaisse renforce les points d'assemblage•

### TUBES À DOUBLE RENFORT

*L'évolution des tubes à double renfort donna une impulsion nouvelle à la construction artisanale des cadres. Difficiles à travailler, ces pièces permettent un gain de poids pouvant atteindre 500 g par rapport aux tubes à épaisseur uniforme.*

### CADRE EN ACIER

*Les tubes à double renfort Reynolds 531 (ci-dessous) de ce cadre brasé à raccords traditionnels en alliage d'acier, associant manganèse et autres métaux, sont traités thermiquement. Légers, les alliages d'acier* sont extrêmement résistants. Normalement utilisé, un cadre en acier pourra durer une vie. En dépit de son poids supplémentaire, maints cyclistes préfèrent la sensation que procure un cadre en acier.

ADAPTATION. Les tubes de cadre en acier peuvent être combinés pour s'adapter aux cotes particulières de chaque cycliste.

HAUBANS. Chaque détail est le résultat d'années d'expérience. Les haubans présentent des rainures bi-concaves. •

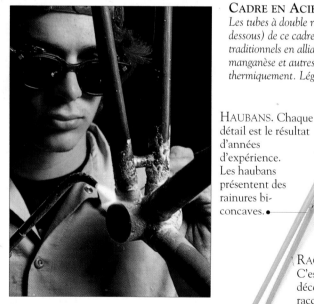

### BRASE À LA MAIN

*Les cadres en alliage d'acier sont assemblés par brasure de laiton ou d'argent. Ces métaux, qui fondent à une température inférieure à celle de l'acier, soudent les tubes ensemble. Le soudage à l'arc TIG des cadres en acier, aluminium ou titane, consiste à chauffer les tubes et les assembler par fusion.*

VARIÉTÉS. L'acier des cadres présente des caractéristiques différentes qui correspondent à la vocation du vélo : course, trial ou cyclotourisme.

RACCORDS. C'est aux détails décoratifs des raccords que l'on identifie le constructeur.

TÊTE DE FOURCHE. Moulée, elle montre une légère inclinaison. •

SECTION. Les fourreaux de fourche à section ovale ont un point de rupture plus élevé que ceux à section ronde. •

RENFORTS. Les cadres en aluminium fatiguent, mais leurs renforts les rendent plus sûrs.

TUBES ÉPAIS. L'aluminium est un métal léger mais tendre, c'est pourquoi on utilise des tubes de grand diamètre, plus rigides et résistants.

SUPPORT. Le support de dérailleur est interchangeable.

CONTRAINTE MAXIMALE. Le tube diagonal est le plus épais car il subit les plus fortes contraintes.

### CADRES COLLÉS

*Les cadres en aluminium sont désormais plus souvent collés que soudés, car les colles actuelles, faciles à travailler, sont fréquemment plus résistantes que les matériaux qu'elles assemblent.*

### SOUDAGE TIG

*Le cadre en aluminium Cannondale 3.0 assemblé par soudage TIG (ci-dessus) est l'un des plus légers et rigides qui soient, tous matériaux confondus. Cannondale fabrique des cadres de course ainsi que plusieurs modèles de cadres économiques. Tous présentent la même géométrie ; les grandes différences de prix sont dues aux matériaux utilisés.*

### PERFORMANCE DES MATÉRIAUX

En ce qui concerne les cadres légers, l'avenir appartient à la fibre de carbone, car la limite des performances que peuvent offrir l'acier et l'aluminium est presque atteinte. Le cadre en fibre de carbone, qui peut être d'au moins 30% plus léger qu'un cadre en aluminium, constitue un avantage décisif en course.

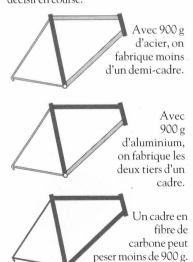

Avec 900 g d'acier, on fabrique moins d'un demi-cadre.

Avec 900 g d'aluminium, on fabrique les deux tiers d'un cadre.

Un cadre en fibre de carbone peut peser moins de 900 g.

### UN CADRE DE RÉFÉRENCE

*Le Giant Cadex 980 (ci-dessous) est un cadre qui a marqué l'histoire du vélo : en fibres de carbone avec raccords, tube de direction, fourches et pattes en alliage d'acier inoxydable, pour un prix de vente au détail relativement peu onéreux.*

FOURCHE OBLIQUE. Le raccord de fourche oblique écarte les haubans et sert de support de fixation du frein arrière.

### LA FIBRE DE CARBONE

*Elle est anisotrope — résistante et rigide dans l'axe des fibres (à droite). Elle peut adopter n'importe quelle forme et présenter des points de résistance aux endroits idoines. La fibre de carbone est ce qui se fait de mieux en termes de poids, de sensation et de confort. Avec la production en série, les cadres en fibres de carbone deviennent très bon marché — un vélo toujours plus léger et plus performant que jamais.*

MATÉRIAU. La fibre de carbone est souvent tenue pour le matériau le mieux adapté à la fabrication des cadres.

RÉSISTANCE. Les tubes en fibres de carbone sont souvent recouverts d'une couche d'aramide ou de fibres de verre qui les protègent de l'usure.

FORMES. La fibre de carbone est utilisée pour la fabrication de tubes conventionnels, mais elle peut aussi prendre toutes les formes souhaitées.

# Les roues de vitesse

Après le cadre, ce sont les roues qui déterminent les performances du vélo. Deux facteurs sont en jeu : le poids et la forme. Lorsque la roue tourne, la vitesse angulaire provoque un effet gyroscopique : plus la roue est lourde, plus elle tourne vite, plus la vitesse angulaire est grande, plus importante sera la puissance nécessaire à la mettre en mouvement ou à l'arrêter. Les roues à rayons sont légères mais présentent l'inconvénient de brasser l'air, ce qui induit une résistance à l'air croissant proportionnellement à la vitesse. La solution consiste à créer une roue ne provoquant qu'un flux d'air uniforme : bien que parfois plus lourde qu'une roue à rayons, elle demande une dépense d'énergie moindre à grande vitesse.

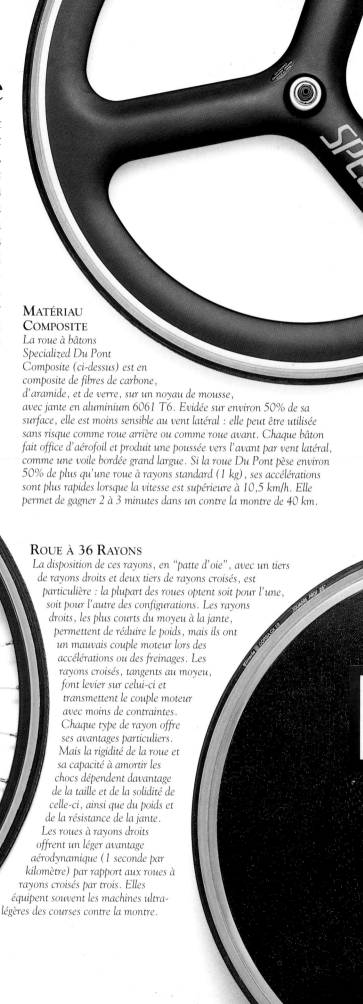

## MATÉRIAU COMPOSITE

*La roue à bâtons Specialized Du Pont Composite (ci-dessus) est en composite de fibres de carbone, d'aramide, et de verre, sur un noyau de mousse, avec jante en aluminium 6061 T6. Evidée sur environ 50% de sa surface, elle est moins sensible au vent latéral : elle peut être utilisée sans risque comme roue arrière ou comme roue avant. Chaque bâton fait office d'aérofoil et produit une poussée vers l'avant par vent latéral, comme une voile bordée grand largue. Si la roue Du Pont pèse environ 50% de plus qu'une roue à rayons standard (1 kg), ses accélérations sont plus rapides lorsque la vitesse est supérieure à 10,5 km/h. Elle permet de gagner 2 à 3 minutes dans un contre la montre de 40 km.*

## ROUE À 36 RAYONS

*La disposition de ces rayons, en "patte d'oie", avec un tiers de rayons droits et deux tiers de rayons croisés, est particulière : la plupart des roues optent soit pour l'une, soit pour l'autre des configurations. Les rayons droits, les plus courts du moyeu à la jante, permettent de réduire le poids, mais ils ont un mauvais couple moteur lors des accélérations ou des freinages. Les rayons croisés, tangents au moyeu, font levier sur celui-ci et transmettent le couple moteur avec moins de contraintes. Chaque type de rayon offre ses avantages particuliers. Mais la rigidité de la roue et sa capacité à amortir les chocs dépendent davantage de la taille et de la solidité de celle-ci, ainsi que du poids et de la résistance de la jante. Les roues à rayons droits offrent un léger avantage aérodynamique (1 seconde par kilomètre) par rapport aux roues à rayons croisés par trois. Elles équipent souvent les machines ultra-légères des courses contre la montre.*

### LA ROUE MIXTE

*La roue HED CX (à droite) combine 18 rayons plats avec une jante en composite de fibres de carbone. Le gain de poids est équivalent à celui d'une roue à 32 rayons métalliques, laissant un vide suffisant pour que la roue soit utilisable à l'avant comme à l'arrière par vent latéral. Le rayonnage associe rayons droits et rayons croisés par deux. L'élasticité de la jante en fibre de carbone est comparable à celle d'un pneu très gonflé. Dans un contre la montre de 40 km, la roue CX permet un gain de temps de 2 minutes.*

### LA ROUE PLEINE

*La roue pleine fend l'air et permet de réduire de plus de 50% la traînée d'une roue à rayons roulant à 18 km/h. Mais elle est dangereuse à l'avant, car le vent latéral la rend difficile à diriger. A l'arrière, le gain aérodynamique est réduit en raison des turbulences que provoquent le vélo et le cycliste. Les roues pleines sont souvent plus lourdes que les roues à rayons, mais elles permettent des vitesses plus élevées que celles-ci, surtout avec les derniers modèles en Kevlar, extrêmement légers.*

### LES BOYAUX

Afin de gagner du poids et de conserver une pression élevée, les enveloppes des boyaux sont cousues ensemble, et le pneu collé à la jante. Les enveloppes sont en tissu de coton ou de soie, et la bande de roulement est vulcanisée, soit mécaniquement, soit à la main. Les cyclistes les laissent ensuite vieillir pendant 6 à 12 mois, période durant laquelle les boyaux vont sécher jusqu'à la bonne consistance : trop humide, le boyau risque d'être percé par des gravillons, trop sec, il risque de glisser.

# Les vélos illégaux

Une machine aux performances extraordinaires ne sera pas nécessairement le meilleur des vélos de course, car la bicyclette la plus rapide au monde ne pourra guère être utilisée si elle n'est pas homologuée. Le prototype de vélo de course sur piste présenté ici ne fut pas autorisé à participer au championnat du monde 1986, car l'Union cycliste internationale (UCI), l'organe exécutif du sport cycliste, déclara que son cadre monocoque était illégal. Il ne fut agréé sur les pistes que cinq ans plus tard, la réglementation ayant été assouplie pour tenir compte des progrès techniques. Aujourd'hui, les spécifications réglementaires ne concernent plus, en général, que les dimensions des machines, car l'UCI accorde dorénavant son agrément à tout vélo "viable, commercialisable et utilisable par tout cycliste sportif". Grâce à ces nouvelles normes, les constructeurs peuvent expérimenter les matériaux modernes et les nouveaux concepts de vélo qui les aideront à mettre au point la machine la plus performante.

TIGE DE SELLE. Avec son cadre remontant jusqu'à la selle, ce vélo a une structure bien plus aérodynamique. Le cadre est taillé aux mesures d'un cycliste particulier : la selle n'est réglable en hauteur que sur 1,2 cm.

ANGLE DE TIGE DE SELLE. L'angle de tige de selle est fixé à 750 - c'est un angle pentu qui déplace le cycliste vers l'avant du pédalier et lui permet d'avoir la poitrine bien dégagée.

PATTES. En fibre de carbone, elles font partie intégrante du cadre. Les écrous de fixation de roues sont munis de rondelles lisses pour ne pas endommager la fibre de carbone, relativement tendre.

PIGNON FIXE. Se conformant à la conception minimaliste des vélos de course contre la montre, cette machine ne dispose que d'un seul pédalier et d'un seul pignon sans roue libre.

## Un Cadre Profilé

*Moulé en fibres de carbone, le cadre Windcheetah Monocoque est dépourvu de tubes, ce qui lui donne une forme plus profilée. Les supports de roues, de manivelles, de fourche, de selle et de guidon forment une seule et unique pièce. Construit par Mike Burrows en guise de prototype aérodynamique, ce cadre est aussi rigide qu'un cadre traditionnel en acier. Le vélo complet pèse 9 kg.*

## Guidon à Ailerons

*Bien que plus lourd qu'un guidon traditionnel à tube rond, on a donné à ce guidon en aluminium massif une coupe aérodynamique, en aérofoil, pour réduire la résistance à l'air, ceci compensant cela.*

● CADRE. Non seulement aérodynamiques, légers et résistants, les cadres monocoques peuvent également s'adapter exactement au cycliste et aux conditions de course, pour obtenir une machine parfaite. Le nombre de couches de matériaux composites est déterminé à la fabrication, en fonction des caractéristiques de rigidité et de souplesse requises.

● GUIDON. L'angle du tube de direction est de 730, ce qui est un facteur supplémentaire de rapidité.

● FOURCHE À FOURREAU UNIQUE. En substituant aux deux fourreaux traditionnels un fourreau unique, on réduit considérablement le poids et la résistance à l'air. On remplaça le matériau d'origine, l'aluminium, car il pliait trop facilement.

● ROUE AVANT. La petite roue avant de 60 cm induit un empattement court, de 94 cm.

● FREIN. Puisqu'il n'y a qu'un seul fourreau de fourche, on ne peut fixer de frein cantilever ou à tirage latéral. La solution la plus élégante consista à utiliser un frein à tambour. Afin de réduire la résistance à l'air, le câble passe à l'intérieur du guidon et de la fourche.

ROUE. L'avantage aérodynamique de la roue avant de 60 cm tend à être compensé par la résistance au roulement inhérente aux plus petites roues. Sur un modèle ultérieur, elle fut remplacée par une roue 700 C. ●

# Les vêtements de course

orsqu'il choisit ses vêtements, le coureur cycliste ne doit pas seulement tenir compte du type de la course et des conditions météo, mais également de la réglementation qui concerne l'habillement, édictée par l'organisateur de la compétition. Ces règles sont strictes pour les courses en ligne, un peu moins pour les épreuves contre la montre et presque inexistantes pour le triathlon, où les concurrents sautent hors de l'eau et enfourchent leurs vélos dans des tenues de bains séchant rapidement, à la différence des coureurs sur route qui doivent, pour se conformer aux règles de sécurité, porter un maillot, des chaussures de cycliste, des chaussettes, un cuissard et un casque. Dans une course par étapes, où le concurrent passe au

moins quatre heures en machine, protection et confort sont de rigueur, ceci expliquant la sévérité de la réglementation édictée par les organisateurs.

## Les instances internationales

C'est l'Union cycliste internationale qui fixe la réglementation des courses cyclistes. L'UCI, dont le siège se trouve en Suisse, est l'équivalent, pour le cyclisme, des Nations unies — pas moins pesante, mais tout aussi puissante dans son domaine et n'ayant de compte à rendre qu'à l'assemblée générale de ses 138 pays membres.

### LA TENUE DE TRIATHLON

*Selon la réglementation de l'UCI, les concurrents d'un triathlon sont autorisés à porter la tenue de leur choix. C'est à l'usage seul que l'on peut savoir si un vêtement est adapté ou non.*

• MAILLOT. Lors d'une épreuve contre la montre de 40 km par temps chaud et sec, un simple maillot de corps sera tout ce dont le concurrent d'un triathlon aura besoin.

• MAILLOT DE BAIN. Après l'épreuve de natation, ces maillots sont suffisamment confortables pour le vélo et la course à pied. Ils sont munis d'un rembourrage anatomique et sont en tissu séchant rapidement.

L'UCI a subi les critiques des télévisions qui souhaitaient que les cyclistes puissent porter leurs noms sur leurs maillots : elle refusa d'accéder à cette demande, en arguant du fait qu'il n'était pas question que les coureurs ressemblent à des panneaux d'affichage.

## Jambes rasées

Tous les cyclistes professionnels se rasent les jambes, car cela permet au soigneur d'appliquer beaucoup plus facilement l'embrocation nécessaire aux massages

d'échauffement et d'après course. Coupures et blessures étant en outre fréquentes chez ces coureurs soumis à des efforts aussi violents que répétés, la peau lisse est plus commode à soigner et à panser. La théorie énonçant que les jambes rasées sont plus aérodynamiques et permettent de gagner de précieuses secondes a, comme tous les bons mythes, une part de vérité : certains tests en soufflerie ont montré que les jambes rasées permettaient un gain de temps de 5 secondes dans une course contre la montre de 40 km — soit 0,125 seconde par kilomètre. Modeste avantage qui n'empêche pas les coureurs amateurs de se raser les jambes la veille d'une course importante, en guise de simple préparation psychologique.

LA TENUE DE COURSE SUR ROUTE
*Bien que devant se conformer à la stricte réglementation de l'UCI, il reste au coureur sur route un grand choix de vêtements. Les maillots sont en laine, en laine et acrylique ou en Lycra. Les cuissards sont doublés soit avec la traditionnelle peau de chamois, soit en tissu synthétique, plus demandé. Quel que soit le modèle de maillot et de cuissard que vous choisirez, assurez-vous qu'ils soient parfaitement ajustés à votre taille.*

CUISSARD. Les cuissards longs et collants protègent les cuisses contre les irritations dues aux frottements contre la selle ; ils sont en nylon ou en Lycra, pour ne pas remonter sur la jambe.

MAILLOT. Ce modèle laisse respirer la peau et absorbe la transpiration. Il est doté de trois à cinq poches arrière pour le transport de nourriture ou de pièces de rechange.

CHAUSSURES DE COURSE. Les pédales automatiques sont constituées de chaussures, de cales et de pédales spéciales qui s'enclenchent ou se dégagent instantanément.

# Les vélos du Tour de France

Pour être vainqueur du Tour de France, la course la plus célèbre au monde qui a lieu chaque mois de juillet sur environ 3 500 km, le coureur doit remporter, ou approcher de la meilleure place, sur 23 étapes durant lesquelles la concurrence fait rage, et ce en montagne, contre la montre ou sur le plat. On a exploité au fil des ans trois types de vélos correspondant à ces trois conditions de course. En raison des huit petites secondes et du nouveau guidon aérodynamique qui firent la différence entre le vainqueur du 76e Tour de France et le second, les coureurs sont désormais à l'affût du moindre avantage technologique. Outre le premier prix doté de 1 200 000 francs, le vainqueur a la possibilité de gagner dix fois cette somme en sponsoring et en primes, raison pour laquelle tous les challengers du maillot jaune protègent leurs machines des regards indiscrets jusqu'à la dernière minute.

ROUES. La roue arrière pleine et la roue avant à rayons droits permettent un gain de poids et compensent la résistance aérodynamique que crée la rotation des roues. •

## UN VÉLO POUR LA MONTAGNE

*Le TVT est un nouveau vélo de course, très impressionnant, qui remporta les Tours de France 1990 et 1991. Dans les ascensions, le coureur augmente son braquet au fur et à mesure, commençant par le plus petit pignon, le plus confortable, puis passant progressivement aux vitesses supérieures pour augmenter sa vitesse. La meilleure place en descente, c'est à une dizaine de mètres derrière le coureur de tête, bonne position pour le rattraper le cas échéant.*

POIDS. Le TVT pèse tout juste un peu plus de 9,5 kg, avec un gain de poids de 500 g sur une machine équivalente à tubes d'acier.

## LE VÉLO D'ÉPREUVE CONTRE LA MONTRE

*Puisque l'important dans une telle épreuve, c'est le temps à l'arrivée, les vélos de contre la montre, comme ce Condor, sont légers et aérodynamiques. La potence de guidon est surbaissée, afin que le coureur offre une moindre résistance au vent, et le dérailleur avant est supprimé, pour gagner en légèreté dans une épreuve qui se déroule sur le plat. Le Tour de France comporte deux types d'épreuves contre la montre : en individuel et par équipes. Un contre la montre individuel couru vers le milieu du Tour peut se révéler crucial, car une excellente performance peut créer l'écart entre les favoris. Par équipe, les coureurs optimisent leur vitesse en restant groupés dans le sillage du coureur de tête, avec une rotation rapide de la place de leader.*

## CONSTRUIT POUR GRIMPER

Les vainqueurs du Tour de France se font et se défont dans les cols des Alpes et des Pyrénées, sur des pentes atteignant 25 p. cent et 3 000 mètres de dénivelé en un seul jour. L'étape la plus redoutable est celle de l'Alpe-d'Huez, environ 200 km, durant laquelle les coureurs gravissent et descendent deux à trois cols à 2 000 mètres ou plus avant d'aborder les 1 860 mètres et 21 virages en épingles à cheveux de la montée de l'Alpe-d'Huez. Dans un défi aussi formidable, le gain de poids devient une priorité absolue. On arrive désormais à fabriquer des cadres en fibres de carbone qui ne pèsent que 910 g. Ceux-ci seront certainement décisifs pendant de nombreuses éditions du Tour de France.

CASQUE. En 1991, l'UCI a voulu imposer le port du casque à coque rigide aux coureurs professionnels. Ceux-ci, malgré une pluie d'amendes, ont fini par obtenir l'annulation de cette mesure, car ils trouvent ce casque étouffant. ●

POIDS. Le TVT pèse tout juste un peu plus de 9,5 kg, avec un gain de poids de 500 g sur une machine équivalente à tubes d'acier.

## LA COURSE EN LIGNE

*Au cours des nombreuses étapes en ligne du Tour de France, le coureur doit faire preuve d'endurance et de puissance, sur une machine adaptée, comme cette Rossin en fibres de carbone. Le cadre doit être fiable, nerveux et suffisamment rigide pour offrir toute la stabilité requise lorsque le cycliste se bat au coude à coude pour conquérir une position dans le peloton.*

# Tour de France

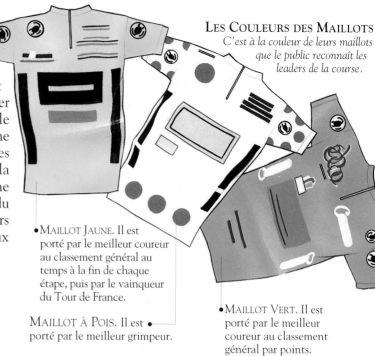

L es courses par étapes constituent le test suprême des capacités d'un coureur sur route, et le Tour de France en est l'épreuve reine. Pour gagner cette compétition, la plus difficile de toutes, le concurrent doit être au plus haut niveau de sa forme physique et psychologique, et faire preuve de ses talents de stratège discipliné, de coureur contre la montre, de grimpeur et de sprinter, ainsi que d'une inébranlable détermination durant toute la durée du Tour. Rares sont les coureurs à triompher à plusieurs reprises, aussi sont-ils considérés comme des dieux vivants dans le monde du cyclisme.

●MAILLOT JAUNE. Il est porté par le meilleur coureur au classement général au temps à la fin de chaque étape, puis par le vainqueur du Tour de France.

MAILLOT À POIS. Il est ● porté par le meilleur grimpeur.

●MAILLOT VERT. Il est porté par le meilleur coureur au classement général par points.

## UN SPORT DE CONTACT

*Evénement sportif mondial, le Tour donne aux spectateurs l'occasion d'admirer, à portée de main, les concurrents. Plus de 300 000 personnes se sont rassemblées tôt le matin pour voir le leader, l'Américain Greg Lemond, accompagné de l'Espagnol Pedro Delgado, faire le "trou" dans une échappée (ci-dessous) lors d'une étape alpine.*

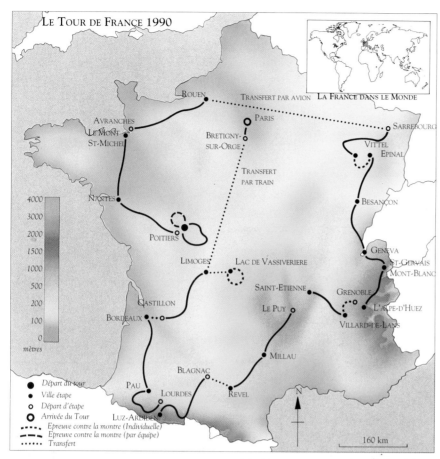

LE TOUR DE FRANCE 1990

ROUEN
TRANSFERT PAR AVION    LA FRANCE DANS LE MONDE

AVRANCHES
LE MONT
ST-MICHEL

PARIS
BRETIGNY-
SUR-ORGE

SARREBOURG

VITTEL
ÉPINAL

TRANSFERT
PAR TRAIN

NANTES

BESANÇON

POITIERS

LIMOGES    LAC DE VASSIVIÈRE

GENEVA
ST-GERVAIS
MONT-BLANC

SAINT-ETIENNE    GRENOBLE

L'ALPE-D'HUEZ

CASTILLON    LE PUY    VILLARD-DE-LANS

BORDEAUX

MILLAU

BLAGNAC

PAU    N
LOURDES
REVEL
LUZ-ARDIDEN

4000
3000
2000
1500
1000
500
200
100
0
mètres

160 km

● Départ du tour
● Ville étape
○ Départ d'étape
◎ Arrivée du Tour
▪▪▪ Épreuve contre la montre (Individuelle)
▬ ▬ Épreuve contre la montre (par équipe)
••••• Transfert

## LA GRANDE BOUCLE

*La politique et les affaires dictent le tracé du Tour de France (à gauche). Il change chaque année : conseils municipaux et promoteurs immobiliers se battent dans l'espoir que le Tour traverse leur commune et lui donne, grâce à la couverture médiatique, sa notoriété d'un jour. Nulle règle précise quant au nombre d'épreuves contre la montre ou d'étapes de montagne n'est appliquée lors de la préparation du tracé. Le trajet se faisant désormais rarement d'une seule traite, on a alors recours au transfert des concurrents par avion ou par train. Le Tour traverse quelquefois les frontières pour rouler dans les pays voisins.*

## LE PELOTON

*Le peloton (ci-dessous), "moteur" de toutes les courses par étapes, détermine le rythme du Tour. Leur rôle, essentiellement stratégique, est de rester en bonne position vers l'avant du peloton, afin de pouvoir rejoindre une échappée soudaine ou éviter les chutes en groupe. Ils doivent être prêts à sacrifier leurs chances, à donner leur bidon, leur roue ou leur vélo pour que le leader conserve sa place en tête du classement.*

# Les critériums

Les épreuves dites critériums sont des épreuves sur route en circuit fermé, rapides et pleines d'action, dotées de primes. La distance parcourue varie de 40 à 100 km, sur un circuit tracé en centre ville ou dans un parc. Ces courses sont très populaires, surtout aux Etats-Unis, car les cyclistes repassent toutes les deux ou trois minutes devant les spectateurs enthousiastes. L'épreuve se déroule sur une centaine de tours, dont certains sont dotés de primes spéciales. Les critériums se répartissent en deux catégories : dans l'une, le gagnant est le premier arrivé ; dans l'autre, c'est le meilleur du classement aux points.

### LE VÉLO DE CRITÉRIUM

*Les cadres de critérium (à droite) sont rigides pour être plus efficaces, et compacts pour offrir plus de répondant et de vélocité. Les manivelles plus courtes que d'habitude permettent au coureur de se pencher davantage dans les virages tout en continuant à pédaler, et d'en sortir plus vite — sur 100 virages, un pédalage de 4 à 6 coups par virage peut s'avérer décisif.*

ROUES ET PNEUS. Les roues sont rigides et résistantes, et les pneus (ou boyaux) aussi légers que le permet l'état de la route — ils pèsent quelquefois à peine 165 g.

HAUTEUR DE SELLE. La sortie de selle est la plus grande possible, pour une puissance maximale.

BOYAUX COLLÉS. Les boyaux doivent être parfaitement collés pour résister aux virages et aux sprints incessants.

GÉOMÉTRIE. Les angles avant, très pentus, améliorent vélocité et souplesse de la machine : le cintre de la fourche est inférieur à 3,8 cm et la chasse fait environ 5 cm.

BOITE DE PÉDALIER. Elle est légèrement surélevée par rapport à un vélo de course ordinaire, et les manivelles sont plus courtes de 2,5 mm.

BASES. La longueur des bases est inférieure ou égale à 40 cm, et l'empattement inférieur ou égal à 97,8 cm.

VIEILLISSEMENT DES BOYAUX. Afin d'améliorer les performances, les coureurs font vieillir leurs boyaux durant 6 à 12 mois avant de les fixer sur la jante en abrasant légèrement le fond de jante pour obtenir une meilleur adhérence.

## UN SPORT POUR SPECTATEURS

*Les épreuves de critérium (à droite) sont très disputées. C'est un mélange de course sur route et sur piste, sur une petite distance, parfaitement adapté à la retransmission télévisée : tout le monde y trouve son compte. Un cameraman à moto complète le dispositif de caméras fixes installées le long du parcours : la moto roule sur une voie parallèle à celle des coureurs, ce qui permet au spectateur de ne rien manquer des sprints et des échappées.*

- POTENCE. La potence et le guidon sont surbaissés par rapport à un vélo de course sur route, ce qui accroît l'aérodynamisme.

- CHANGEMENT DE VITESSE. Les poignées tournantes du système Grip Shift placées en embout de guidon sont très prisées, car dans un sprint soudain, se baisser pour atteindre les manettes de dérailleur placées sur le tube diagonal risque de faire perdre de précieuses fractions de seconde.

- TUBE DE DIRECTION. En fonction de la taille du cadre, l'angle du tube de direction peut atteindre 75°.

## LES TACTIQUES DE PRISE DE VIRAGE

Les critériums se gagnent dans les virages. Une épreuve courue sur une petite distance (40 km) peut comporter au moins une centaine de virages, et une course de 100 km plusieurs centaines. Les coureurs doivent négocier ces virages le plus rapidement possible. En course, la meilleure position se trouve vers l'avant du peloton, où le train est plus souple et rapide, où l'on risque moins d'être entraîné dans une chute collective, et où l'on peut tenter une échappée. Puisque le gros du peloton s'étire en entonnoir dans les virages, les coureurs doivent ralentir avant d'accélérer violemment pour reprendre de la vitesse. On assiste alors à de nombreux coude à coude entre les coureurs qui cherchent à reprendre l'avantage, et il n'est pas rare que l'un d'eux tombe et entraîne dans sa chute une bonne partie du peloton. Les tactiques varient en fonction des points et des primes à gagner, et selon que le concurrent court seul ou travaille en équipe. Mais la course reste très personnelle, chacun essayant de marquer et de pister les autres, toujours prêt à se lancer dans l'action. Et puisque tous les coureurs ont une chance de remporter l'une ou l'autre des primes, la course est aussi rapide que mouvementée, même s'ils veillent à en avoir encore sous la pédale pour le sprint final.

# Les vélos d'épreuve contre la montre

Surnommée la "course de vérité", l'épreuve individuelle contre la montre, l'une des plus difficiles de toutes les compétitions cyclistes, demande de la part des concurrents un effort maximum et soutenu, car ceux-ci doivent rouler le plus vite possible sur une distance déterminée (16, 40, 80 ou 160 km par exemple) ou durant un temps imposé (1, 12 ou 24 heures). Le vélo de course contre la montre est aussi profilé que léger, l'aérodynamisme restant cependant prioritaire, car les études en soufflerie ont montré que c'est la position du cycliste à 30 ou 50 km/h qui est la principale cause de résistance au vent. Cette résistance peut être réduite de 25% si le coureur, au lieu de se tenir dressé, se couche sur son vélo, les avant-bras posés sur un guidon de triathlon. Cette position a donné naissance au cadre "plongeant", doté d'un tube de direction court, d'un tube supérieur oblique, d'un guidon complémentaire et de tubes profilés.

TUBE DE SELLE. Il est plus incliné que sur un vélo de course, ce qui déporte davantage le coureur au-dessus du pédalier, augmentant d'autant le rendement du pédalage.

ROUE PLEINE. Structurellement plus rigide et aérodynamique qu'une roue à rayons classique, elle n'est vraiment efficace qu'à l'arrière, abritée par les jambes du cycliste et les tubes du cadre, et ainsi moins susceptible d'être déportée par le vent latéral.

BOYAUX ÉTROITS. Ces boyaux ultra-légers en soie, à bande de roulement lisse, offrent une résistance à l'air et au sol faible. Certains coureurs les gonflent à l'hélium, plus léger que l'air, et gagnent ainsi 10 g par pneu.

PÉDALES. Les pédales automatiques sont préférables au cale-pied, car plus efficaces et plus profilées.

## UN VÉLO ITALIEN DE CONTRE LA MONTRE

*Ce Rossin est un vélo spécialisé qui présente de nombreuses caractéristiques communes aux vélos de course contre la montre, dont la roue pleine, les boyaux étroits et le guidon profilé en corne de vache. Ce dernier n'a été que récemment accepté dans les contre la montre par l'UCI, et il est improbable qu'il le soit dans les courses en ligne à départ groupé, car, réputé peu sûr, il risque de déstabiliser l'avant du vélo lorsque le coureur change de position de main ou braque violemment.*

### RÉDUIRE LA RÉSISTANCE À L'AIR
*Le guidon complémentaire permet de réduire la résistance à l'air d'environ 12% par rapport à la position de vitesse sur un guidon renversé en forme de corne de vache.*

•TUBE DE DIRECTION. L'angle du tube de direction et le cintre de la fourche sont moins prononcés que sur un vélo de course afin d'augmenter la stabilité de la direction.

•ROUE À BATONS. Elle offre une résistance aérodynamique plus faible que celle d'une roue à rayons traditionnelle, permet d'éviter l'effet manche à air et, selon les types, a un rendement aussi bon, si ce n'est meilleur, que la roue pleine : on peut ainsi l'utiliser comme roue avant.

•DIAMETRE DE ROUE. Plus petite, elle offre moins de résistance à l'air, est plus rigide, plus légère et demande moins de cadre pour la monter, ce qui allège le vélo. Cependant, sa plus grande résistance au roulement peut annuler tous ces avantages.

### LE SAVIEZ-VOUS ?
Le record de l'heure sur piste, performance de référence depuis le début du siècle, est détenu, depuis janvier 1984, par l'Italien Francesco Moser qui a parcouru 51,151 km à Mexico.

# Courir contre la montre

La dure école des épreuves contre la montre est la voie royale pour entrer dans le monde de la course cycliste car, quel que soit votre âge, celles-ci restent encore le meilleur moyen de juger de votre condition physique et de votre vélocité. Elles vous initieront à cette prouesse qui consiste à produire un effort constant sur une distance donnée, qualité essentielle à la course en ligne, où seuls les cyclistes autonomes, ceux qui puisent toutes leurs ressources en eux-mêmes, peuvent riposter aux échappées et aux poursuites du peloton.

### POSITION DE DÉPART

*Lors d'un départ arrêté, il faut maintenir le coureur en équilibre. Les concurrents partent à une, deux ou trois minutes d'intervalle les uns des autres, les plus rapides partant les derniers. Dans le tour, les départs se font dans l'ordre inverse du classement général.*

• POSITION DU CORPS. Le dos doit être bien plat, pour une meilleure pénétration dans l'air. Gardez la poitrine dégagée pour faciliter la respiration.

• CASQUE. Léger, il est conçu pour offrir une résistance minimale à l'air. L'extrémité en pointe doit recouvrir le creux derrière la tête.

BRAQUET. Roulez avec le plus grand braquet possible. Les professionnels utilisent des plateaux de 55 et des pignons de 12 à 18 ; les amateurs se contentent de plateaux de 52 avec des pignons de 13 à 19.

• VETEMENTS. Lisses et moulants, avec gants intégrés, ils améliorent l'aérodynamisme dans les courses contre la montre.

• COMMISSAIRE. Ce commissaire de course tient le coureur en équilibre.

PRESSION DES PNEUS. La pression du pneu arrière atteint 9 bars (7 bars dans les autres courses).

• JAMBES. Les embrocations d'échauffement rendent souples et lisses les jambes rasées.

• CADENCE. En terrain plat, la cadence doit atteindre 86-92 tr/mn. On repose ses jambes en relâchant alternativement la pression sur la pédale pendant cinq tours de pédalier.

## ORDINATEURS DE BORD

La possibilité de vérifier fréquemment le temps écoulé, la vitesse et la cadence a donné une nouvelle dimension à la course. Au lieu d'estimations grossières, le coureur sait à tout moment, grâce au compteur électronique fixé sur son guidon, s'il est sous-performant ou, au contraire, s'il peut relâcher son effort durant quelques instants.

### Les différents modèles

Les concurrents de courses par étapes ou contre la montre privilégient les compteurs électroniques les plus légers, comme l'Avocet 30 (en bas à gauche), qui ne pèse que 14 g, ou le Cateye Vectra (en haut à gauche). Tous deux donnent les informations de base : vitesse actuelle et maximale, distance parcourue ou restant à parcourir, chronomètre et horloge. Le Vectra affiche la vitesse moyenne, de même que l'Altimeter 50 (en bas à droite) qui renseigne également sur l'altitude au-dessus du niveau de la mer. Les compteurs fonctionnent avec un aimant placé sur la roue avant et un capteur relié par un câble au boîtier. A l'exception du Cateye Cordless (en haut à droite), qui dispose d'un capteur placé sur la fourche avant.

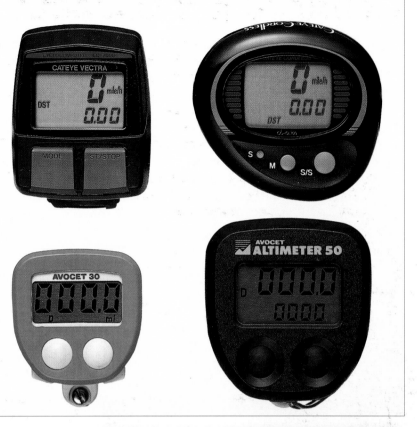

Réussir une épreuve contre la montre demande une préparation sérieuse. L'organisateur vous en fournit les détails, afin que vous puissiez reconnaître l'itinéraire. Puisque la plupart des contre la montre ont lieu tôt le matin, levez-vous de bonne heure pour réveiller votre organisme et mangez un petit déjeuner léger.

## L'échauffement

Avant le départ, faites une petite course d'échauffement sur 8 km, à environ 75% de la puissance que vous fournirez durant la course. En attendant votre tour sur la rampe de départ, passez un petit braquet et commencez à travailler votre respiration, de sorte que vos poumons soient pleins d'air au moment où vous vous élancerez dans la course. Puis passez à un braquet supérieur en respirant régulièrement. Ne donnez pas tout dès le début de la course, sinon vous risquez un déficit en oxygène, de vous trouver à bout de souffle, votre organisme consommant plus d'oxygène que vos poumons ne peuvent en fournir. Les coureurs expérimentés flirtent avec le déficit d'oxygène durant toute la course, jusqu'aux derniers 500 mètres où ils lâchent tout.

### LA COURSE SUPREME
*Selon John Pritchard (à droite), champion britannique du 50 et du 25 miles, la course contre la montre est la course suprême.*

# Les vélos de triathlon

Les vélos de triathlon sont les derniers-nés des vélos de course. Comme l'épreuve cycliste d'un triathlon conventionnel consiste en une course contre la montre sur 40 km qui s'insère entre une épreuve de natation d'endurance et une course à pied de 10 km, le vélo de triathlon doit être à la fois rapide et confortable. Dans les premiers temps du triathlon, les athlètes enfourchaient des vélos de course contre la montre, pour s'apercevoir bien vite que leurs bras, déjà épuisés par la natation, étaient soumis à la torture. Toujours en quête de vélocité, ils adoptèrent ensuite le style des coureurs sur piste, faisant du "bec de selle", penchés très en avant sur celle-ci, position qui cependant pesait trop sur les avant-bras. La solution fut apportée par le guidon de triathlon muni de deux supports d'avant-bras rembourrés, mais le coureur se trouvait alors trop penché vers l'avant. Ce dernier problème fut résolu en retournant la tige de selle afin d'avancer cette dernière.

TENUE DE COURSE. Le tissu léger du maillot de bain sèche rapidement. Cela évite de le changer et de perdre du temps entre l'épreuve de natation et celle de cyclisme.●

NUMÉRO D'ORDRE. Il est obligatoire à l'avant, à l'arrière et sur le côté, afin que les commissaires de course puissent enregistrer le coureur lorsqu'il passe devant un point de contrôle.●

POSITION DE SELLE. Grâce à son angle de 800, la selle se trouve déportée d'environ 10 cm vers l'avant par rapport à un cadre traditionnel, et permet au coureur de prendre une position d'appui naturelle sur le guidon.●

### L'HOMME DE FER
*Le champion européen Yves Cordier (ci-dessus) participe à l'"Ironman" (l'Homme de Fer) d'Hawaï, le triathlon le plus long et le plus prestigieux au monde. Durant les 180 km de course cycliste autour de l'île, les concurrents affrontent la chaleur, l'humidité et des vents contraires de 65 km/h. Le règlement est le même que celui des contre la montre : les coureurs sont pénalisés s'ils se rapprochent de moins de 10 mètres les uns des autres, afin d'éviter qu'ils prennent la roue de leur prédécesseur et de profiter ainsi de son sillage.*

## LE VÉLO DE TRIATHLON

*Son guidon profilé permet de gagner jusqu'à 3 minutes dans un contre la montre de 40 km. Appuyé sur celui-ci, le coureur peut conserver la position de puissance maximale - les hanches en avant par rapport au pédalier - durant de longs moments. Outre le rendement musculaire accru, ce pédalage étire davantage le tendon du jarret, ce qui facilite d'autant la transition avec la course à pied. L'un des premiers vélos de triathlon spécialisés, le Quintana Roo Superform, fut conçu à partir de ce guidon, car la position avancée du coureur impliquait une modification radicale de la géométrie du cadre, avec un angle de tube de direction moins prononcé pour le stabiliser, et un angle de tube de selle à 80° afin de déplacer longitudinalement la selle vers l'avant.*

POSITION DE CONDUITE. Appuyé sur les avant-bras, le poids du torse du coureur est uniformément réparti sur la charpente osseuse. Un coureur sur route prend la même position en sprint, les mains dans les cintres ; cependant, l'effort musculaire détourne une partie de l'énergie de pédalage.

MANETTES DE DÉRAILLEURS. Elles se trouvent à proximité des pouces, afin d'éviter tout déséquilibre en changeant de vitesse dans cette position.

GUIDON DE TRIATHLON. Il permet au coureur d'adopter pendant longtemps une position plus aérodynamique, indispensable lorsqu'on est à la limite de l'épuisement.

TAILLE DES ROUES. La roue avant de 66 cm, plus profilée, pénètre mieux dans l'air.

### LE SAVIEZ-VOUS ?

• Le premier triathlon, l'"Ironman" d'Hawaii, fut organisé en 1976 pour mettre d'accord un groupe d'anciens militaires, tous excellents sportifs, sur le point de savoir lequel de ces trois sports — natation, cyclisme ou course à pied — faisait les athlètes les plus complets. Et comme Hawaii organisait déjà trois classiques, une course cycliste de 180 km, une épreuve de natation de 3,9 km dans l'océan et un marathon, il fut décidé de combiner les trois.

• Dave Scott, l'inventeur du guidon de triathlon, qui a remporté à six reprises l'"Ironman" d'Hawaii, fut également le premier concurrent à passer sous la barre des 9 heures.

• Durant l'épreuve cycliste, les concurrents roulent à une vitesse moyenne de 37 km/h — à peine moins élevée à celle des coureurs sur route professionnels.

• Le triathlon est devenu si populaire que l'on organise même des compétitions juniors pour les enfants âgés de 10 ans, les "Ironkids" (Enfants de fer), avec une épreuve de natation de 100 m, une épreuve cycliste de 7 km et une course à pied de 1 km.

# Le marathon de l'impossible

Dans l'art de réaliser l'impossible, la RAAM (Race Across America : la course à travers les Etats-Unis), une épreuve transcontinentale de 5 000 km, est sans égale : c'est la plus longue course cycliste non-stop au monde. Physiquement, cela correspond à 58 marathons consécutifs, ou à 18 traversées de la Manche à la nage. C'est une course totale, sans étape ni maillot jaune, qui se déroule sur fond de paysages américains. Il est interdit au coureurs de prendre la roue du prédécesseur, et nulle règle n'impose de temps de sommeil minimum ni de repos : tout ce qui compte, c'est de franchir le premier la ligne d'arrivée. Epuisement et déshydratation sont la cause de près de la moitié des abandons.

### LE TRACÉ

*Le tracé des RAAM n'est jamais identique. Conçue en 1978 par John Marino qui avait roulé de Los Angeles à New York en 13 jours, 1 heure et 20 minutes, le record de cette course est passé en 1989, avec Paul Solon, à 8 jousr, 8 heures et 45 minutes. Chez les dames, c'est Susan Notorangelo qui détient le record de 9 jours, 9 heures et 9 minutes. Le tracé de 1990 (ci-dessous) fut le premier à éviter le nord-est des Etats-Unis et à inclure trois cols de 2 750 mètres dans le Colorado. On fournit aux équipes un livret de 60 pages détaillant le trajet et les 900 points de contrôle, ce qui n'empêche toujours pas certains concurrents de s'égarer.*

### EN SOLITAIRE

*Après les premiers 30 miles (48 km), les coureurs commencent à se disperser. Pour se motiver, ils reçoivent des informations sur les autres concurrents par radio, par véhicule de reconnaissance ou par les 80 postes de chronométrage espacés tous les 48 ou 80 km le long du gigantesque itinéraire.*

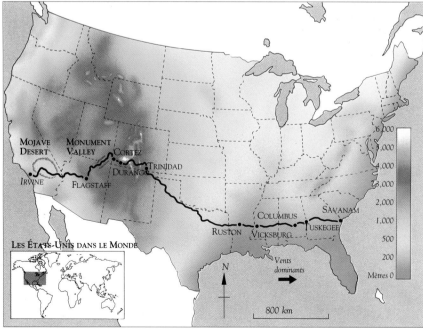

LES ÉTATS-UNIS DANS LE MONDE

### LE SAVIEZ-VOUS ?

• Pour remporter une RAAM, il faut d'excellentes qualités cyclistes, une équipe fiable, un régime alimentaire très strict et une concentration mentale et physique totale. La victoire est le résultat d'une longue expérience, ce qui explique pourquoi tous les vainqueurs sont d'anciens non-classés.

• Sur terrain plat et sans vent, la moyenne est de 26-35 km/h. En comptant les temps de repos et de sommeil, elle tombe à 21-24 km/h.

• Les coureurs doivent observer le code de la route : chaque infraction est sanctionnée de 15 minutes d'attente au dernier poste de chronométrage. On est disqualifié après six infractions.

## Logistique

*Une équipe de soutien, aussi efficace que soudée, fournissant nourriture, vêtements de rechange et assistance mécanique, s'avère indispensable. Elle est constituée d'au moins six personnes, dont un médecin, un masseur et des mécaniciens travaillant par roulement.*

## Précurseur du Guidon de Triathlon

*Le champion 1986, Pete Penseyres, avait ajouté sur son guidon (ci-dessous) des supports d'avant-bras rembourrés, faits maison, pour soutenir le poids de son corps. Il y avait également fixé un troisième levier de frein, pour freiner sans changer de position.*

## Déficit de Sommeil

*Les coureurs dorment environ 3 heures par nuit. La période la plus dangereuse, ce sont les heures fraîches du petit jour. Nuit après nuit, les arrêts empirent. Les coureurs souffrent d'hallucinations et il n'est pas rare qu'ils tombent en s'endormant sur leur machine.*

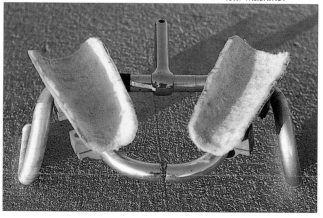

# Les courses sur piste

La course sur piste est la plus rapide et plus exaltante forme de course cycliste. A la différence des épreuves sur route ou de VTT, elle se déroule dans une enceinte, presque théâtrale, où s'affrontent de véritables gladiateurs. Le spectateur peut suivre de sa place toutes les péripéties de l'épreuve que se disputent avec acharnement les coureurs dans l'arène du vélodrome. Les rencontres de haut niveau ressemblent à un spectacle de music-hall avec plusieurs tableaux : courses individuelles et par équipes, vitesse, poursuite et contre la montre. Spectacle total que ces courses pleines de suspense où les champions qui ravissent les foules sont ces pistards, aussi véloces que puissants, capables de lancer un sprint en plongeant à 70 km/h dans un virage relevé.

### LA POURSUITE INDIVIDUELLE

*C'est un défi aussi physique que psychologique où deux coureurs partent chacun d'un point diamétralement opposé de la piste. Le gagnant est celui qui rejoint son concurrent ou qui réalise le meilleur temps, sur une distance variant de 5 km pour les professionnels à 3 km pour les femmes et les juniors.*

### LE VÉLO DE POURSUITE

*Le vélo de piste (à droite) préparé pour la poursuite est semblable à un vélo de course contre la montre sur route (voir p. 74), à la différence qu'il est dépourvu de freins et de dérailleur. Sa géométrie est conçue pour la vitesse pure et l'aérodynamisme de la position du coureur : l'empattement est légèrement plus court car la chasse est réduite entre la roue avant et la boîte de pédalier. Sur un vélo de route, cette chasse permet au pied d'éviter de toucher la roue en virage. Mais sur la piste, le coureur n'a pas besoin de braquer, car le vélo suit une ligne droite à l'intérieur des courbes relevées.*

• POSITION DE CONDUITE. Le corps ramassé sur le cadre, sans raideur, telle est la meilleure position : la plus aérodynamique et la plus confortable lors d'un pédalage en puissance.

NI FREIN NI DÉRAILLEUR. Le vélo de piste est dépourvu de frein et de dérailleur, car il n'y a ni pente à grimper, ni obstacle devant lequel freiner.

## LES ÉPREUVES DE SPRINT

*Ces courses agressives, très physiques, mettent en présence deux ou trois concurrents sur une distance de 1 000 mètres (à gauche). Ceux-ci se livrent au jeu du chat et de la souris durant toute l'épreuve, jusqu'à l'explosion finale de vitesse avant la ligne d'arrivée. Pendant les premiers 800 mètres, chaque sprinter recherche la position la plus avantageuse, car seuls les temps réalisés au cours des derniers 200 mètres sont enregistrés. Un vélodrome de classe olympique fait au minimum 333 mètres de circonférence, tandis que les pistes couvertes peuvent ne pas dépasser 150 mètres. Avec une piste inclinée à 50° dans les virages, il n'est pas rare que les coureurs atteignent 70 km/h.*

## VÉLO DE SPRINT

*Les vélos de sprint (ci-dessous) sont les lévriers de la course cycliste, machines ultra-légères (7,5 à 9 kg), à empattement court, cadre à angles pentus, et cintres profonds sur lesquels le pistard peut "tirer" violemment. La boîte de pédalier est surélevée par rapport aux vélos de route, afin que, lors de la première phase de la course effectuée à vitesse réduite, avant le sprint, la pédale droite ne puisse toucher le sol, la piste étant très relevée dans les virages.*

**MOYEU.** Ses grands flasques permettent d'utiliser des rayons plus courts. La roue ainsi plus rigide latéralement résiste mieux aux forces créées par un sprint violent.

**ANGLE DE SELLE.** L'angle du tube de selle, de 74-75°, est plus marqué sur un vélo de piste que sur un vélo de route à empattement court. Il offre plus de vélocité, car la piste est plate et lisse.

**PIGNON FIXE.** Le moyeu arrière d'un vélo de piste est un pignon fixe, sans roue libre. Le pédalage est donc permanent jusqu'à l'arrêt total du vélo.

# Les artistes

L a bicyclette venait à peine d'être inventée que déjà certains organisateurs négociaient en guise d'attractions les épreuves sur piste. Qu'il s'agisse des courses Keirin au Japon ou des Six Jours en Europe, ces événements mêlent tout à la fois sport et spectacle, pour la plus grande satisfaction du public. Les primes élevées offertes aux concurrents attirent l'élite du cyclisme international, gage d'émotions, de sensations fortes, de gloire et de prestige. Les vedettes des courses Keirin sont parmi les sportifs les mieux rémunérés du Japon, leurs gains pouvant atteindre 1,5 million de francs par saison. En Europe, seuls les meilleurs des routiers et des pistards sont invités à rejoindre les rangs des coureurs privilégiés des Six Jours à l'exception du vainqueur du Tour de France.

## Les Six jours

De novembre à mars, les meilleurs cyclistes européens gagnent leur vie en roulant sur les planches des vélodromes couverts. Les Six Jours modernes sont bien moins éprouvants que les premiers organisés aux Etats-Unis, à la fin du siècle dernier, durant lesquels les concurrents pédalaient six jours d'affilée, ponctués de brèves périodes de sommeil et de massage. Le record fut établi en 1897 par C.W. Miller qui parcourut 3 361 km, en ne s'accordant que moins de 10 heures de repos au total. Blessures et coureurs épuisés faisaient l'ordinaire de ces marathons de cauchemar, au point qu'on les limita à 12 heures par pistard. Mais les organisateurs détournèrent le règlement en les faisant se relayer par équipes de deux, ce qui garantissait un spectacle de vingt-quatre heures sur vingt-quatre. Les Six Jours modernes se sont civilisés : ils durent moins de 8 heures par jour. Aux Etats-Unis, le Madison Race est l'épreuve reine. L'excitation est à son comble lors des relais à grande vitesse entre les coéquipiers, ou bien durant les manœuvres tactiques qui précèdent les sprints lancés tous les dix tours pour permettre aux concurrents d'accumuler les points.

### UNE NUIT AUX COURSES
*A Munich, la foule a envahi les gradins de ce vélodrome couvert, tandis que les coureurs filent sur les 250 mètres de piste en bois. Les spectateurs les plus fortunés dînent sur le terre-plein central tout en appréciant le spectacle.*

### L'ART DE KEIRIN

*Chaque année, plus de 25 millions de Japonais affluent aux courses Keirin - réputées les plus dures et les plus compétitives qui soient au monde. A la différence des Six Jours, où il se trouve toujours un pitre pour détendre l'atmosphère durant un temps mort, les courses Keirin sont prises terriblement au sérieux. C'est l'équivalent cycliste de la course de lévriers. Inventées dans les années 50 pour une nation de joueurs invétérés, elles constituent l'exception à la règle du parieur qui est de ne jamais miser sur quelque chose qui puisse parler. Les paris dépassent 12 milliards de francs par an pour les seules courses Keirin, sur plus de 50 vélodromes réservés à celles-ci. Outre l'innombrable presse qui leur est exclusivement consacrée, les courses majeures de la saison sont télédiffusées sur tous les réseaux nationaux.*

### LA CHASSE AU LIEVRE

*Les courses Keirin sont essentiellement des sprints courus sur 2 000 mètres, ce qui fait environ 5 tours de vélodrome japonais. L'action décisive a lieu dans les derniers 200 mètres. Les neuf coureurs, qui ont été mis en quarantaine trois jours entiers avant l'épreuve pour prévenir toute tentative de corruption, prennent le départ chacun dans son box numéroté, comme celui des lévriers. A 100 mètres environ devant eux attend un "lièvre humain". Au coup de pistolet, c'est la ruée pour aller prendre la roue du lièvre qui donne le rythme en montant et descendant sur la piste avant de s'écarter à l'entrée de l'avant-dernier tour. Le sprint fait alors rage, les pistards jouant des coudes pour prendre la meilleure place. Protections d'épaule et casques sont indispensables, car les chutes à 60 km/h ne sont pas rares.*

# Gymnastique adaptée au cyclisme

Si vous ne pratiquez pas la musculation pour améliorer votre pratique du vélo, faites du moins quelques mouvements d'assouplissement. Le vélo est un sport mettant en œuvre de nombreux muscles ; il ne les fait cependant pas travailler en élongation, mais en contraction, et si vous ne les détendez pas, vous risquez la blessure. L'assouplissement est destiné à prévenir ce risque et, en outre, à améliorer la posture de votre corps. Essayez de faire ces exercices matin et soir, et toujours avant d'enfourcher votre vélo, en guise d'échauffement, puis après avoir roulé, pour permettre à vos muscles de récupérer.

### ASSOUPLISSEMENT DES MOLLETS
*Posez le pied à environ 60 cm d'un mur, puis appuyez les deux mains sur celui-ci tout en avançant un pied vers le mur afin de mettre en extension l'autre jambe et étirer le mollet. Gardez cette position pendant 30 secondes, puis répétez le mouvement au moins une fois avec l'autre jambe.*

DOS. En vous penchant en avant, pliez-vous à partir des hanches pour éviter le tour de reins.•

### QUADRICEPS
*Tenez-vous sur la jambe droite, et tirez avec la main gauche votre cheville gauche vers le haut. Gardez les hanches droites pour ne pas plier le dos. Conservez cette position pendant 30 secondes, puis répétez le mouvement au moins une fois avec l'autre jambe.*

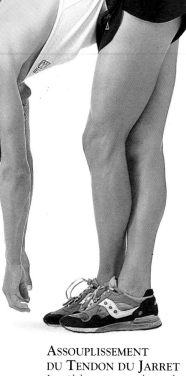

### ASSOUPLISSEMENT DU TENDON DU JARRET
*Le pédalage contracte les tendons. Pour les détendre, tenez-vous droit, les pieds croisés, puis penchez le buste aussi bas que possible. Gardez cette position pendant 30 secondes, puis répétez le mouvement au moins une fois en croisant l'autre jambe.*

•POSITION. Eloignez le pied à une distance commode du mur, afin de ne pas vous étirer vers l'avant.

•TENSION. Tenez votre cheville pour que la jambe reste dans l'axe des hanches. Evitez de tirer latéralement, cela exercerait une tension superflue sur le genou.

### EXERCICES POUR LE DOS

*Les exercices illustrés dans cette page sont destinés à fortifier les muscles du dos. Le soulèvement dorsal renforce les muscles du bas du dos, le redressement le complète tout en fortifiant les muscles abdominaux.*

### SOULEVEMENT DORSAL

**1** *Allongez-vous à plat ventre, les mains en coupe sous le menton.*

**2** *Soulevez lentement bras et talons, gardez la position pendant 15 secondes, relâchez puis recommencez.*

### REDRESSEMENT

**1** *Allongez-vous sur le dos, les genoux repliés et les bras croisés sur la poitrine. Redressez-vous lentement.*

**2** *Gardez la position pendant 15 secondes, relâchez puis recommencez 10 à 20 fois.*

### EXTENSIONS LATÉRALES

**1** *Accroupissez-vous mains et genoux posés au sol, soulevez les pieds.*

**2** *Tournez tête et épaules d'un côté, puis lentement de l'autre. Répétez le mouvement 10 à 20 fois.*

### EXTENSIONS DORSALES

**1** *Les mains et les genoux posés au sol, laissez retomber la tête et voûtez le dos. Gardez la position pendant 10 secondes.*

**2** *Faites le mouvement inverse, en soulevant la tête et creusant le dos. Répétez 10 à 20 fois.*

# L'entraînement à domicile

Lorsqu'il fait trop froid dehors, que les routes sont verglacées, que la nuit tombe trop tôt où simplement que vous n'avez pas le temps de rouler quelques kilomètres, vous pourrez toujours faire du vélo chez vous. Les entraîneurs d'appartement ("home-trainer") n'amélioreront pas votre conduite, mais vous permettront de continuer votre programme d'entraînement, de travailler votre musculature et de préparer votre organisme pour la saison à venir. Divers équipements sont disponibles, mais vous obtiendrez sur un vélo d'appartement simplifié le même résultat que sur le plus moderne des simulateurs électroniques. La seule différence, c'est le prix, le confort et l'amusement.

● AFFICHAGE. Ce boîtier piloté par menu, à neuf boutons et affichage digital, donne toute information concernant vos performances, notamment les pulsations cardiaques, la vitesse, la cadence et les calories dépensées.

● POSITION DE CONDUITE. En utilisant votre vélo, vous roulez sur une machine qui vous est parfaitement adaptée, à la différence des appareils des salles de musculation dont les cotes ne sont qu'approximatives et sur lesquelles on a tendance à adopter une position trop redressée.

BRAQUET. Rouler en appartement vous permet d'apprécier le comportement de votre vélo grâce à une touche de fonction réglant la résistance au roulement de la roue.

● INSTALLATION. Vous installerez en quelques instants votre vélo sur cet entraîneur d'appartement. Les pattes de la fourche se fixent à une attache et la roue arrière est posée sur un rouleau.

**ENTRAINEUR D'APPARTEMENT**
*Le Schwinn Velodyne est un appareil de haut de gamme vous permettant d'utiliser votre propre vélo. Grâce à son dispositif électronique sophistiqué, vous pouvez contrôler vos progrès en courses olympiques, sur piste ou en sprint. Avec l'option course par étapes, vous roulez en compagnie d'un peloton imaginaire qui accélère si vous êtes en tête ou en queue, et qui ralentit lorsque vous rejoignez ses rangs.*

VITESSE DE PÉDALAGE. Les entraîneurs de haut de gamme affichent votre cadence — la vitesse de pédalage en tours par minute — grâce à des capteurs fixés sur la boîte de pédalier et sur les manivelles. ●

## Le Simulateur de Vélo

*Le modèle le plus haut de gamme, tant pour son prix que pour ses performances, le Precor Electronic Cycling Simulator, répond au défaut majeur des entraîneurs d'appartement : l'ennui. Les simulateurs, très prisés dans les clubs de gym ou de remise en forme, y parviennent par le monitorage de vos prouesses. Vous pouvez courir avec six autres personnes, tout en visualisant sur un moniteur couleur vos positions respectives dans une course donnée, en progressant sur des routes digitalisées et franchissant des montagnes électroniques. Mais vous pouvez aussi participer en solitaire à l'une des dix courses en mémoire dans la machine. Ici, la motivation c'est de battre votre record personnel, calculé à partir des paramètres affichés - vitesse actuelle, vitesse moyenne, distance parcourue, quantité de calories consommées, votre position dans la course, la distance qui vous sépare des autres concurrents devant ou derrière, le meilleur temps, l'inclinaison de la pente simulée, ou le braquet que vous utilisez. Avec ce simulateur, vous pouvez relever une grande variété de défis, tout en améliorant votre résistance à l'effort, que se soit en poursuivant un meneur de train fictif ou en arrivant avec un meilleur temps que la fois précédente.*

---

### VOTRE FORME PHYSIQUE

Un moniteur cardiaque ressemble à un compteur de vitesse personnel qui vous donne des informations fiables sur la quantité d'effort que vous produisez. Le capteur et le micro-émetteur fixés sur votre poitrine transmettent les données à une montre-bracelet digitale ou à l'écran du compteur électronique installé en face de vous.

#### Votre rythme cardiaque

En contrôlant votre rythme cardiaque, vous surveillez la quantité d'effort nécessaire pour parvenir à la meilleure forme physique sans dépasser les limites de sécurité. On estime généralement que le cœur ne doit pas battre à plus de 220 pulsations par minute, en tenant compte de l'âge du sujet. Le rythme cardiaque d'un homme de 30 ans doit être de 190. Le seuil aérobique maximum correspond à 85% du rythme maximum, soit 161 pour un homme de 30 ans. Le seuil aérobique minimum correspond à 70% du rythme maximum, soit 133 pour un homme de 30 ans. On parviendra aux meilleurs résultats en s'entraînant dans la fourchette des seuils 70% et 85% durant 20 à 30 minutes trois fois par semaine.

Si l'haltérophilie n'est absolument pas indispensable à l'entraînement pour la course, ce type d'exercice permet, en musclant le torse, de lutter contre les maux de dos qui peuvent survenir après de longues heures passées en selle. Le cyclisme reste le meilleur moyen de se muscler les jambes, car pédaler correspond en fait à soulever rapidement et de façon répétée une série de petits poids.

#### L'entraînement chez vous

L'axe arrière du vélo étant fixé sur une monture et la roue arrière tournant sur un rouleau, l'entraîneur d'appartement pliable, peu onéreux, constitue un excellent système pour rouler sur place. Un capteur relié à un compteur fixé sur le guidon (voir p. 75) donne toutes les informations nécessaires. L'entraîneur à rouleaux est le dispositif le plus difficile à pratiquer, mais le seul qui vous permette d'améliorer votre dextérité en selle. La roue arrière est posée entre deux rouleaux, la roue avant sur un autre, celui-ci étant relié par une sangle au premier rouleau arrière, ce qui vous oblige à pédaler en souplesse et à cadence élevée, car le moindre mouvement maladroit de votre part est immédiatement exagéré par la machine.

# LE VÉLO DE CYCLOTOURISME

*Plateau*

Le tourisme à bicyclette est un enchantement. Il offre la diversité et la liberté d'un voyage entrepris pour le simple plaisir de le faire, que ce soit une journée passée à filer sur des routes de campagne, trois mois d'odyssée transcontinentale, deux semaines d'exploration dans un pays étranger, ou un dimanche consacré à se promener tranquillement dans les petites rues méconnues d'une ville historique. C'est se lancer dans l'aventure d'une vie, les sacoches pleines à ras bord d'un équipement dont le poids donnerait une hernie à tout chameau normalement constitué, ou partir pour un long week-end lesté d'à peine une carte de crédit.

## A vous de décider

La randonnée à bicyclette commence là où cela vous chante, à partir d'un aéroport, d'une gare, d'un hôtel ou d'un camping, sur un vélo léger construit sur mesure, un VTT, ou une bécane rescapée de chez le ferrailleur. Elle peut être planifiée ou improvisée, en suivant la carte ou en choisissant son trajet au petit bonheur, selon son inspiration. Il peut s'agir d'une expédition préparée par des professionnels du voyage organisé qui auront pensé à tout, jusqu'aux draps de lit, ou bien ce peut être l'indépendance, l'autosuffisance et le sac de couchage. C'est rouler avec des inconnus au sein d'une randonnée monstre organisée par une association de bienfaisance, ou rouler en famille, avec des amis, ou bien en solitaire. De toute

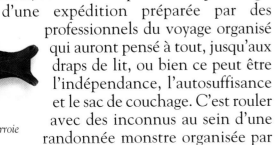
*Sacoche*

*Pédale et courroie*

façon, cela reste strictement votre affaire. C'est comme se faire son film personnel, la brise vous caressant la peau tandis que vous vous imprégnez d'images mémorables, filant en roue libre à travers de superbes paysages que vous découvrez à la vitesse d'un panoramique idéal. C'est un voyage aussi vivifiant qu'épuisant.

## L'inattendu

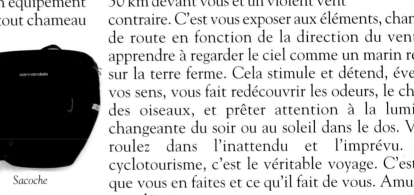
*Selle*

Le cyclotourisme peut vous faire escalader les plus hauts cols ou vous laisser à la nuit tombante avec encore 30 km devant vous et un violent vent contraire. C'est vous exposer aux éléments, changer de route en fonction de la direction du vent et apprendre à regarder le ciel comme un marin resté sur la terre ferme. Cela stimule et détend, éveille vos sens, vous fait redécouvrir les odeurs, le chant des oiseaux, et prêter attention à la lumière changeante du soir ou au soleil dans le dos. Vous roulez dans l'inattendu et l'imprévu. Le cyclotourisme, c'est le véritable voyage. C'est ce que vous en faites et ce qu'il fait de vous. Amusez-vous bien.

*Randonneur*

# L'anatomie du vélo de cyclotourisme

Le vélo de cyclotourisme, conçu pour les longues distances et les lourdes charges, doit être confortable, stable et souple. Résistant aux oscillations latérales, les tubes d'aluminium à grand diamètre du *Cannondale ST 1000* lui donnent une stabilité toute particulière, renforcée par les longues bases, grâce auxquelles les sacoches arrière restent centrées sur la roue, sans gêner les talons du cycliste. A l'avant, l'angle du tube de direction peu prononcé et le cintre généreux de la fourche garantissent une bonne maniabilité et une grande souplesse.

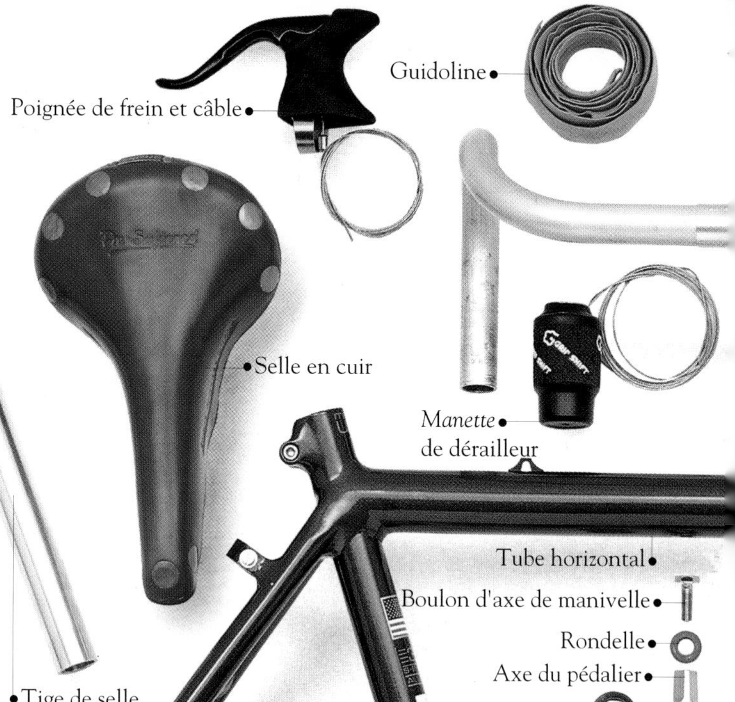

Poignée de frein et câble

Guidoline

Selle en cuir

Manette de dérailleur

Tube horizontal

Boulon d'axe de manivelle

Rondelle

Axe du pédalier

Joint lubrifié

Roulement à billes

Cuvette fixe réglable

Contre-écrou

Tasseaux de fixations de porte-bidons

Tige de selle

Gaîne de câble

Tasseau de frein Cantilever

Axe de blocage rapide de moyeu

Câble pour étrier

Étrier de câble et écrou

Hauban

Étrier de frein Cantilever et porte-patin

Support de dérailleur

Bases

Chaîne

Dérailleur avant

Roue libre à sept pignons

Manivelle droite

Plateau de 50

Dérailleur arrière

Cache-poussière

Pédale à roulement étanche

Courroie de cale-pied

Cale-pied

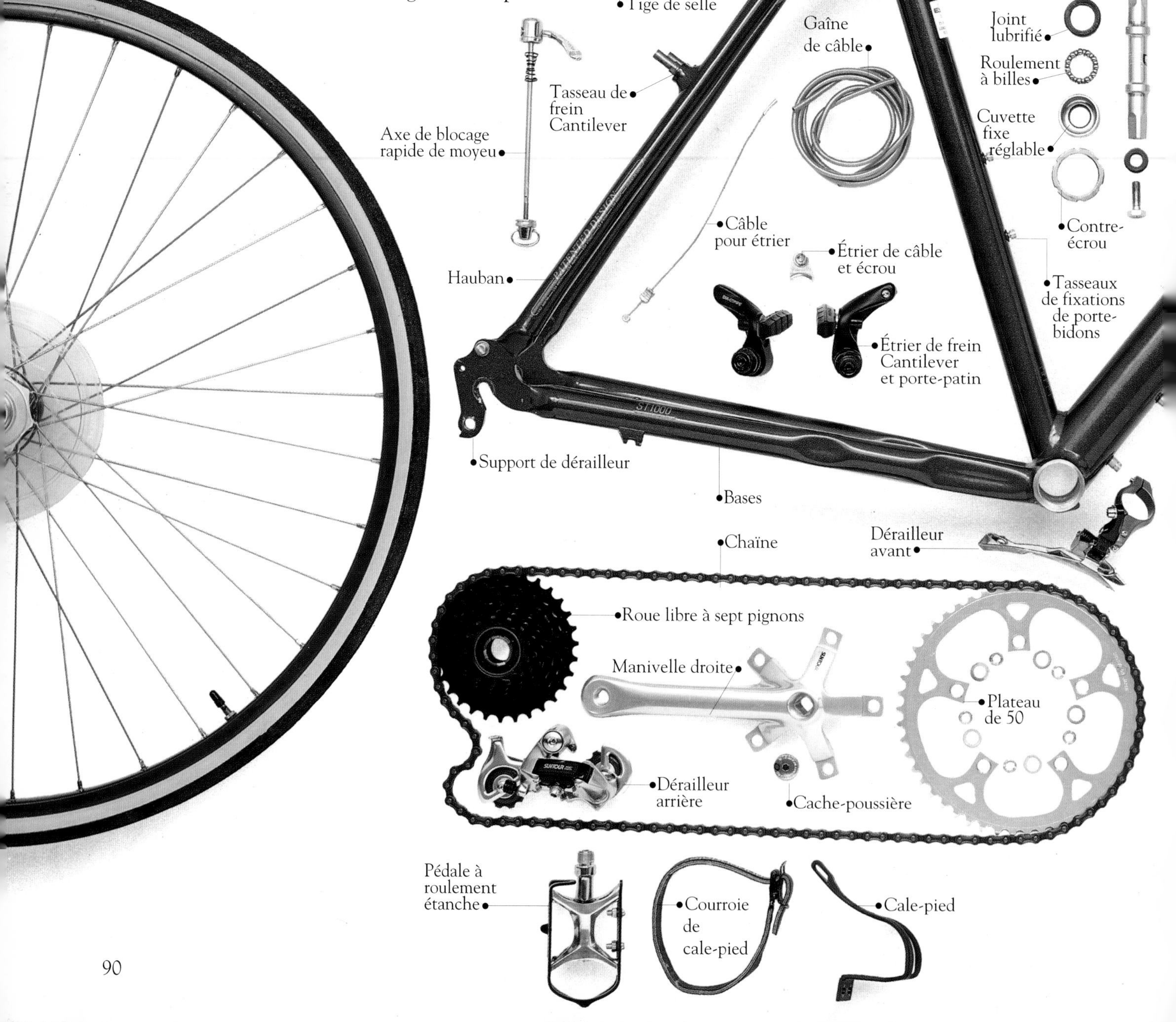

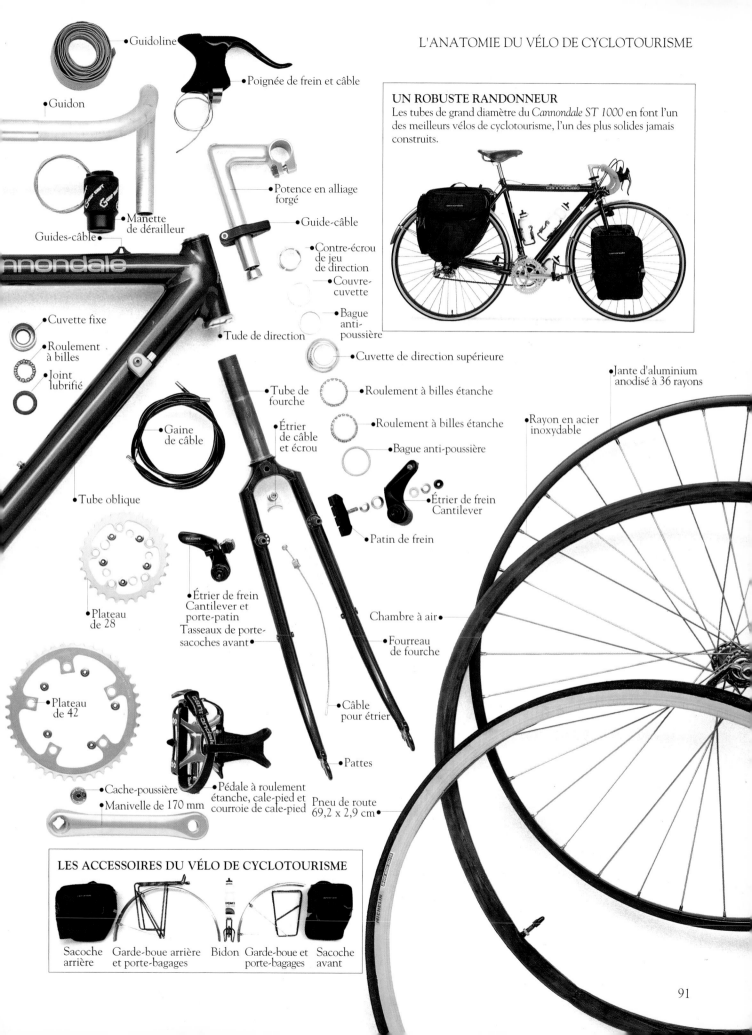

•Guidoline

•Poignée de frein et câble

•Guidon

•Manette
de dérailleur

Guides-câble•

•Cuvette fixe

•Roulement
à billes

•Joint
lubrifié

•Tube oblique

•Potence en alliage
forgé

•Guide-câble

•Contre-écrou
de jeu
de direction

•Couvre-
cuvette

•Bague
anti-
poussière

•Tude de direction

•Cuvette de direction supérieure

•Tube de
fourche

•Roulement à billes étanche

•Roulement à billes étanche

•Bague anti-poussière

•Gaine
de câble

•Étrier
de câble
et écrou

•Étrier de frein
Cantilever

•Patin de frein

•Plateau
de 28

•Étrier de frein
Cantilever et
porte-patin

Tasseaux de porte-
sacoches avant•

•Chambre à air

•Fourreau
de fourche

•Plateau
de 42

•Câble
pour étrier

•Pattes

•Cache-poussière

•Manivelle de 170 mm

•Pédale à roulement
étanche, cale-pied et
courroie de cale-pied

Pneu de route
69,2 x 2,9 cm•

**UN ROBUSTE RANDONNEUR**
Les tubes de grand diamètre du *Cannondale ST 1000* en font l'un
des meilleurs vélos de cyclotourisme, l'un des plus solides jamais
construits.

•Jante d'aluminium
anodisé à 36 rayons

•Rayon en acier
inoxydable

**LES ACCESSOIRES DU VÉLO DE CYCLOTOURISME**

Sacoche
arrière

Garde-boue arrière
et porte-bagages

Bidon

Garde-boue et
porte-bagages

Sacoche
avant

# Sur la route

L e cyclotourisme est l'une des plus belles façons de découvrir le monde. En selle sur une machine bien adaptée à votre morphologie, vous roulez à la vitesse qui vous convient : à fond de train pour ressentir toute l'exaltation de la vitesse pure et de l'effort ; en vagabondant paresseusement sur des chemins pittoresques ; ou bien en vous arrêtant, pour savourer l'instant, vous détendre et apprécier le panorama. Certains cyclistes utilisent des machines légères, comme cette *Trek 1200*, et n'emportent rien de plus qu'une petite trousse à outils et une carte de crédit. D'autres, qui préfèrent être complètement autonomes, transportent avec eux tente, sac de couchage et ustensiles de cuisine. Certains recherchent les lieux les plus reculés, d'autres explorent les villes. Le cyclotourisme, c'est la liberté, la diversité et le plaisir, en roulant où vous voulez et comme vous voulez.

**VÉLO DE ROUTE**
*Le Trek 1200 est un vélo de route très performant, en alliage d'aluminium, utilisé pour le cyclotourisme. Il y a quelques années encore, on l'aurait considéré comme une machine de course parfaite.*

**POSITION DES MAINS :** Rouler les mains en position haute sur le guidon soulage le dos, l'estomac, les bras et les mains. L'inverse se produit en roulant les mains en position basse, mais permet de mieux grimper.

**GUIDON :** Il devrait être au moins aussi large que vos épaules. Plus large, votre poitrine sera davantage ouverte et votre respiration facilitée.

**POTENCE :** Une potence légèrement plus courte que d'habitude vous donne une position plus redressée, ce qui compense la taille du cadre plus grande que d'ordinaire.

**CADRE :** En tenant compte des cotes de cadre adapté à vos mensurations (voir p. 20-21), on choisira plutôt un cadre trop grand que trop petit, bien mieux adapté au cyclotourisme. Votre vélo sera plus stable en descente et en virage.

**PNEUS :** Leur section varie de 22 mm pour les pneus de "vitesse" à 35 mm pour les pneus de randonnée.

**CHAUSSURES DE CYCLOTOURISME :** Leurs semelles renforcées soutiennent mieux le pied.

Le cyclotourisme vous apportera ses plus grandes joies si vous accordez votre rythme aux capacités de votre cœur et de vos poumons, plutôt qu'à celles de vos muscles. Si vous roulez trop vite, vous risquez de vous fatiguer et d'avoir des crampes. Mais rouler trop lentement vous rendra paresseux et engourdi.

## Le cœur et le souffle

En roulant, votre pulsation cardiaque et le rythme de votre respiration devraient suivre le tempo de sorte qu'en toute situation, à l'exception des grimpées les plus difficiles, vous puissiez converser ou chanter. Le secret, c'est une bonne cadence de pédalage. Essayez de faire tourner les manivelles à environ 55-65 tr/mn (tour ou rotation par mn). En dessous de 55 tr/mn, les jambes doivent pousser sur les manivelles à chaque coup de pédale, ce qui provoque des crampes, par l'accumulation douloureuse d'acide lactique dans les muscles. Une cadence supérieure à 85 tr/mn peut vous faire consommer trop d'oxygène et rendre votre respiration difficile.

• HAUTEUR DE SELLE : Sauf sur un vélo de course, la selle devrait être légèrement surbaissée, afin de soulager les genoux. Se déporter vers l'arrière sur la selle augmente poids et puissance nécessaire en montée.

• TIGE DE SELLE : La sortie de tige de selle devrait être de 7,5 à 10 cm lorsque la selle est située à bonne hauteur.

Braquet : Afin de conserver une cadence minimum et efficace de 55 tr/mn en montée, un cycliste moyen aura besoin d'un braquet de 24 dents (voir p. 27) en ascension sans charge supplémentaire, et un braquet de 19 dents avec charge. (en dents par pignons)

## LES SELLES

L'histoire suivante est véridique : deux cyclistes partis faire une randonnée à vélo de 10 000 km en Inde s'arrêtèrent au bout de 150 km, car leurs selles, une *Brooks Pro* en cuir pour l'un, et une selle anatomique moderne pour l'autre, les faisaient horriblement souffrir. Après les avoir échangées, ils continuèrent leur route sans plus jamais ressentir le moindre tiraillement. Il existe une grande variété de selles : certaines sont étroites et légères afin de réduire au minimum poids et frottements, d'autres ont une forme anatomique conçue pour limiter la pression sur les ischions, d'autres enfin sont rembourrées de gel et prennent la forme de leur utilisateur. En choisissant votre type de selle, ne vous contentez pas de les essayer simplement en sautant dessus, mais rappelez-vous que plus vous aurez de kilomètres dans les jambes, plus votre séant s'endurcit, plus une selle étroite et légère sera confortable.

**Selle pour femme**
*La Madison L22 Anatomic présente un contour anatomique et des rembourrages supplémentaires aux points de contact. Elle est plus large qu'une selle d'homme car l'écart entre les ischions est plus grand chez la femme.*

**Selle en cuir**
*La Brooks B17 est une selle large pour le cyclotourisme. Il faut rouler 800 km pour la roder, mais après elle offre un confort sans pareil.*

**Selle capitonnée de gel**
*Cette selle de femme Specialized est rembourrée d'une mousse élastomère qui prend la forme de son utilisatrice. Certains cyclistes ne jurent que par le confort qu'offrent ces selles capitonnées de gel, d'autres pestent contre elles.*

**Standard**
*Cette selle est typique des vélos de dame produits en grande série. Si elle s'avère trop inconfortable, l'achat d'une nouvelle selle mieux adaptée ne fera pas une grosse dépense.*

**Selle de VTT**
*Cette Brooks Coil-Spring présente une suspension supplémentaire adaptée aux VTT. En cuir, elle s'inspire des toutes premières selles de vélo de route, lorsqu'il fallait de solides ressorts pour amortir les inégalités de la chaussée.*

# Casques et vêtements de cyclotourisme

Si vous tenez à votre crâne, portez un casque. Plus de la moitié des accidents graves ou mortels à vélo résultent de blessures à la tête. Un bon casque constitue une protection efficace contre les risques de fractures du crâne en cas de chute. C'est pourquoi bon nombre de pays, comme la Suède, les Etats-Unis ou l'Australie, ont rendu obligatoire le port du casque à vélo. Leurs caractéristiques ayant été définies au niveau international, ils doivent se conformer aux normes de sécurité BSI, ANSI, Snell ou AS, qui certifient que le casque sera bien adapté, ne se détachera pas en cas de chute, et que la couche interne de polystyrène dont il est pourvu absorbera efficacement les chocs. Vous devez ajuster votre casque de sorte qu'en fronçant les sourcils vous le fassiez bouger sur votre crâne. En outre, il ne doit pas recouvrir vos oreilles ni gêner d'aucune manière votre vision frontale ou périphérique.

PRISE D'AIR : En coulissant, la plaque du logo Bell dégage une prise d'air. ●

COUSSINETS : Ils peuvent s'insérer dans la garniture pour ajuster confortablement le casque. ●

COUCHES DE PROTECTION
*Le Bell V-1 Pro est doté d'une couche interne en polystyrène absorbant les chocs et d'une enveloppe externe résistant à la perforation.*

● SANGLE À BLOCAGE RAPIDE : Réglée, elle doit être bien ajustée sous le menton.

CASQUE DE PISTE
*Le Cinelli "Aéro" est un casque rigide et aérodynamique adapté aux courses sur piste.*

Enveloppe en Polystyrène
*Le Specialized "Air Force" présente une enveloppe en polystyrène recouverte d'un maillage.*

CASQUE À BOUDINS
*Ce casque Brancale, fait de boudins de mousse, n'offre pas grande protection.*

ENVELOPPE MOLLE
*Le Bell "Quest" est un casque à enveloppe molle et ventilée, doté de renforts intérieurs.*

CASQUE DE COURSE
*Le Giro "Air Attack" est doté d'une enveloppe rigide recouvrant une couche interne en polystyrène.*

TÊTE. En hiver, portez un sous-casque chaud. Le taux de déperdition de la chaleur corporelle par la tête peut atteindre 50% lorsque la température extérieure est de 4 °C, et 75% à - 15 °C.•

• CORPS. Par temps froid, doublez l'intérieur de votre blouson avec du papier journal, bon isolant contre le vent.

Les vêtements de cyclotourisme doivent être légers, confortables et fonctionnels. On préférera les tenues cyclistes, les mieux adaptées, et qui présentent notamment des détails utiles, tels que des poches judicieusement placées. Ce que vous porterez dépendra de la saison et des conditions météo, mais, de façon générale, le cyclisme est une activité qui échauffe. Veillez à ne pas avoir trop chaud dans les montées, et à éviter l'hypothermie due au vent dans les descentes. Le secret, c'est s'habiller de plusieurs couches de vêtements que vous pourrez enlever ou rajouter en fonction de la

• LUNETTES DE SOLEIL. Elles filtrent les rayons ultraviolets. et protègent contre la poussière. Il existe également des verres améliorant la vision nocturne.

•CUISSARD. En stretch pour ne pas remonter sur la cuisse, il est renforcé à l'entrejambe par une peau de chamois absorbante et sans couture, qui donne une plus grande liberté de mouvement.

CHAUSSURES. La semelle rigide dotée d'une cale se glissant dans la pédale est la mieux adaptée, mais elle ne se prête pas à la marche à pied, c'est pourquoi la plupart des adeptes du cyclotourisme rent les chaussures mixtes à semelles rcées, assez rigides pour le vélo mais samment souples pour la marche.•

VÊTEMENTS DE SAISON

*En hiver et en automne, portez au moins deux couches de vêtements. En dessous, un tricot léger, un caleçon de cycliste et des chaussettes en polypropylène ou en tissu drainant la transpiration tout en retenant la chaleur du corps. Par-dessus, un vêtement en tissu imperméable, comme le Gore-Tex ou le Thintech, laissant respirer la peau et s'évaporer la transpiration tout en protégeant de la pluie et du vent. Par temps très froid, portez une couche intermédiaire de vêtement en laine, en mouton ou en duvet. Il est indispensable de bien vous protéger les mains, les pieds ou la tête. Portez des gants longs, des chaussures d'hiver ou des couvre-chaussures isolants, ainsi qu'un couvre-casque en Gore-Tex.*

# Randonnées monstres

Organisez un rassemblement de 20 000 cyclistes, et ce sont 40 000 personnes qui se présenteront. Depuis leur création dans les années 70, ces randonnées monstres, comme le Londres-Brighton en Grande-Bretagne, le Five-Boro de New York, le Tour de Montréal au Canada ou le Rosarito-Ensenada au Mexique, sont devenues un véritable phénomène de société. Si à l'origine elles ne comptaient que quelques centaines de participants, elles attirent chacune désormais plus de 50 000 cyclistes, qui doivent réserver leur place pour être sûrs d'y participer. Ces manifestations séduisent les foules qui y trouvent cet exceptionnel esprit de camaraderie qui naît du simple fait de rouler tous ensemble vers une même destination, souvent pour manifester son soutien envers une œuvre de bienfaisance. C'est toujours l'occasion de réjouissances collectives où chacun célèbre le plaisir de rouler à son rythme personnel en pleine nature. On y rencontre l'univers cycliste sous tous ses aspects ; certains participants viennent déguisés, sur des machines d'époque, d'autres en vélos de course ou de cyclotourisme, en VTT, en tandem ou en vélos à quatre roues. Vous pouvez improviser un peloton avec les cyclistes qui roulent à côté de vous, prendre la roue de votre prédécesseur et connaître la grisante sensation de rouler à grande vitesse en groupe. Bien que ce genre de randonnée soit d'abord une formidable partie de plaisir, préparez-la soigneusement et réunissez tous les renseignements disponibles, cartes routières, conseils des clubs, localisation des points de rafraîchissement et des secours d'urgence. Vérifiez le bon état de marche de votre vélo et emportez une trousse de secours pour crevaisons ainsi que quelques outils de base. Emportez également nourriture et boisson, même si vous avez prévu de faire une pause repas avec vos amis.

### Les Paysages Tcheques

*Ce groupe de cyclistes (ci-dessus) découvre Prague lors d'une randonnée de deux semaines en Europe de l'Est. En raison de l'absence d'automobiles, la Tchécoslovaquie est très prisée par les adeptes du cyclotourisme.*

### Solitude en Europe de l'Est

*Rouler le long de routes tranquilles (à droite), c'est un moyen parfait pour découvrir la Pologne, soit de façon indépendante, soit en randonnée de luxe, avec réservation d'hôtels.*

### De Londres à Brighton

*L'une des meilleures façons de débuter en cyclotourisme, c'est de prendre part à une randonnée monstre. Certaines rencontres, comme le Londres-Brighton (à gauche), sur 90 km, offrent une organisation difficile à égaler. Effectué sur de petites routes de campagne, le trajet est d'abord testé par des cyclistes expérimentés. La signalisation est si parfaite qu'il n'est pas utile d'emporter de carte routière, et la circulation automobile est strictement réglementée. Il n'est pas nécessaire d'emporter grand-chose, car ravitaillement et assistance mécanique sont prévus tout au long du trajet. Il y a même des trains spéciaux pour vous ramener à la maison. Tout ce que vous avez à faire, c'est de rouler.*

# Le cyclotourisme sportif

La tendance actuelle du cyclotourisme consiste à voyager vite et léger. Les randonnées organisées sont souvent accompagnées de camionnettes transportant les bagages des cyclistes, ou servant le cas échéant à voiturer les participants entre deux étapes. Certaines randonnées sont guidées, d'autres vous fournissent une carte et vous laissent rouler à votre rythme. Les machines se sont adaptées à cette évolution : les vélos de cyclotourisme traditionnels étaient conçus pour rester stables même surchargés de sacoches. Aujourd'hui, les cyclos sportifs mettent l'accent sur la vélocité plutôt que sur la capacité de chargement. Les cyclistes "carte de crédit" préfèrent utiliser des machines légères ultra modernes en s'encombrant du minimum d'accessoires.

LE VÉLO DE CYCLOTOURISME SPORTIF
*Ce vélo (ci-dessous) associe performances et adaptabilité. Comme un vélo de course, il se caractérise par sa légèreté et sa vélocité, mais il est doté de braquets plus petits. N'étant pas conçu pour supporter de nombreuses sacoches, il faudra réduire au minimum les bagages. Fixez-vous un poids limite, et ne le dépassez pas, ou bien étalez par terre tout ce qui est essentiel, et n'emportez que la moitié.*

•SAC DE GUIDON. Il vous permet de garder à portée de main cartes, lotion solaire, en-cas ou appareil photographique. Veillez à ne pas trop le remplir, car le poids risquerait de gêner votre conduite.

SACOCHES. La plupart des vélos de sport possèdent des anneaux ou des embases brasées pour la fixation de garde-boue ou de porte-bagages. Ne surchargez pas ces derniers.•

•SACOCHE DE SELLE. La mini-sacoche de selle contient l'outillage essentiel ainsi qu'une chambre à air de rechange.

EMPATTEMENT.
L'empattement est supérieur à la normale, ce qui améliore la souplesse de la machine.

BASES. Plus longues, les bases offrent une meilleure stabilité.•

### ALLÉGEZ VOTRE CHARGE

*Les randonnées "carte de crédit" sont aussi élémentaires que simples (à droite). Tout ce que vous emportez, ce sont les vêtements que vous avez sur le dos, une petite trousse à outils et quelques cartes de crédit. Vous roulez aussi vite et aussi loin que vous le pouvez. Lorsque vous vous arrêtez, vous dînez dans de bons restaurants et dormez dans de confortables hôtels. Mais à ce stade, vous devez bien connaître les besoins de votre organisme. Alimentez-vous fréquemment et légèrement : fruits, salades et hydrates de carbone, dont les propriétés énergétiques sont rapidement assimilées par l'organisme. Evitez les graisses, trop longues à digérer, ainsi que l'excès de sucre qui peut faire baisser votre métabolisme et vous épuiser. Vous devez également boire très régulièrement car, même si vous ne ressentez pas la soif en ayant déjà perdu près de 2 litres d'eau, un tel déficit ne peut se combler instantanément. Par temps chaud, vous pouvez facilement perdre, en transpirant, plus de 2,5 litres d'eau.*

**ENDURANCE.** Travaillez progressivement votre endurance. Limitez à 30 à 50 km votre distance quotidienne. On ne dépassera pas 80 à 95 km par jour lors de longues randonnées courues sur plusieurs jours.

### LE RANDONNEUR "CARTE DE CRÉDIT"

*Voici un vélo (à gauche) que les coureurs professionnels, qui passent en moyenne 30 000 km par an sur leur selle, choisissent souvent pour leurs loisirs. C'est une machine profilée, bien finie, construite en matériaux ultra-légers comme le titane, la fibre de carbone ou l'aluminium, qui est aussi élégante que souple et confortable, et extrêmement véloce sur longue distance.*

# Grandes Expéditions

Depuis que trois Britanniques eurent accompli le tour du monde à vélo en 1896, la bicyclette a prouvé qu'elle était un moyen de transport incomparable, qui permettait d'atteindre les objectifs les plus extraordinaires. De nos jours, les expéditions tendent à être toujours plus difficiles et dangereuses, et même exotiques, ceci pour attirer l'attention des médias sur les œuvres de bienfaisance qui en sont souvent à l'origine. Cela donna l'idée aux cousins Nick et Dick Crane d'aller rouler en un point du globe le plus éloigné de toute mer, un désert situé dans le nord-ouest de la Chine. La traversée, estimaient-ils, devait durer 50 jours, après la fonte des neiges dans les cols himalayens et avant que le désert ne devienne une fournaise de 41 °C à la mi-juin. Ils la firent en 58 jours.

### DANGERS
*Cette grotte (ci-dessous) offre un abri provisoire durant une nuit de blizzard. Les Crane — vainqueurs du Kilimandjaro en VTT (voir p. 38) — durent également affronter la mousson, la neige, la glace, la poussière, des températures atteignant 46°C, des altitudes de 5 000 mètres ou des dépressions de 300 mètres en dessous du niveau de la mer. Ils ne transportèrent ni nourriture, ni tente, ni vêtements supplémentaires, uniquement un bidon d'eau par personne. Les seules pannes qu'ils subirent furent deux crevaisons par vélo et un câble rompu par un petit Tibétain qui s'amusait avec une manette de dérailleur.*

### LE VÉLO DE NICK CRANE
*Il fut construit par Gerald O'Donovan en tubes légers Reynolds 753. Nick a également traversé l'Atlas et gravi en 24 heures les 14 sommets du massif du Snowdon, au pays de Galles.*

**LE CADRE.** Ce cadre léger présente un angle de tube de selle de 74° et un angle de tube de direction de 73°.

**DÉRAILLEUR.** Le vélo étant dépourvu de dérailleur avant, on descend sur le petit plateau en donnant un coup de pied sur la chaîne, et on remonte sur le grand plateau en tirant la chaîne à la main.

### DANS LES EMBOUTEILLAGES
*Affronter le trafic de pousse-pousse (ci-dessous), le deuxième jour de leur voyage, leur posa bien moins de problème que la police du Bangladesh, qui accusa les Crane d'activisme politique dans ce pays.*

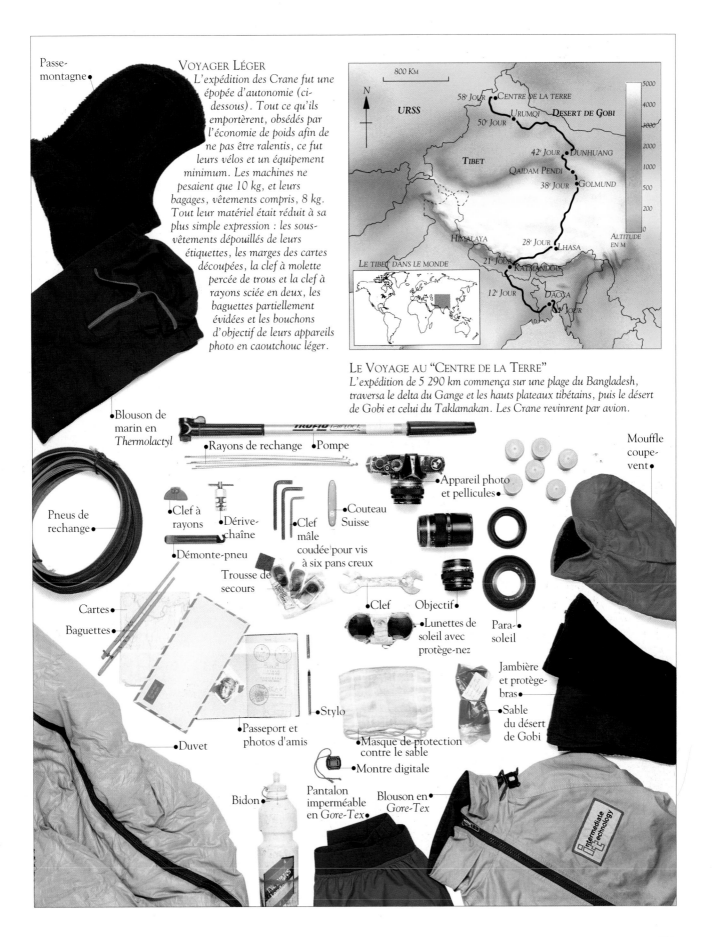

Passe-montagne

VOYAGER LÉGER

*L'expédition des Crane fut une épopée d'autonomie (ci-dessous). Tout ce qu'ils emportèrent, obsédés par l'économie de poids afin de ne pas être ralentis, ce fut leurs vélos et un équipement minimum. Les machines ne pesaient que 10 kg, et leurs bagages, vêtements compris, 8 kg. Tout leur matériel était réduit à sa plus simple expression : les sous-vêtements dépouillés de leurs étiquettes, les marges des cartes découpées, la clef à molette percée de trous et la clef à rayons sciée en deux, les baguettes partiellement évidées et les bouchons d'objectif de leurs appareils photo en caoutchouc léger.*

800 KM

N

URSS

58ᵉ JOUR • CENTRE DE LA TERRE

Urumqi

DÉSERT DE GOBI

50ᵉ JOUR

TIBET

42ᵉ JOUR • DUNHUANG

Qaidam Pendi

38ᵉ JOUR • GOLMUND

5000
4000
3000
2000
1000
500
200
0

ALTITUDE EN M

HIMALAYA

28ᵉ JOUR • LHASA

21ᵉ JOUR • KATMANDOU

LE TIBET DANS LE MONDE

12ᵉ JOUR • DACCA

LE VOYAGE AU "CENTRE DE LA TERRE"
*L'expédition de 5 290 km commença sur une plage du Bangladesh, traversa le delta du Gange et les hauts plateaux tibétains, puis le désert de Gobi et celui du Taklamakan. Les Crane revinrent par avion.*

Blouson de marin en *Thermolactyl*

Rayons de rechange • Pompe

Mouffle coupe-vent

Appareil photo et pellicules

Pneus de rechange •

Clef à rayons

Dérive-chaîne

Clef mâle coudée pour vis à six pans creux

Couteau Suisse

Démonte-pneu

Trousse de secours

Cartes •

Baguettes •

Clef

Objectif

Para-soleil

Lunettes de soleil avec protège-nez

Jambière et protège-bras

Sable du désert de Gobi

Stylo

Passeport et photos d'amis

Duvet

Masque de protection contre le sable

Montre digitale

Bidon

Pantalon imperméable en *Gore-Tex*

Blouson en *Gore-Tex*

Intermediate Technology

# Voyagez avec votre vélo

Lorsque vous voyagez, emportez votre vélo avec vous. Celui-ci se transporte facilement si vous préparez bien votre déplacement. Un vélo en vacances vous permet de disposer d'une plus grande liberté de mouvement, pour vous rendre, par exemple, sur une plage isolée. Lors d'un transport par train, étiquetez sur le vélo vos coordonnées et celles de la gare de destination. Chargez-le vous-même dans le fourgon, fixez-le avec des sandows puis enlevez sacoches et autres accessoires. Pour le transport par avion, vérifiez tous les détails avant de faire votre réservation et prenez une assurance.

Certaines compagnies refusent les vélos, d'autres proposent une boîte spéciale, gratuitement ou moyennant un petit supplément. Préparez le vélo en enlevant pédales et dérailleur arrière, puis tournez le guidon pour le fixer parallèlement au cadre et dégonflez à moitié les pneus. Si le vélo doit pouvoir rouler, protégez le cadre avec du carton. S'il est transporté dans une boîte, ou mieux dans une housse spéciale, enlevez la roue avant et insérez un bloc de bois entre les pattes pour entretoiser les fourreaux de fourche, puis rembourrez la boîte de chiffons ou de plastique-bulle.

### PORTE-VÉLO

*Les roues démontées, un vélo entrera facilement dans le coffre d'une voiture, même petite, mais si vous transportez d'autres passagers ou d'autres vélos, le porte-vélo s'avérera plus pratique. Il en existe de deux sortes, monté sur le toit (à droite) ou sur le coffre (page suivante, en bas), qui ont toutes deux leurs avantages particuliers. Le porte-vélo à rail unique se fixe directement sur la galerie, ceux à rails multiples sont solidaires de leur propre système de fixation. Ces derniers s'installent généralement en quelques instants et peuvent rester à demeure. Lorsque vous utilisez le porte-vélo, vérifiez aussi souvent que possible les boulons de fixation et l'arrimage des bicyclettes. Veillez également à protéger tous les éléments fragiles, comme la selle en cuir, avec du plastique, ou bien enlevez-les. Si vous devez quitter votre véhicule, cadenassez solidement les vélos.*

### PORTE-VÉLO DE TOIT

*Ce porte-vélo de toit (à gauche) permet de transporter quatre ou cinq bicyclettes posées verticalement. Les cadres ne se touchent pas et ne risquent pas d'être endommagés par des projections de gravillons. Chaque vélo doit être solidement arrimé dans le sens de la marche, car au-delà de 90 km/h le vent exerce une forte pression, et la résistance aérodynamique de l'ensemble augmentera de façon significative votre consommation d'essence. Notez que les performances des voitures de petite cylindrée seront également affectées par ce type de*

### PORTE-VÉLO DE COFFRE

*Les porte-vélos de coffre (à droite) se fixent généralement sur les rebords du coffre et s'installent en un tour de main. La plupart permettent de transporter deux vélos, certains trois. Si l'installation des vélos ne pose aucun problème, veillez toutefois à ce qu'ils ne s'entrechoquent pas, ce qui pourrait rayer la peinture. A l'arrière, les vélos ont tendance à se salir plus rapidement que sur le toit.*

## VALISE POUR VÉLO

Les valises pour vélo ont une face externe rigide, généralement en fibre de verre, et sont doublées de mousse à l'intérieur. Extrêmement solides et assez légers, la plupart des modèles sont munis de roulettes facilitant le transport. Dans la plupart des cas, les éléments se rangent séparément dans des compartiments prévus à cet effet ; il faudra démonter la selle, les pédales, la roue avant ainsi que la potence. Si le vélo doit être transporté par avion, dégonflez à moitié les pneus.

## VÉLO PORTATIF

Vos affaires personnelles rangées dans un sac de voyage (à droite), il vous restera un bras de libre pour porter à l'aéroport ou la gare votre vélo dans sa valise. A la fin du voyage, vous pourrez le plus souvent laisser la valise dans une consigne de gare ou, si vous avez prévu de faire une étape sans rouler, d'envoyer le vélo à l'avance au prochain aéroport.

103

# LE VÉLO AU QUOTIDIEN

La bicyclette est le moyen de transport individuel le plus répandu au monde ; quelque 800 millions de vélos roulent sur la planète, en majorité vélos utilitaires employés pour toutes sortes de raisons et en saison. La plupart des activités humaines étant des activités de proximité, elles incluent parfois de courts trajets dont la durée à vélo, *Lanterne* comparée à la marche à pied, peut être divisée par quatre en vélo. Dans les pays du tiers monde, ces déplacements sont le plus souvent effectués sur de robustes randonneurs noirs n'ayant pour ainsi dire pas changé depuis la fin de la Première Guerre mondiale.

*Antivol "kriptonite"*

### Ingéniosité

Ce vélo, qui représente environ les deux tiers des ventes mondiales, est une solide machine tout en acier, à géométrie ample, munie de freins à levier et de bons pneus ainsi que d'une selle aussi large et confortable que bien suspendue. C'est un véhicule sans prétention, qu'utilisent aussi bien les médecins, les enseignants que les fonctionnaires. En lui accrochant une remorque, fermiers et artisans transportent leurs produits au marché ; qu'on l'attelle à un pousse-pousse, et il devient taxi ; qu'on le transforme en tricycle, et c'est un petit camion ; qu'on le relie à une pompe hydraulique, et voilà un moteur mû par l'énergie musculaire D'autre part, on assiste dans les pays occidentaux à un retour en force du vélo, consi- déré comme un moyen de transport

*Bras de frein*

convivial et pratique sur courtes distances, et que toute personne se souciant d'écologie utilise autant que faire se peut : pour se rendre au bureau ou à l'école, facteurs ou épiciers pour faire leur tournée, ou "hirondelles" de la police.

*Casque*

### Santé et liberté

Grâce à la bicyclette, qui apporte à nos existences sa note de dynamisme, de vitalité et de liberté, nous pouvons trouver davantage de plaisir à vaquer à nos activités quoti- diennes et nous nous affranchissons plus volontiers de la voiture. Partout, le vélo est salué pour sa légèreté, ses couleurs éclatantes, ses performances et les nouveaux ma- tériaux qui le constituent. En tant que vélo utilitaire, le VTT tend à prendre *Dérailleur* une place prépondérante : il s'en vend des millions par an, non pour rouler en tout-terrain, mais parce que leurs pneus larges sont mieux adaptés aux rues en mauvais état, et que leurs freins cantilever, très efficaces, sont un gage de sécurité au cœur de la circulation automobile. Très spécifiques de conception, ils sont pourtant d'usage quotidien — et plus ils sont perfectionnés, plus agré- able est leur utili- sation.

*Vélo de ville*

# Le cyclisme citadin

**D**ans toutes les grandes villes, aux heures de pointe, on voit se faufiler dans les embouteillages deux sortes de cyclistes : ceux qui se rendent à leur travail et les coursiers dont le travail consiste à rouler. Pour ces derniers, le temps c'est de l'argent : plus nombreuses sont leurs courses, plus important sera leur revenu. Bonne condition physique, rapidité et agilité à vélo, ainsi qu'un excellent sens de l'orientation, leur sont indispensables, de même que des nerfs d'acier et l'intuition des encombrements de la circulation. Si les autres cyclistes ne doivent pas nécessairement être en aussi bonne forme physique, il leur faut cependant faire preuve d'assurance et de vigilance, qualités qu'ils n'acquerront que par la pratique du vélo.

**SAC À DOS.** Les coursiers le préfèrent aux sacoches : gain de temps, de poids, et plus grande contenance. •

**HAUTEUR DE SELLE.** Selle haute et guidon bas constituent pour le coursier la meilleure position, associant puissance et bonne visibilité. •

### LE COURSIER À VÉLO

*Etre coursier, ce n'est pas seulement un métier, c'est un mode de vie. Les vêtements signifient autant la fonction que l'identité : sac à dos, émetteur-récepteur, cuissard, chaussures pour pédales automatiques et lunettes de protection sont les éléments de base. Le vélo doit être rapide, souple et fiable, et aussi laid que possible pour décourager les voleurs. Dans les villes sur terrain plat, être coursier c'est faire des sprints intermittents, dix heures par jour, et les meilleurs utilisent souvent des machines à pignon fixe débarrassées de tout superflu.*

•**MANETTES.** Elles sont fixées au-dessus du guidon, pour gagner du temps en changeant de vitesse.

•**TUBE SUPÉRIEUR.** Le ruban adhésif noir protège la peinture du tube et masque aux yeux d'éventuels voleurs sa valeur réelle.

## LE BANLIEUSARD

*Si se rendre au travail à bicyclette peut transformer une nécessité en plaisir, il vous faudra acquérir certaines techniques pour mieux affronter la circulation en ville. Apprenez à faire du sur-place sans quitter vos cale-pieds, en vous balançant sur les manivelles. Vous pourrez ainsi rester au début de la file, prêt à démarrer devant ou à côté du premier véhicule. Vous pourrez rouler en costume de ville, à la condition que le trajet soit court et qu'il ne pleuve pas. Sinon, il sera préférable de porter une tenue de cycliste, bien plus confortable.*

CASQUE. C'est un élément de sécurité essentiel.•

### LES DANGERS DE LA VILLE

Que l'on roule à vélo pour se rendre au travail ou pour le plaisir, la circulation automobile demande une vigilance toute particulière. Le secret consiste à rester sur la défensive tout en faisant preuve d'assurance ; faites en sorte que les automobilistes remarquent votre présence, mais soyez toujours prêt à esquiver le danger, en supposant que les automobilistes comme les piétons ne vous voient pas. Sifflet, sonnette et même trompe sont autant de moyens pour signaler votre présence aux conducteurs bien à l'abri dans leurs véhicules. Faites des signes de la main aussi souvent que possible, et contraignez les autres à remarquer votre présence en établissant avec eux un contact visuel, ou en vous plaçant là où ils s'attendraient à trouver un autre véhicule.

LE VÉLO. Nids de poule, chocs, rues mal entretenues, verre brisé et autres détritus font vite payer un lourd tribut au vélo de ville. Ce Trek 790, hybride de vélo de route et de VTT, conjugue les qualités de ces deux machines — puissants freins cantilever, position buste droit, grandes roues, garde-boue et pneus de taille moyenne.

CEINTURE RÉFLÉCHISSANTE. Elle vous aidera à rester bien visible au milieu du trafic.•

CADENAS EN U. Emportez toujours un antivol sur votre vélo, et laissez-en un sur votre lieu de travail, en cas d'urgence.•

•ECLAIRAGE. C'est à la fois une sécurité et la garantie d'une bonne visibilité la nuit.

# Militantisme cycliste

Les cyclistes militants font campagne pour une plus grande intégration du vélo à la vie quotidienne. Dans les pays occidentaux, le transport individuel est placé sous la coupe réglée de l'automobile, élément fondamental de toute politique économique. Sous la pression des groupes industriels, des lobbies et d'éventuelles subventions aux partis politiques, on favorise unilatéralement la voiture en la subventionnant massivement sur les fonds publics. Mais cette situation n'est pas inéluctable. Dans certains pays, les cyclistes ont réussi à obtenir divers équipements rendant l'usage du vélo plus commode et plus sûr : aménagement de pistes cyclables le long des chaussées, canaux et rivières, accès aux ponts, construction de ponts réservés aux vélos, parkings pour bicyclettes… Certaines entreprises commencent même à installer des casiers à vélo, des douches et des vestiaires pour leurs employés cyclistes, et versent à leurs salariés des indemnités kilométriques pour les encourager à utiliser pour leurs trajets le vélo plutôt que la voiture. Aujourd'hui, alors que chacun prend conscience de la menace que constitue l'automobile en termes de pollution,

**VILLE SANS VOITURE**
*Pour résoudre ses problèmes d'embouteillage et limiter l'usage de la voiture individuelle, la ville de Londres a tracé un réseau complet de voies réservées aux heures de pointe aux bus, taxis et vélos.*

**ACTION SUR LE TERRAIN**
*Lors d'une action menée par l'association "Le Monde à bicyclette" de Montréal, ce cycliste (ci-dessus) trace sur une grande artère une ligne blanche délimitant une nouvelle piste cyclable. De telles campagnes aux objectifs concrets permettent d'allier imagination et audace. Ces actions directes et non violentes sont d'autant plus efficaces aujourd'hui qu'elles bénéficient du soutien de l'opinion et qu'elles n'hésitent pas à faire pression sur les pouvoirs publics.*

**RÉSERVÉ AUX CYCLISTES**
*Kingston-upon-Thames est une ville universitaire anglaise privilégiant le vélo. Afin de réduire le nombre d'accidents, elle a mis en place un système de circulation à sens unique, avec voies cyclables à contresens, dotées de leur propre système de signalisation.*

d'engorgement des villes et de gaspillage d'énergie, le climat n'a jamais été aussi favorable au vélo, moyen de transport propre, non polluant et rentable. Toutefois, la bataille n'est pas encore gagnée. Soutenez toutes les actions en sa faveur. Si vous le pouvez et le voulez, soyez un cycliste militant, puisque faire campagne pour le vélo, c'est non seulement servir votre intérêt personnel, mais aussi l'intérêt général : ce qui est bon pour le cycliste l'est pour la société dans son ensemble, l'objectif étant l'amélioration de la qualité de vie de tous.

### PARKING

*Où garer son vélo est un problème que connaissent tous les banlieusards cyclistes. Chaque lampadaire se garnit de nombreuses bicyclettes que l'on peut aisément voler et qui souvent gênent les piétons. Cette question a été résolue par certaines gares en mettant à la disposition des cyclistes un garage à vélos sur le quai.*

### TRANSPORT MIXTE

*A Montréal, certains ponts ne peuvent être franchis que par des véhicules motorisés, d'où les aménagements pour le transport des vélos (ci-dessus). Au Japon, un cycliste peut partir de chez lui à vélo, puis prendre un bus et se remettre en selle pour le reste du trajet.*

## Soyez actifs !

- Devenez membre d'une association cycliste ou fondez-en une.
- Contactez les autres cyclistes et définissez les priorités : pistes cyclables, entretien de la voirie, parkings ou accès aux trains.
- Mettez-vous personnellement en rapport avec le responsable municipal chargé des transports, présentez-lui l'association et soumettez-lui des documents circonstanciés dès qu'est soulevé un problème concernant le vélo.
- Le plan d'aménagement de votre ville est renouvelé par périodes de quelques années. Si vous pouvez faire en sorte que ce document prenne en compte certaines questions relatives au vélo, cela permettra d'éviter maints petits conflits ultérieurs.
- Créez des comités consultatifs destinés à informer les pouvoirs publics sur toute question concernant le vélo.
- Servez-vous des médias, rédigez des communiqués de presse.

### SE PROTÉGER CONTRE LA POLLUTION ATMOSPHÉRIQUE

Le nez est votre première défense contre la pollution de l'air. Au lieu de respirer par la bouche, respirez par le nez, car ses parois internes sont tapissées de cils et de mucus qui piègent les particules en suspension. Ensuite, évitez de rouler sur les axes les plus embouteillés, où le taux de pollution est maximal. Certaines études montrent que la pollution peut diminuer de moitié dans les rues transversales : roulez-y de préférence. Si votre trajet ne peut éviter les artères principales, remontez la file de voitures aux feux rouges. Ne restez pas derrière un pot d'échappement, car les gaz sont plus nocifs lorsque le moteur tourne au ralenti. Dans les cas extrêmes — villes où le smog dépasse le seuil de sécurité — un masque à filtre de carbone sera recommandé, car, à la différence des autres polluants, l'ozone, le principal composant du smog, n'est pas filtré par les cils du nez.

### MASQUES

*En ville, le masque avec filtre à air constitue la dernière défense du cycliste contre la pollution atmosphérique. Outre qu'il n'est pas commode à porter lorsqu'on pédale vigoureusement, l'efficacité de sa protection contre l'ensemble des gaz polluants rejetés par les automobiles n'est pas probante, sauf pour les masques à filtre de carbone qui arrêtent 96% de l'ozone, un gaz pouvant provoquer des troubles respiratoires.*

# Antivol et éclairage

On devrait cadenasser les voleurs de bicyclette avec ces antivols ultra-résistants qu'ils nous contraignent à utiliser, et jeter ensuite la clef. Il est peu de mésaventures aussi consternantes que de se faire voler son vélo — et celles-ci se comptent en milliers chaque année. La sympathique sociabilité du vélo pourrait vous induire en erreur, en vous faisant croire que vous pourriez échapper au vol. Il n'en est

rien. C'est à vous de prendre toute mesure préventive, quitte à utiliser deux cadenas de type différent. Il vous incombe également de vous protéger contre les risques nocturnes, car la vision de l'automobiliste se trouve considérablement réduite après la tombée du jour. Cataphotes et lampes sont obligatoires, sinon les automobilistes ne vous verraient pas, et ne pas les utiliser serait jouer à la roulette russe. Le vélo est affaire de liberté et de plaisir. Antivol et éclairage, qui peuvent sembler mal commodes et encombrants, sont essentiels à la pratique quotidienne du vélo.

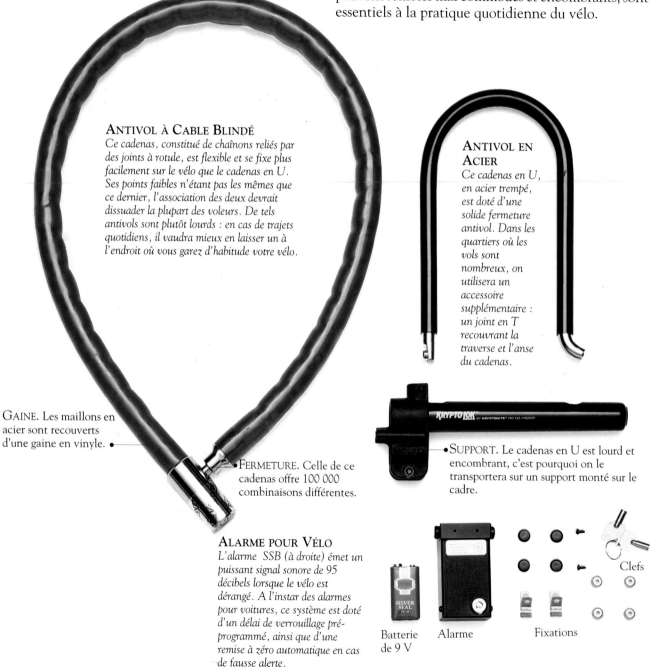

### ANTIVOL À CABLE BLINDÉ
*Ce cadenas, constitué de chaînons reliés par des joints à rotule, est flexible et se fixe plus facilement sur le vélo que le cadenas en U. Ses points faibles n'étant pas les mêmes que ce dernier, l'association des deux devrait dissuader la plupart des voleurs. De tels antivols sont plutôt lourds : en cas de trajets quotidiens, il vaudra mieux en laisser un à l'endroit où vous garez d'habitude votre vélo.*

### ANTIVOL EN ACIER
*Ce cadenas en U, en acier trempé, est doté d'une solide fermeture antivol. Dans les quartiers où les vols sont nombreux, on utilisera un accessoire supplémentaire : un joint en T recouvrant la traverse et l'anse du cadenas.*

GAINE. Les maillons en acier sont recouverts d'une gaine en vinyle.

FERMETURE. Celle de ce cadenas offre 100 000 combinaisons différentes.

SUPPORT. Le cadenas en U est lourd et encombrant, c'est pourquoi on le transportera sur un support monté sur le cadre.

### ALARME POUR VÉLO
*L'alarme SSB (à droite) émet un puissant signal sonore de 95 décibels lorsque le vélo est dérangé. A l'instar des alarmes pour voitures, ce système est doté d'un délai de verrouillage pré-programmé, ainsi que d'une remise à zéro automatique en cas de fausse alerte.*

Batterie de 9 V

Alarme

Fixations

Clefs

## ECLAIRAGE PAR PILES

*Les lentilles de la plupart des projecteurs alimentés par piles produisent une lumière diffuse, largement dispersée, bien visible par les autres usagers de la route, mais insuffisante pour que le cycliste puisse se déplacer en toute sécurité sur une route ou un chemin plongés dans l'obscurité. Les ampoules halogènes sont plus puissantes mais elles réduisent la durée de vie des piles. Pratique, l'éclairage sur piles s'installe en quelques secondes, mais il finit par être onéreux, à moins d'utiliser des batteries rechargeables. Celles-ci ne conviennent cependant qu'à une utilisation ponctuelle, car elles s'épuisent souvent sans prévenir. Ce type d'éclairage s'avère très commode si l'on stationne dans la rue : on peut le démonter rapidement et le glisser dans sa poche. Il peut également servir à l'arrêt, pour lire une carte ou effectuer des réparations.*

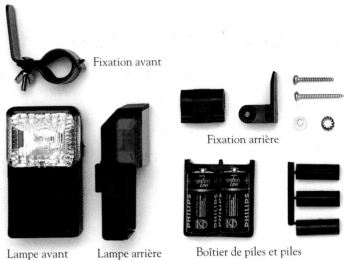

Fixation avant

Fixation arrière

Lampe avant    Lampe arrière    Boîtier de piles et piles

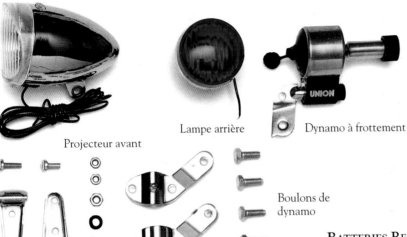

Projecteur avant

Lampe arrière    Dynamo à frottement

Boulons de dynamo

Fixations avant et arrière

## ECLAIRAGE PAR DYNAMO

*Ce type d'éclairage est tout juste suffisant pour vous permettre de voir où vous roulez, mais il ne coûte rien à l'emploi. Il existe deux sortes de dynamos : à frottement sur le flanc du pneu, fiables, et à frottement sur la bande de roulement, fixées sous la boîte de pédalier et peu fiables par temps de pluie. Inconvénient : sauf à être doublé par des piles auxiliaires, il ne fonctionne plus à l'arrêt. A grande vitesse, l'ampoule risque de griller, à moins que l'éclairage ne soit doté d'un système de régulation de tension à diode Zener. En outre, personne n'apprécie la résistance à l'avancement due à la molette de dynamo.*

## BATTERIES RECHARGEABLES

*L'avenir, en terme d'éclairage, ce sont les batteries. Fournissant un courant de 6 V ou 12 V alimentant des ampoules de 6 W à 50 W, elles sont soit au plomb, soit au nickel-cadmium. Leur durée de vie est de 1 h à 6 h, en fonction du type d'ampoule utilisé. C'est un système d'éclairage onéreux, mais d'excellente qualité. Certains modèles proposent un double projecteur avant, plein phare/code, ou des projecteurs de casque. La plupart disposent d'un système de clignotants.*

Batterie contenue dans un bidon pour faciliter son installation sur le vélo

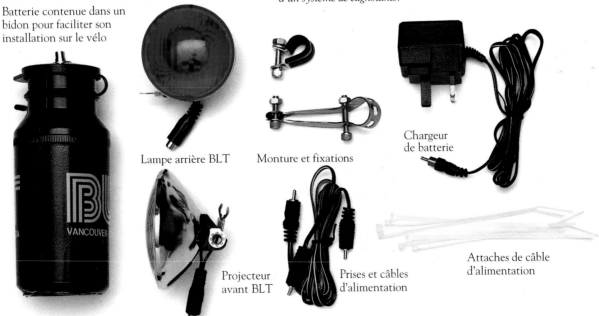

Lampe arrière BLT    Monture et fixations

Chargeur de batterie

Projecteur avant BLT    Prises et câbles d'alimentation    Attaches de câble d'alimentation

# Le vélo au travail

Il s'agit ici de la bicyclette considérée d'abord comme un outil de travail. Elle est conçue pour remplir une fonction précise, que ce soit comme véhicule de livraison, comme boutique de glacier ambulant, comme support mobile pour l'échelle d'un laveur de carreaux ou comme moyen de transport des agents de police affectés à la surveillance d'un quartier. En ce qui concerne ces derniers, on assiste à un retournement complet de la situation : il y a près d'un siècle, "l'hirondelle" était une figure coutumière de la vie de quartier, puis les forces de l'ordre abandonnèrent progressivement le deux-roues au profit de la voiture de police. Cette évolution ne fut nulle part plus complète qu'aux Etats-Unis. Et pourtant, même là-bas, on assiste à un retour de la bicyclette comme instrument quotidien de maintien de l'ordre, en raison des facultés d'adaptation du VTT et de l'engorgement croissant du trafic automobile.

### Patrouilles de police

Aux Etats-Unis, la résurgence de la bicyclette fut à l'origine le fait de deux policiers de Seattle, Paul Grady et Mike Miller, qui parvinrent à convaincre leurs supérieurs qu'ils travailleraient plus efficacement à vélo, plutôt que de rester bloqués dans leur voiture de police immobilisée par les embouteillages. La démarche s'avéra payante : durant les deux premiers mois, ils procédèrent à 500 arrestations, soit cinq fois plus que les agents en voiture ou à pied. Sur leur vélo, les agents de police peuvent rouler dans les petites ruelles, traverser des terrains vagues ou sauter sur le trottoir pour appréhender les délinquants. Le prestige du VTT leur donne en outre une crédibilité jusqu'alors inconnue des policiers opérant en voiture.

**TRANSPORT UNIVERSEL**
*La bicyclette reste encore aujourd'hui le moyen de transport des personnes et des biens le plus efficace et le plus évident, répandu dans le monde entier en raison de son faible coût d'achat et d'entretien.*

**ROBUSTESSE ET SOUPLESSE**
*Si dans certains pays, et notamment en Grande-Bretagne, l'agent de police à bicyclette n'a jamais disparu du paysage citadin, son équipement a bien changé. Le modeste vélo d'origine, à trois vitesses, a été progressivement remplacé par le VTT.*

### UN MATÉRIEL ROBUSTE

*Conçu pour se faufiler entre les voitures ou sauter sur le trottoir, le vélo de coursier est aussi robuste que souple.*

### MÉTAMORPHOSE

*Le vélo peut prendre quasiment toutes les formes et s'adapter à presque tous les usages, comme pour ce fleuriste qui s'en sert d'étal mobile.*

### NOUVELLE POLICE D'ÉLITE

*Cette brigade mobile de Seattle (ci-dessous) utilise des vélos Raleigh de moyenne gamme mais dont les composants, les pédales par exemple, ont été améliorés pour résister à une plus grande usure. Le pédalier est muni d'un plateau de 50 au lieu du 46 habituel, ce qui lui donne davantage de vélocité sur le plat. Chaque vélo part à la retraite après 18 mois ou 12 750 km de service, avant que le coût des réparations ne dépasse celui d'une machine neuve. L'équipement standard comporte une trousse de premiers secours ainsi qu'un carnet de contraventions. Les uniformes ont également été modifiés.*

# Apprendre à rouler

L'enfant apprend en jouant, et l'apprentissage du vélo devrait se faire aussi naturellement que le reste. Découvrir un jour dans un sentiment de triomphe que l'on peut rouler seul en équilibre sur une bicyclette, c'est l'un des grands événements de l'enfance. Cela devrait être facile, or les adultes s'y prennent souvent de la mauvaise manière, en tentant d'apprendre à l'enfant comment rouler, plutôt que de le lui laisser découvrir de lui-même. L'erreur la plus commune consiste à ajouter une paire de roulettes stabilisatrices sur le vélo d'un bambin encore incapable de rouler seul : elles l'empêchent de faire l'expérience de l'équilibre qu'exige le vélo. La méthode proposée ici a fait ses preuves sur des milliers d'enfants ; elle est infaillible, car elle laisse l'enfant apprendre à rouler à son propre rythme. Faites de chaque étape un jeu, ne hâtez rien, et passez au stade suivant seulement lorsque l'enfant se sentira prêt et souhaitera aborder quelque chose de nouveau.

### UN VÉLO ADAPTÉ
*Pour familiariser l'enfant au vélo, il doit apprendre à rouler sur celui qu'il utilisera ensuite. Celui-ci sera réglé de sorte qu'il n'ait aucune difficulté à atteindre les leviers de freins.*

HAUTEUR DE SELLE. La hauteur de selle est l'élément déterminant de la confiance de l'enfant. Elle sera toujours plus basse que le réglage optimal (voir p. 20-21 pour les tailles). Dès que l'enfant sait rouler seul, remontez peu à peu la selle jusqu'à la bonne hauteur.

### LA MAUVAISE MÉTHODE
Courir derrière le vélo, en le tenant sous la selle, et attendre l'instant décisif pour le lâcher, c'est une méthode des plus aléatoires. Avec de la chance, l'enfant commencera à pédaler et ne se rendra pas compte que vous ne le tenez plus, mais le plus souvent, dès l'instant où vous retirez votre main, c'est toute son assurance qu'il perd, en même temps que son équilibre. Et tout ce que vous aurez réussi à faire, c'est de l'angoisser inutilement.

SELLE. Surbaissez la selle de sorte que votre enfant puisse poser confortablement les pieds au sol.

**1 EQUILIBRE ET PRISE EN MAIN**
*Transformez le vélo en draisienne en retirant les pédales des manivelles. Commencez sur un sol plat et bien dégagé, en expliquant à votre enfant comment utiliser les freins, et encouragez-le à avancer en poussant alternativement ses pieds par terre. Lorsqu'il roule, apprenez-lui à freiner progressivement pour ralentir et arrêter le vélo.*

**2 EN ROUE LIBRE**
*Lorsque l'enfant est prêt à aborder l'étape suivante, suggérez-lui de faire avancer le vélo en utilisant simultanément ses deux jambes. C'est lors de ces brefs instants, quand ses deux pieds ne touchent plus le sol, qu'il découvrira la sensation enivrante de rouler en roue libre. Cherchez une petite pente sur laquelle il pourra se familiariser à la vitesse, et commencez en bas de celle-ci. Lorsqu'il aura pris confiance, il décidera de lui-même de partir plus haut sur la pente.*

PÉDALES. L'enfant découvrira mieux comment diriger le vélo, sans avoir à s'inquiéter de ce que font ses pieds, lorsque les pédales seront retirées des manivelles.

PÉDALES. Gardez une clef plate à portée de main, afin de pouvoir rapidement

**3 AVEC LES PÉDALES**
*A mesure que l'enfant s'habitue à la roue libre, suggérez-lui de poser les pieds sur les manivelles. Si cela lui convient, proposez-lui de remettre les pédales. En bas de la pente qu'il aura descendue en roue libre, encouragez-le à pédaler une ou deux fois lorsque sa vitesse diminue. C'est l'instant magique où l'enfant découvre pour la première fois la sensation de liberté que procure le vélo.*

# Les vélos pour enfant

L'enfant mérite et a besoin d'un vélo de bonne qualité sur lequel, en apprenant à coordonner ses mouvements, il fera l'expérience de la liberté et de la vitesse. Pour un enfant, une bicyclette légère et maniable est tout à fait comparable à la voiture d'un adulte : c'est un véhicule personnel essentiel à son indépendance. Légèreté et bonne qualité sont les deux éléments déterminants du choix d'un vélo. Que l'on donne à l'enfant une bicyclette trop lourde et peu maniable, et il l'abandonnera vite comme tous les mauvais jouets, car il n'y trouvera aucun amusement.

## Pas de petites économies

Les magasins regorgent de bicyclettes pour enfant, vendues à bas prix pour la raison qu'il ne sert à rien de dépenser plus, car de toute façon le vélo sera vite trop petit pour lui. Argument peu judicieux pourtant qui risque de le dégoûter du vélo pour toute sa vie. Investir

### VÉLO SUR MESURE

*Ce Condor Junior Roadracer, fabriqué sur mesure, est adapté à la morphologie de ce jeune cycliste. Il pourra sembler inutile d'acheter un vélo sur mesure, mais le rapport prix/durée d'utilisation sera paradoxalement moins élevé qu'avec un vélo bon marché ; en outre, avec son cadre Reynolds 531, ce vélo fait main se revendra d'occasion à un bon prix.*

FREINS. Grâce aux puissants freins cantilever, le freinage est aussi immédiat que sûr. ●

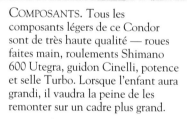

### VTT JUNIOR

*Le Offroad MT12 est spécialement conçu pour les jeunes cyclistes âgés de 8 à 12 ans, de 1,35 m à 1,50 m de taille. Si le cadre du MT12 n'a que 25,5 cm, ses roues font 60 cm, à la différence des roues de 50 cm que l'on trouve sur la plupart des VTT d'enfant.*

COMPOSANTS. Tous les composants légers de ce Condor sont de très haute qualité — roues faites main, roulements Shimano 600 Utegra, guidon Cinelli, potence et selle Turbo. Lorsque l'enfant aura grandi, il vaudra la peine de les remonter sur un cadre plus grand.

VITESSES. Le dérailleur standard du VTT dispose d'un triple plateau offrant jusqu'à 18 vitesses. ●

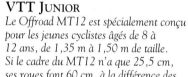

## Un Vélo de Qualité

*Son cadre léger en alu et ses composants de haute qualité font du Cannondale SM un vélo d'enfant aussi facile qu'amusant à piloter. Son cadre de 38 cm (15 pouces) est plus court de 2,5 cm que les plus petits VTT d'adulte. Grâce à ses nombreuses vitesses et à ses puissants freins cantilever, l'enfant pourra gravir les pentes les plus raides et les redescendre en toute sécurité.*

**Tige de selle.** Au début, l'enfant roulera sur ce cadre de 38 cm avec cette tige de selle de 15 cm rentrée au maximum. Elle sera progressivement sortie à mesure qu'il grandira.

**Dérailleur.** Grâce à ses nombreuses vitesses, on pourra gravir les pentes les plus raides.

**Roues.** Le cadre est aussi court que possible pour recevoir des roues normales de 70 cm, qui ont une résistance au roulement moindre que les roues plus petites des vélos d'enfant.

dans une bicyclette de bonne qualité peut sembler extravagant à court terme, mais c'est la garantie qu'il s'amusera durant de longues heures et qu'accessoirement il prendra conscience de la circulation et de la rue.

## Adaptation à la taille de l'enfant

Les vélos pour enfant sont classés selon la dimension des roues : 30 cm (12 pouces) pour les tricycles et les bicyclettes de 2 à 3 ans (entrejambe de 35 à 45 cm) ; 40 cm (16 pouces) pour les petits vélos de style bicross de 4 à 6 ans (entrejambe de 43 à 55 cm) ; et 50 cm (20 pouces) de 7 à 11 ans (entrejambe de 58 cm). Après 11 ans, l'enfant devrait pouvoir utiliser un vélo d'adulte à petit cadre avec des roues normales de 66 à 70 cm (26 pouces).

## La Draisienne

*La draisienne, sur laquelle on roulait en poussant les pieds sur le sol, n'est plus qu'une pièce de musée. Avant l'invention du bicycle, c'était le moyen de transport le plus rapide de son temps, capable de dépasser un attelage de quatre chevaux.*

# Le vélo familial

Qu'ils soient simples passagers ou participants actifs, les jeunes enfants apprécient tout particulièrement les promenades à bicyclette. Rouler en pleine nature, c'est pour eux découvrir avec émerveillement une nouvelle sensation de liberté. Rien ne saurait égaler les commentaires joyeux d'un enfant faisant sa première randonnée cycliste. De 1 à 6 ans, il ne pourra accomplir de longs trajets qu'en tant que passager. Cela demande certains aménagements : veillez à ce qu'il soit bien protégé contre les intempéries ou le froid, car il ne peut bouger ; mettez-lui un casque ; prévoyez des arrêts supplémentaires afin qu'il puisse se dégourdir les jambes ; emportez davantage de nourriture et de boisson, ainsi que quelques petits jouets attachés à une ficelle pour qu'il ne les jette pas sur la route.

## REMORQUE À PÉDALES

*Idéale pour les enfants de 6 à 10 ans, devenus bien trop grands pour les sièges arrière, cette remorque à pédales Covaci se fixe sur un support spécial adapté à tous les vélos ou tandems standards. L'enfant pédale à son propre rythme, mais c'est l'adulte qui freine et dirige la bicyclette. Ce système permet également de l'accoutumer à la circulation tout en minimisant les risques, et peut s'avérer aussi rapide qu'un tandem. La bicyclette et sa remorque à pédales ont la même surface frontale de pénétration dans l'air qu'un vélo simple, mais la puissance de pédalage peut être multipliée par 1,5 à 2.*

## REMORQUE POUR ENFANT

*Accompagné d'un petit camarade, l'enfant appréciera beaucoup cette remorque (ci-dessus) à empattement large, pneus épais et sièges rembourrés. En cas de pluie, on y fixera une capote amovible munie de fenêtres.*

## LE TRAIN DE BICYCLETTES

*Un historien du cyclisme, Jim McGurn, a trouvé la solution à ses problèmes d'excursion familiale en construisant ce train de bicyclettes fonctionnant avec une forte dose de bonne volonté et d'efforts tout en soulevant de nombreux sourires sur son passage. Le cycliste de tête roule sur un tricycle et chaque wagon — une remorque munie de roues de tricycle — est accroché au précédent, créant ainsi un système théoriquement extensible à l'infini.*

GRANDS ENFANTS. Le train de bicyclettes, qui requiert une grande coordination, convient aux enfants plus âgés disposés à pédaler avec davantage d'énergie.

LES WAGONS. Chaque élément du train, relié à l'autre par une simple rotule, étant indépendant, chaque cycliste doit fournir le maximum de sa puissance de pédalage.

### PORTE-BÉBÉ

*Dès que l'enfant peut se tenir assis la tête droite, vers l'âge de 10 mois, il a sa place dans un porte-bébé. Ce type de siège convient aux enfants jusqu'à 4 ans et dont le poids ne dépasse pas 18 kg, au risque de déséquilibrer le porte-bébé. Ce siège doit être robuste, monocoque, à montures résistantes et muni de repose-pieds incorporés, d'un harnais de sécurité, d'une barre à laquelle l'enfant peut s'agripper, ainsi que d'un appui-tête.*

SÉCURITÉ. Il ne faut jamais laisser un enfant seul dans son porte-bébé.

•VTT. C'est le vélo idéal pour tracter ou porter un enfant. Grâce à son robuste cadre, ses nombreuses vitesses et ses puissants freins cantilever, il est aussi stable que sûr.

CÔTE À CÔTE. Les très jeunes enfants aiment rouler côte à côte à l'arrière d'un tricycle. Leur siège étant tourné vers l'arrière, ils peuvent également voir et parler au parent qui leur fait face.

TRICYCLE À PETITES ROUES. Le centre de gravité surbaissé de ce tricycle à roues de 50 cm (20 pouces) lui assure une grande stabilité. Cette machine est idéale pour le transport de très jeunes enfants ou pour faire les courses.

# Les tandems

L e tandem apporte une dimension supplémentaire tant au plaisir de rouler qu'aux performances. En doublant les capacités d'un vélo simple, mais avec une même surface frontale et disposant d'un meilleur rapport puissance/poids, le tandem peut s'avérer extrêmement véloce : deux cyclistes bien coordonnés iront plus loin et plus vite sur un tandem qu'en solitaire. Mais le tandem est avant tout une machine sociable, car deux cyclistes de forces inégales pourront rouler ensemble sans avoir à faire de compromis sur l'effort que chacun devra fournir.

### TECHNIQUE DE CONDUITE

*Le pilotage d'un tandem, comme ce Santana tout terrain, exige coopération, coordination et communication entre le pilote (à l'avant) et le passager (à l'arrière). Le démarrage illustre bien le problème : le passager pose ses pieds sur les pédales à l'horizontale, celle de droite tournée vers l'avant, tandis que le pilote maintient le tandem en équilibre. Celui-ci demande au passager s'il est prêt, attend confirmation puis pousse le tandem et se met en selle. Puisque c'est au pilote qu'incombent freins et dérailleurs, et qu'il est le seul à voir la route, il doit avertir le passager de tout changement de braquet, de tout freinage et de tout virage.*

LE PASSAGER. Il doit avoir une confiance absolue dans le pilote, et éviter de se pencher dans les virages.

LE PILOTE. Le pilotage du tandem est parfois facilité lorsque la personne la plus lourde se trouve à l'avant.

TRANSMISSION PAR CHAINE. La chaîne primaire, dite "relais", relie les deux pédaliers à gauche du cadre afin d'assurer la synchronisation des deux cyclistes.

PRESSION DES PNEUS. La pression doit être plus importante que sur un vélo normal. Pour un tandem de tout-terrain, on recommande 4,8 bars (kg/cm$^2$).

## LES CADRES DE TANDEM

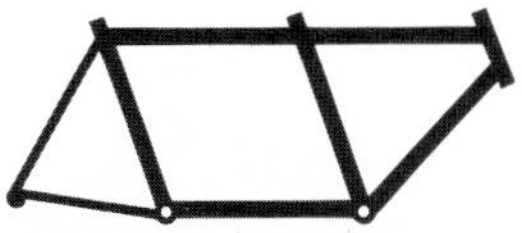

### OUVERT
*Ce cadre sans entretoise, peu onéreux à fabriquer, donnera souvent un tandem lourd et peu souple.*

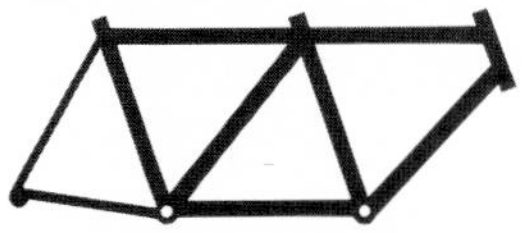

### DOUBLE TRIANGULATION
*Ce dessin traditionnel ne transmet que partiellement les forces de pédalage du pédalier avant à la roue arrière.*

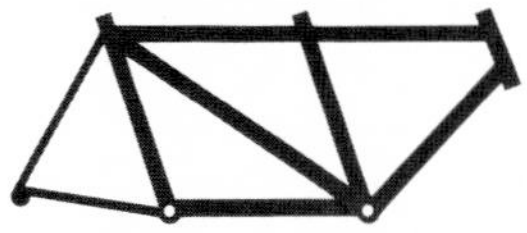

### HAUBAN DIAGONAL
*Ce dessin moderne, qui donne une bonne rigidité, est plus adapté aux tandemistes de puissance équivalente.*

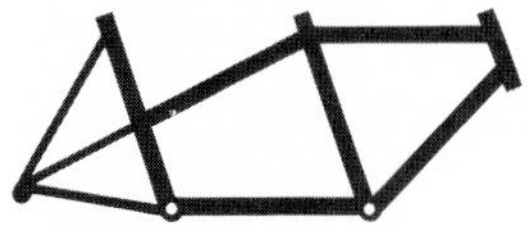

### MIXTE
*Si le tube oblique arrière plaît aux tandemistes allergiques au tube horizontal, ce cadre n'est pas assez rigide pour les longues courses.*

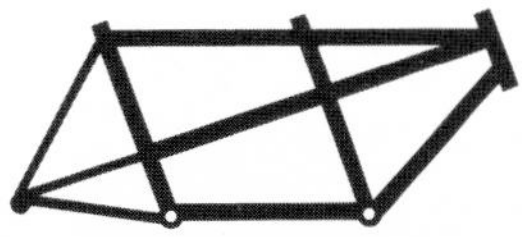

### TRIANGULATION SIMPLE
*Ce cadre typique résiste à tout fléchissement latéral. Il est le mieux adapté aux tandemistes de puissance égale.*

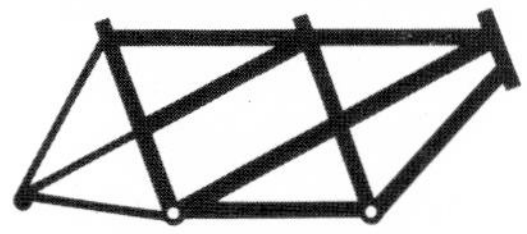

### DOUBLE MARATHON
*Ce cadre d'expédition, rigide, aux tubes ultra-légers, est adapté aux tandemistes de puissance équivalente.*

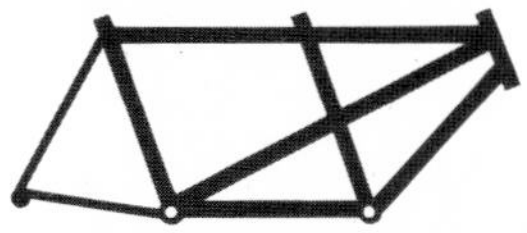

### LATÉRAL DIRECT
*Ce dessin moderne est très prisé des fabricants américains. Il convient bien aux tandemistes de puissance inégale.*

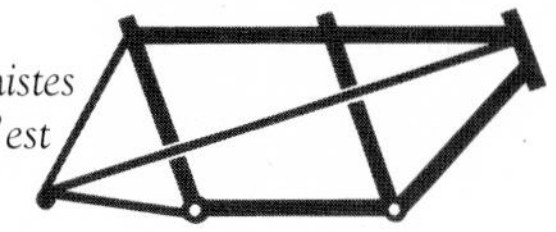

### LATÉRAL JUMEAU
*Très populaire, ce cadre léger et peu onéreux ne convient pas aux lourdes charges.*

## TANDEM DE CYCLOTOURISME

*Ce Cannondale de cyclotourisme est aussi léger que véloce. Le record de la traversée des Etats-Unis fut réalisé par un tandem de compétition en 7 jours, 14 heures et 55 minutes. Le meilleur vélo solo n'est arrivé que 18 heures et 40 minutes plus tard.*

GUIDON ARRIERE. Fixe, il ne sert que d'appuie-mains. Dépourvu de freins, il est muni de cocottes factices.

FOURCHE AVANT. La répartition des forces par le cadre exerçant une forte poussée sur la fourche avant, ses tubes sont de calibre plus épais et de section plus large.

ROUES. Seules des roues de 40 à 48 rayons peuvent supporter la surcharge.

VITESSES. Les plus petits braquets sont utilisés dans les montées, et les plus grands dans les descentes.

# Les vélos classiques

Au regard des passionnés, le vélo est une machine de grande beauté. Sa perfection technique, son excellent rendement et sa nature conviviale de machine à l'échelle humaine engendrent tout autant l'affection et l'admiration que l'estime. La bicyclette est à ce niveau bien davantage qu'une simple mécanique, c'est un art au plein sens du terme, dont les plus magnifiques spécimens méritent d'être conservés dans des collections, tant pour le plaisir de les contempler que de les utiliser. La première place revient à ces vélos amoureusement restaurés qui témoignent d'un âge d'or du cyclisme — époque révolue où le talent de l'artisan fabricant de cadre était prééminent, où les manufactures de cycles étaient encore de petites entreprises, et où les cyclistes parcouraient de longues distances sur des machines faites sur mesure. Certains de ces fabricants ont disparu, mais leur travail survit grâce à de fervents admirateurs, restaurateurs méticuleux qui consacrent leur vie à ces bicyclettes de légende.

RACCORDS. Ces raccords ornés résultent de diverses expérimentations où l'on renforçait les raccords droits par des bandes métalliques pour qu'ils résistent mieux aux contraintes. Jack Denny, qui trouvait ces bandes inesthétiques, commença à orner les renforts puis à ajouter les raccords. Ce jeu de raccords Magnum Bonum fut coulé de façon improvisée, puis le motif fut breveté ultérieurement.

HAUBANS. Jack Denny, le fabricant des vélos Hetchins, s'est inspiré du cintre de la fourche pour concevoir ce type de haubans incurvés destinés en théorie à amortir les chocs de la route. Cette invention fut brevetée, mais les passionnés débattent encore aujourd'hui de son efficacité.

TÊTE DE FOURCHE. Cette tête de fourche ornée, au motif breveté, est faite de deux plaques. Longs de près de 8 cm, les renforts en volutes sont très décoratifs.

TUBES. Nul besoin de marques d'identification sur les cadres Hetchins, car la clientèle savait que le fabricant n'utiliserait pas d'autres tubes que les Reynolds 531 à double renfort.

PÉDALIER. On doit les manivelles de 177,5 mm et les pédales à un fabricant jadis célèbre, aujourd'hui disparu, Chater-Lea.

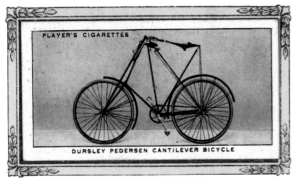

PLAYER'S CIGARETTES

DURSLEY PEDERSEN CANTILEVER BICYCLE

### OBJET DE COLLECTION

*La Dursley-Pedersen fut immortalisée dans une série d'images primes de paquets de cigarettes (ci-dessus) datant des années 40 "Le Cyclisme — 1839-1839".*

TUBES. En utilisant des tubes courts, triangulés par paires, Pedersen construisit un vélo pesant moins de 10,5 kg. Sa rigidité, sa légèreté et sa relative abscence de vibrations lui valurent un succès enthousiaste voici près d'un siècle.

### UN VÉLO CARACTÉRISTIQUE

*La forme singulière de ses haubans incurvés, de même que ses raccords ornés et son cadre de très haute qualité ont rendu mondialement célèbre la bicyclette Hetchins (à gauche). Les tubes incurvés expérimentaux du triangle arrière servirent ultérieurement à contourner un règlement de compétition datant d'avant 1945 qui interdisait aux amateurs de rouler sur un cadre mentionnant le nom du fabricant. Cette Curly Hetchins de 1957, conçue pour une épreuve des Six Jours, fut découverte dans un grenier trente ans plus tard par son actuel propriétaire, Reg Turner, un ingénieur aéronautique qui passa 18 mois à la restaurer et à rechercher dans le monde entier des pièces d'origine.*

### UN VÉLO CLASSIQUE

*Le dessin du Dursley-Pedersen, un grand classique du vélo, attire toujours de nouveaux adeptes qui roulent sur des modèles inspirés de l'original comme ce Kempler (ci-dessous). Le premier modèle fut breveté en 1893 par Mikael Pedersen, un Danois vivant en Angleterre, qui avait inventé une nouvelle selle hamac. Comme elle ne convenait pas à un vélo traditionnel, il décida de concevoir une nouvelle machine, de laquelle résulta la perfection géométrique du cadre Pedersen.*

SELLE. Elle est fixée au tube de selle par sept ressorts, et à l'avant par une courroie réglable.

### UN VÉLO ÉLÉGANT

*La firme Thanet, fondée en Angleterre après la Seconde Guerre mondiale, ne vendit que 400 Thanet Silverlight (ci-dessous). Son cadre à tubes de petite taille, qui ne pesait que 1,7 kg, était le plus léger des cadres en acier.*

BRANCHES DE MANIVELLES. La forme en V caractéristique de ces branches de manivelles fut probablement inspirée de l'aéronautique.

# Vélos en fête

Depuis l'invention de la bicyclette, maints bricoleurs se sont efforcés de reprendre ses éléments constitutifs pour tenter d'améliorer le modèle d'origine. La course de sculptures cinétiques organisée chaque mois de mai en Californie montre jusqu'où peuvent aller certaines imaginations débridées, car il s'agit de fabriquer un véhicule à propulsion humaine qui puisse rouler sur le sable, la boue et l'eau, et ce pour la plus grande joie des spectateurs.

### VÉHICULE DES SABLES

*Ce concurrent futuriste (ci-dessus) s'est parfaitement préparé pour la course de 61 km organisée dans les dunes de Ferndale, en Californie. Chaque roue est faite de cinq jantes de bicyclette, fixées sur un moyeu unique, qui assurent une bonne prise dans le sable. Les aubes latérales doivent permettre au véhicule d'avancer sur l'eau.*

### CONVOI DE CHARIOTS

*Tout en respectant l'esprit de la compétition, ce véhicule de brasserie à propulsion humaine (à gauche) exploite, pour transporter son propre carburant, un point du règlement de course qui stipule qu'aucune limite de longueur n'est requise, en précisant que "la fraude est un droit, non un privilège". Les cinq hommes propulsent une machine à 10 roues motrices faites de 59 roues de bicyclette. Les dimensions des véhicules présentés ne doivent pas dépasser 4,5 m de haut ni 2,4 m de large. Ces sculptures roulantes gagnent des points en fonction de leur vélocité et de leurs qualités artistiques et techniques. Toutes celles qui prévoient des places pour passagers se voient attribuer un bonus.*

### LE PRIX DE LA CHAINE ASTUCIEUSE

*Cet ensemble, mû par un triple plateau (à droite), est typique de la manière avec laquelle les concepteurs de sculptures cinétiques exploitent jusqu'à l'extrême limite les principes de la modeste transmission par chaîne. Plusieurs jeux de roues fonctionnent ensemble, la roue libre faisant tourner l'axe avant, et deux chaînes-relais transmettent le mouvement aux roues arrière - disposition qui permet en théorie de raccorder autant de jeux de roues qu'il y a de cyclistes. Le fonctionnalisme n'est cependant pas l'essentiel, car parmi de nombreux prix très disputés, celui de la "transmission par chaîne la plus astucieuse" récompense un dispositif faisant également fonctionner des éléments choisis en fonction de leur caractère ludique.*

## INGÉNIEUSE ADAPTABILITÉ

*Ce véhicule (à droite) utilise astucieusement des pneus ultra-larges en guise de flotteurs. Les pneus de rechange sont cerclés d'un pneu de bicyclette réduisant la résistance au roulement sur la terre ferme. Tous les véhicules doivent pouvoir avancer sur l'eau et prévoir un aménagement "pour aller camper sans utiliser de carburant".*

## FERRAILLE RECYCLÉE

*Ce joint universel (ci-dessous) a été amoureusement recyclé en bras de direction chromé. Les concurrents passent des mois à sculpter leurs véhicules à partir de pièces récupérées sur des vélos, sur de vieilles motos et même sur des tondeuses à gazon. Cette compétition date de 1969, année durant laquelle Hobart Brown décida d'améliorer le tricycle de son fils et le transforma en un véhicule à cinq roues aussi haut que branlant. D'autres artistes habitant à Ferndale estimèrent qu'ils pouvaient faire mieux. Ce fut le point de départ de cette compétition qui a depuis inspiré six autres épreuves du même genre aux Etats-Unis.*

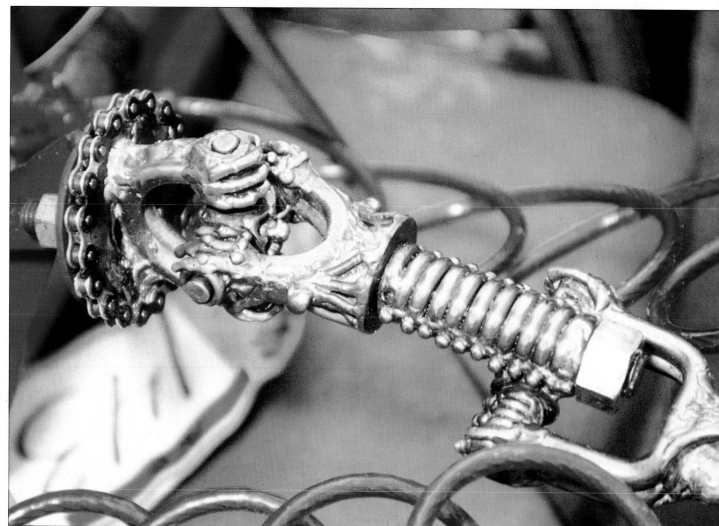

# LE VÉLO DU FUTUR

Le "Speedy"

Les inconditionnels de la bicyclette honorent cette dernière comme l'une des grandes inventions modernes ; c'est, selon eux, le moyen de transport par excellence, car il dispose du meilleur rendement énergétique, n'est pas polluant et reste le véhicule le moins onéreux. De telles louanges semblent vouloir suggérer que le vélo bénéficia de nombreuses améliorations au fil des ans. Mais qu'en fut-il réellement ? Les jusqu'au-boutistes traditionalistes fermèrent la porte à toute expérimentation en restreignant la conception du vélo à une machine dotée d'une transmission par chaîne et de deux roues, et que l'on pilote le buste redressé. Or dans les années 30, un Français, François Faure, pulvérisa le record du kilomètre et du mile sur son Vélocar qui était en fait un vélo à siège baquet. Mais l'UCI ayant décrété que ce Vélocar n'était pas une bicyclette, toute évolution ultérieure dans un quelconque domaine du cycle fut immédiatement stoppée.

Roue en matière plastique

## L'essor des VPH

Frein à tambour

Les bonnes idées sont heureusement immortelles. Durant les années 70, alors qu'avec le choc pétrolier de 1973 on assista aux Etats-Unis à une forte augmentation des ventes de bicyclettes, deux universitaires, Chester Kyle et Jack Lambie, lancèrent l'idée d'un vélo amélioré, plus rapide et plus sûr que la bicyclette classique. Ils fondèrent l'Association internationale pour les véhicules à propulsion humaine (IHPVA) dont l'unique règle stipule que ces machines ne peuvent être mues que par la force musculaire. La plupart des engins conçus selon ce critère commencent là où le vélo traditionnel s'arrête. En améliorant l'aérodynamisme du vélo, en réduisant de moitié son poids et en le profilant, on obtient des gains considérables : les records significatifs établis pour l'ensemble des engins mus par l'énergie musculaire sont tous détenus par des véhicules à propulsion humaine (VPH), qui ne correspondent en rien aux normes de l'UCI, mais fonctionnent toujours grâce à un pédalier, à une transmission par chaîne et à un dérailleur.

Le "Kingcycle"

## Un profil de gagnant

Le record de vitesse sur terre (105 km/h) est détenu par un VPH ; le record mondial de vitesse à propulsion humaine sur l'eau a été établi par un hydrofoil à pédales. Et le rêve de l'homme volant par ses propres moyens est devenu réalité, grâce à la remarquable fusion du pédalier du XIXe siècle et de la technique aéronautique de la fin du XXe. En l'absence de réglementation restrictive, chaque jour apporte de nouveaux développements, et les pionniers récoltent les fruits de la recherche dans le domaine des nouveaux matériaux, tels que la fibre de carbone et le Kevlar. Pour tous ces concepteurs, la bicyclette suprême est encore en gestation.

KINGCYCLE **BEAN**

Le "Haricot"

# L'anatomie du VPH

La conception des véhicules à propulsion humaine (VPH) diffère selon leur fonction ou leur usage. Le Windcheetah SL "Speedy" est une machine de course que l'on peut également utiliser en ville. C'est un tricycle à direction avant, à cadre cruciforme et au centre de gravité surbaissé, aussi véloce que souple et doué d'une excellente adhérence en virage, ce qui autorise le plein emploi de son puissant double frein à tambour avant. Il peut recevoir en outre un carénage profilé (voir p. 139) qui, alliant protection contre les intempéries et aérodynamisme, permet un gain de vitesse significatif. Sur de courts sprints, le Speedy peut dépasser les 65 km/h, et à son bord un cycliste roulant normalement à 30 km/h sur un vélo traditionnel verra sa vitesse moyenne passer à 35 km/h.

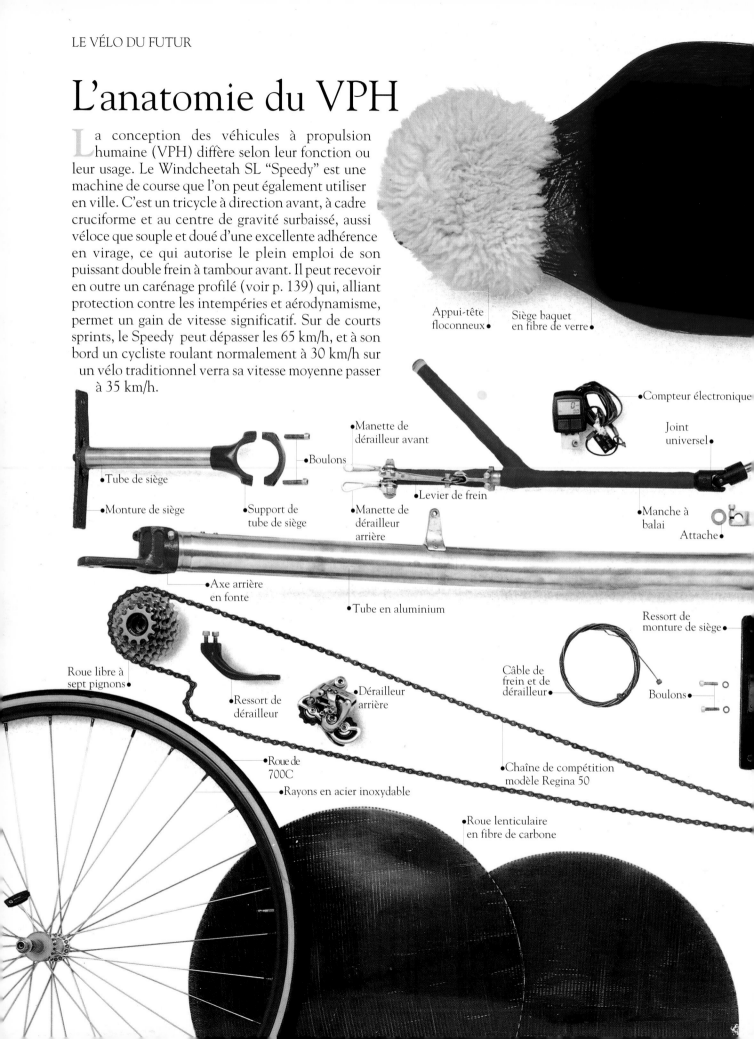

Appui-tête floconneux

Siège baquet en fibre de verre

Compteur électronique

Joint universel

Manette de dérailleur avant

Boulons

Levier de frein

Tube de siège

Manche à balai

Attache

Monture de siège

Support de tube de siège

Manette de dérailleur arrière

Axe arrière en fonte

Tube en aluminium

Ressort de monture de siège

Roue libre à sept pignons

Ressort de dérailleur

Dérailleur arrière

Câble de frein et de dérailleur

Boulons

Roue de 700C

Chaîne de compétition modèle Regina 50

Rayons en acier inoxydable

Roue lenticulaire en fibre de carbone

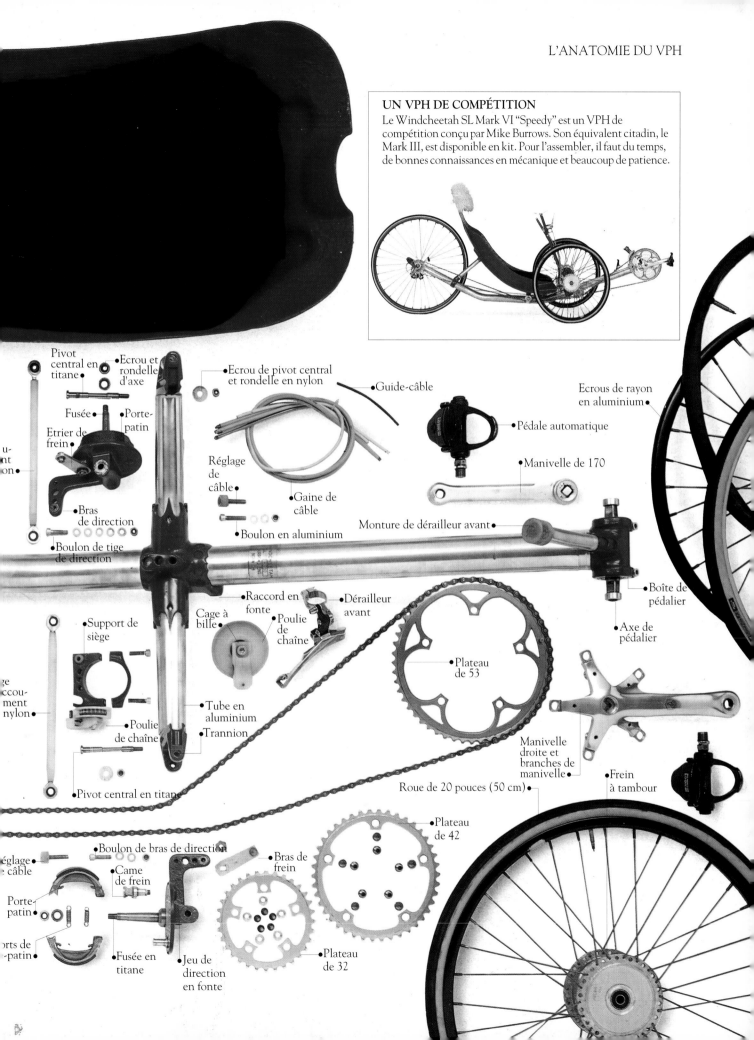

## UN VPH DE COMPÉTITION

Le Windcheetah SL Mark VI "Speedy" est un VPH de compétition conçu par Mike Burrows. Son équivalent citadin, le Mark III, est disponible en kit. Pour l'assembler, il faut du temps, de bonnes connaissances en mécanique et beaucoup de patience.

Pivot central en titane

Ecrou et rondelle d'axe

Ecrou de pivot central et rondelle en nylon

Guide-câble

Ecrous de rayon en aluminium

Fusée

Porte-patin

Etrier de frein

Réglage de câble

Pédale automatique

Manivelle de 170

Bras de direction

Gaine de câble

Boulon en aluminium

Monture de dérailleur avant

Boîte de pédalier

Boulon de tige de direction

Raccord en fonte

Dérailleur avant

Axe de pédalier

Support de siège

Cage à bille

Poulie de chaîne

Plateau de 53

Poulie de chaîne

Tube en aluminium

Trannion

Manivelle droite et branches de manivelle

Pivot central en titane

Roue de 20 pouces (50 cm)

Frein à tambour

Réglage câble

Boulon de bras de direction

Bras de frein

Plateau de 42

Porte-patin

Came de frein

Plateau de 32

Fusée en titane

Jeu de direction en fonte

# L'homme et la machine

Les véhicules à propulsion humaine sont conçus pour répondre à toute une série d'objectifs : davantage de vélocité et de souplesse, meilleur freinage, plus grande possibilité de transport, meilleurs confort et sécurité, protection contre les intempéries. Si les modèles diffèrent entre eux, l'amélioration des performances par la réduction de la résistance à l'air reste généralement le but essentiel. Un cycliste roulant à 32 km/h sur un vélo conventionnel déplace quelque 450 kg d'air par minute, travail qui correspond environ à 85% de sa dépense énergétique. La plupart des VPH étant dotés d'un siège baquet, la réduction de la surface frontale ainsi réduite permet de diminuer la résistance à l'air d'environ 25%. Il est en outre plus facile de fixer sur de telles machines un carénage complet régulant le flux d'air et réduisant jusqu'à 80% la résistance à l'air. Seul un cycliste bien entraîné, capable de fournir une puissance régulière de 1/4 ch peut rouler à une vitesse constante de 32 km/h sur un vélo traditionnel ; avec un VPH de ville caréné, la puissance requise est diminuée de moitié, soit 1/8 ch. Les vélos à siège baquet marquent également des points en ce qui concerne l'adhérence en virage, la souplesse, la stabilité et la sécurité. La plupart bénéficient d'une plus grande puissance de freinage, en raison d'une meilleure répartition de la charge et/ou d'un centre de gravité surbaissé. En résumé, les VPH inspirent confiance et, de fait, améliorent le pilotage.

### UN TRICYCLE VÉLOCE

*Le Windcheetah SL ("street legal" : homologué), ou "Speedy", fut conçu à l'origine comme machine d'entraînement pour les records de vitesse en VPH. Pratique, véloce et d'une souplesse exceptionnelle, il a gagné de nombreuses courses sur route ou compétitions de véhicules utilitaires. Le "Speedy" est un tricycle très stable, au centre de gravité surbaissé, qui peut négocier les virages en glissade. Ses pilotes se délectent sur les sols verglacés ou glissants.*

MANIVELLES. Il est essentiel d'avoir un coup de pédale régulier ; on pourra produire une grande force de poussée en prenant soin de ne pas se blesser les genoux.

JAMBES. Les jambes "en caoutchouc" sont fréquentes chez ceux qui roulent pour la première fois sur cette machine. Les muscles travaillent différemment que sur un vélo et d'autres sont mis à contribution. Il faut donc s'habituer progressivement à ce type de pilotage.

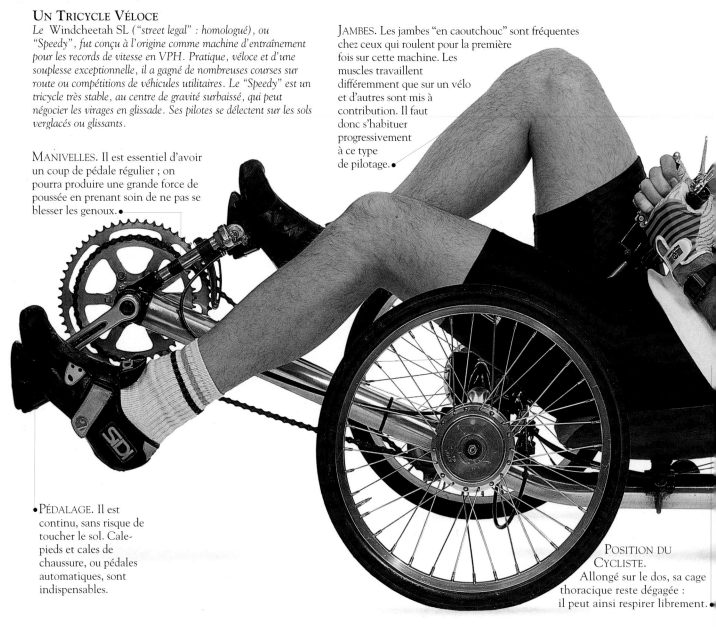

PÉDALAGE. Il est continu, sans risque de toucher le sol. Cale-pieds et cales de chaussure, ou pédales automatiques, sont indispensables.

POSITION DU CYCLISTE. Allongé sur le dos, sa cage thoracique reste dégagée : il peut ainsi respirer librement.

## VITESSE ET TECHNOLOGIE

*Le Moulton AM est l'un des meilleurs vélos d'avant-garde jamais construits. Dessiné en 1983 à partir du Moulton d'origine, le modèle AM est doté de suspensions avant et arrière indépendantes, ce qui permet d'utiliser des petites roues rapides à pneus durs. Muni d'un pare-brise et d'un carénage complet, l'Aero Moulton d'usine a dépassé les 80 km/h en épreuve de vitesse.*

GARNITURE. Une garniture en caoutchouc absorbe les chocs et sert d'amortisseur au bras oscillant arrière.

TETE. La tête est bien soutenue et la vision latérale et arrière reste dégagée.

SUSPENSIONS. Le système de suspension avant se règle en fonction du poids du cycliste et des conditions de la route.

DOS. Il est parfaitement soutenu, mais le cycliste peut bouger sans contraintes.

PROFIL. La critique la plus courante contre les vélos à siège baquet est que leur profil serait trop bas pour assurer la sécurité du cycliste dans la circulation. De fait, n'étant pas plus surbaissés qu'une voiture de sport, ils sont tout aussi visibles que celles-ci.

SIEGE. Les fesses sont parfaitement soutenues. Quiconque souffre de douleurs chroniques sur une selle de vélo ordinaire devrait essayer un vélo à siège baquet.

ROUE. La roue arrière, qui ne supporte qu'une petite partie de la charge, peut patiner dans les accélérations. Il est parfois possible de rouler en glissade tout en contrôlant direction et posture du vélo grâce à la chasse de la roue.

# L'Ecocar

Le VPH Ecocar 2000 est un véhicule utilitaire destiné aux trajets quotidiens en ville, aussi véloce que confortable, et offrant une protection contre les intempéries ainsi que de la place pour les bagages ; il ne demande qu'un entretien minime et se construit facilement. Créé par Wim Van Wijnen, un chirurgien ophtalmologiste hollandais, l'Ecocar 2000 est typique de ces machines écologiques fabriquées par des particuliers et qui fleurissent à un rythme croissant en Europe où, par comparaison avec les Etats-Unis ou l'Australie, les distances moyennes sont plus courtes, les automobiles plus chères et la voirie généralement mieux adaptée au cyclisme.

## Ecologique

Utiliser la propulsion par pédales en tant que moyen de transport personnel, en toutes saisons et sur de courtes distances, c'est une idée logiquement séduisante en terme d'économie, de rendement énergétique et de protection de l'environnement. Mais l'automobile restant encore le véhicule le plus utilisé dans les pays occidentaux, aucun grand fabricant n'a osé à ce jour se lancer dans la production en série de VPH C'est pourquoi les seuls développements en ce domaine restent l'apanage de quelques écoles d'ingénieurs d'avant-garde ou de certains particuliers, iconoclastes et hautement motivés, qui se sont lancés dans la conception et la fabrication de véhicules adaptés à leurs besoins personnels.

CARROSSERIE. La capote imperméable se déplie instantanément et offre une protection efficace contre la pluie.

DOUBLE PROJECTEUR HALOGENE. Une batterie de quatre heures d'autonomie alimente l'éclairage phare/code ainsi que la radio.

VITESSES. La roue avant motrice, simple et dotée d'une transmission sur moyeu à vitesses Sturmey-Archer 5, permet d'utiliser une chaîne courte et des roues standards.

## CONSTRUCTION

*L'Ecocar 2000 est constitué d'un châssis en caisson cintré sur lequel sont rivetées des plaques d'aluminium qui forment un cadre aussi simple que rigide. La roue avant étant dépourvue de jeu de direction, c'est le cadre lui-même qui s'articule sur deux jeux de direction présentant chacun un angle de 40°, l'un situé sous le pilote, l'autre au-dessus de sa tête dans le cintre. Le guidon est fixé sur la moitié avant du cadre, le siège sur la partie arrière. Si ce dispositif, la direction centrale, peut sembler étrange, il n'en est pas moins efficace, et grâce à son centre de gravité surbaissé la prise en main de l'Ecocar 2000 est rapide.*

• CAPOTE. La partie arrière de l'Ecocar 2000 est articulée et bénéficie d'une suspension pneumatique augmentée de deux balles de tennis glissées sous le siège.

## PRINCIPES DE CONCEPTION

Van Wijnen préféra la configuration bicycle, plus rapide et plus agile dans le trafic que les VPH à trois ou quatre roues, ressemblant davantage par leur forme et leur taille à des automobiles. Il écarta également le principe de la carrosserie fermée, qui aurait pu s'avérer surchauffée et bruyante, au profit d'un toit étroit muni d'une capote repliable. Les flancs ouverts limitent la vulnérabilité de la machine au vent latéral. Sur un prochain modèle, la partie avant du cadre aura une surface réduite pour augmenter d'autant la stabilité de la direction.

## LOGEMENTS

*Dans le toit cintré se trouvent les logements des gaines de câbles de dérailleur et de frein, ainsi que les interrupteurs d'éclairage et les instruments, commutateur de batterie, klaxon, compteur de vitesse, montre de bord et radio. Le toit ouvrant offre une ventilation supplémentaire par beau temps. Le modèle ultérieur sera doté d'un grand pare-brise muni d'un essuie-glace.*

## LE SAVIEZ-VOUS ?

Wim Van Wijnen construisit sa première bicyclette à siège baquet en 1963. Cette machine inhabituelle attirait souvent l'attention de la police qui arrêta finalement son inventeur sous le prétexte qu'elle était dangereuse. Sans se laisser intimider, il continua à fabriquer plusieurs vélos de ce type, sur lesquels il effectuait quotidiennement 25 km pour se rendre à son travail. C'est pourquoi son dernier modèle, l'Ecocar 2000, qui a tiré bénéfice des erreurs passées, est dans tous les sens du terme un véhicule pragmatique.

• FREINS À TAMBOUR. Ils sont conçus pour rester efficaces par temps de pluie.

# Le "haricot" aérodynamique

L'aérodynamisme accroît le potentiel de vélocité : plus un objet pénètre facilement dans l'air, plus rapide sera sa vitesse. A mesure que la vitesse du vélo augmente, le cycliste doit faire un effort proportionnellement plus important pour vaincre la résistance de l'air. Lorsque sa puissance de pédalage correspond à 1/4 ch, la vitesse d'un vélo conventionnel est d'environ 34 km/h. S'il double sa puissance à 1/2 ch, il n'atteindra qu'à peine 42 km/h. Et pour parvenir à 100 km/h, c'est une puissance impossible de 6 ch qu'il devrait fournir. Voilà pourquoi le gain de vélocité n'est pas dû à un surcroît de puissance, mais à l'amélioration du rendement aérodynamique. Objectif atteint par des VPH surbaissés comme le Haricot (ci-dessous), dont la carrosserie profilée minimise les résistances en régularisant le flux d'air à haute vitesse. Un VPH bien conçu diminue de 80% la résistance à l'air, tout en réduisant de

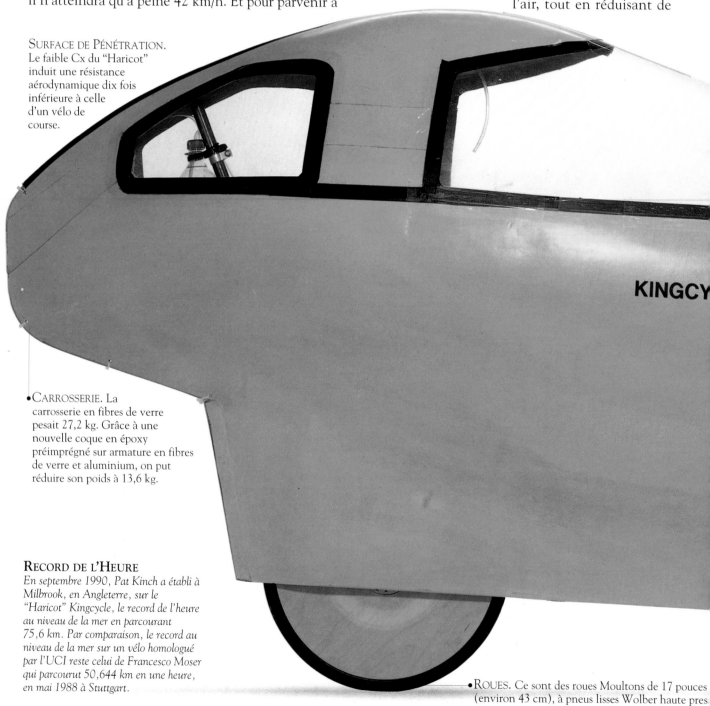

**SURFACE DE PÉNÉTRATION.**
Le faible Cx du "Haricot" induit une résistance aérodynamique dix fois inférieure à celle d'un vélo de course.

**KINGCY**

•**CARROSSERIE.** La carrosserie en fibres de verre pesait 27,2 kg. Grâce à une nouvelle coque en époxy préimprégné sur armature en fibres de verre et aluminium, on put réduire son poids à 13,6 kg.

**RECORD DE L'HEURE**
*En septembre 1990, Pat Kinch a établi à Milbrook, en Angleterre, sur le "Haricot" Kingcycle, le record de l'heure au niveau de la mer en parcourant 75,6 km. Par comparaison, le record au niveau de la mer sur un vélo homologué par l'UCI reste celui de Francesco Moser qui parcourut 50,644 km en une heure, en mai 1988 à Stuttgart.*

•**ROUES.** Ce sont des roues Moultons de 17 pouces (environ 43 cm), à pneus lisses Wolber haute pres

70% l'effort que doit fournir le cycliste. C'est avec le Easy Racer Gold Rush que "Fast" Freddy Markham, lors d'un sprint, a atteint 105,37 km/h, en n'ayant pour seul moteur que ses muscles.

### LA RÉSISTANCE À L'AIR — GUIDE DU DÉBUTANT

La résistance à l'air est une résultante de la pression de l'air et des frottements. Un véhicule non profilé, aux formes irrégulières, provoque des turbulences dans le flux d'air qui le font diverger de la surface du véhicule. A l'arrière de celui-ci se forment alors des points de basse pression créant une force de résistance à l'air qui peut être considérable. Une forme profilée est conçue de sorte que le flux d'air s'écoule uniformément autour d'elle, réduisant ainsi la résistance à l'air. C'est la divergence du flux par rapport à la surface du véhicule qui provoque la résistance à l'avancement ; on la minimise en dessinant des formes lisses et de surface réduite. La résistance aérodynamique mesure la faculté d'un véhicule à pénétrer dans l'air, et elle se calcule en multipliant la surface frontale de celui-ci avec son cœfficient de résistance à l'air, le Cx. Un petit Cx signifie une faible résistance à l'avancement.

ROUE AVANT MOTRICE. Pour établir le record de l'heure, Pat Kinch utilisa un énorme braquet proche de 15 m (186 pouces), plus d'une fois et demie supérieur aux plus grands braquets des vélos conventionnels.

VENTILATION. Elle est assurée par une petite buse percée sur le rebord avant du pare-brise, pour prévenir condensation et excès de chaleur à l'intérieur de l'habitacle.

**BEAN**

PÉDALIER. Il n'a que 40 mm de large (80 mm est la largeur standard), afin que le nez de la machine soit le plus étroit possible.

PROFILÉ. Selon les lois de l'aérodynamique, le profil avant est moins décisif que le profil arrière, car les flux s'écoulant autour du véhicule doivent se rejoindre à l'arrière sans turbulence, sinon il se forme à cet endroit des points de basse pression qui créent la résistance à l'air. Le "Haricot" est profilé de sorte qu'en théorie la pression des flux à l'arrière provoque une poussée.

# Vélos utilitaires à siège baquet

Si les premiers VPH furent des machines expérimentales destinées à explorer les limites de l'aérodynamisme et de la vélocité, leurs concepteurs avaient dès l'origine souhaité créer des véhicules pratiques, utilisables quotidiennement en ville comme sur route, adaptés au transport de bagages et offrant une protection contre les intempéries, tout en roulant à une vitesse moyenne de 50 km/h grâce à la seule propulsion humaine. Aujourd'hui, les VPH utilitaires roulent fréquemment à 40 km/h ou plus, sur des distances considérables, et les modèles de compétition ultra-légers approchent de la barre des 50 km/h. Pour les spécialistes du VPH le futur est déjà arrivé, et il ne saurait trop tarder en ce qui concerne la grande masse des cyclistes.

DOSSIER. Profilé, il inclut un coffre spacieux ainsi que des feux arrière.

SIÈGE À SANGLES. Confortable, il offre une bonne aération.

### VÉLO À SIÈGE BAQUET À GRAND EMPATTEMENT

*Les vélos à siège baquet à grand empattement (G.E.), comme ce Peer Gynt II allemand, sont très stables, notamment à grande vitesse. En raison de sa position de conduite redressée et de son pédalier surbaissé, les muscles des jambes n'ont pas à faire de grand effort d'adaptation : le pédalage s'effectuant toujours en un mouvement descendant, il n'est pas nécessaire de trop soulever les pieds pour atteindre les pédales.*

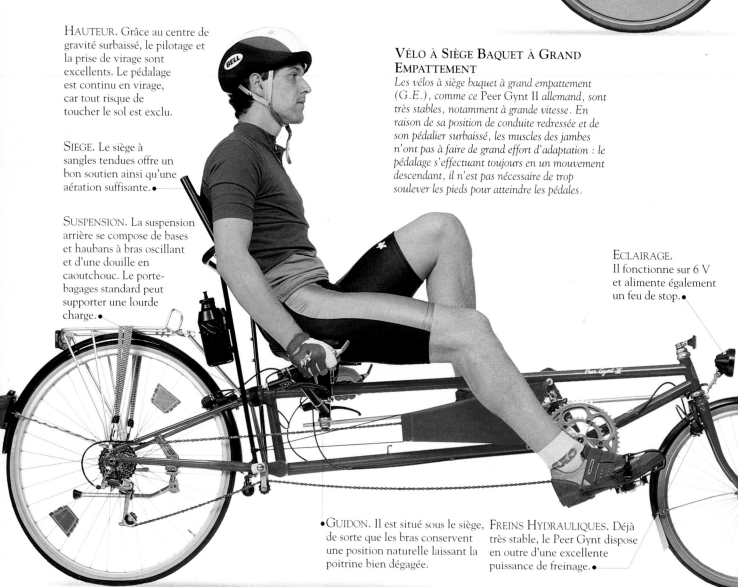

HAUTEUR. Grâce au centre de gravité surbaissé, le pilotage et la prise de virage sont excellents. Le pédalage est continu en virage, car tout risque de toucher le sol est exclu.

SIEGE. Le siège à sangles tendues offre un bon soutien ainsi qu'une aération suffisante.

SUSPENSION. La suspension arrière se compose de bases et haubans à bras oscillant et d'une douille en caoutchouc. Le porte-bagages standard peut supporter une lourde charge.

ECLAIRAGE. Il fonctionne sur 6 V et alimente également un feu de stop.

GUIDON. Il est situé sous le siège, de sorte que les bras conservent une position naturelle laissant la poitrine bien dégagée.

FREINS HYDRAULIQUES. Déjà très stable, le Peer Gynt dispose en outre d'une excellente puissance de freinage.

### VÉLO À SIÈGE BAQUET À EMPATTEMENT COURT

*Les vélos à siège baquet à empattement court (E.C.), tels que ce Kingcycle, sont plus véloces et agiles que les modèles de type G.E. Le pédalier surélevé permet de réduire la surface de pénétration dans l'air en soulevant les jambes, avantage aérodynamique décisif par rapport aux vélos conventionnels. Ce sont des machines de compétition racées, excellentes en grimpée, mais également parfaites pour le cyclotourisme ou la ville.*

### TRICYCLE À SIÈGE BAQUET

*Le Windcheetah SL "Speedy" est un tricycle à siège baquet (pour les détails du châssis, voir p. 128). Le Mark IV est un modèle unique, à suspensions complètes, extrêmement stable grâce à ses trois roues, même par violent vent latéral. Les "Speedy" ont remporté de nombreuses compétitions, tant en catégorie course que véhicule utilitaire. Ils sont parfaitement adaptés au cyclotourisme longue distance ou à la ville.*

FREINS. Le double frein à tambour Atom est extrêmement puissant.

PORTE-BAGAGES. Il est situé à l'arrière, avec une ouverture sur sa partie droite. On peut également stocker des bagages sous le siège et dans des sacoches réparties le long du cockpit.

ÉCAPOTABLE. Cette illustration montre la capote de ile à demi ouverte. Elle peut remonter autour du cou pilote grâce à une fermeture éclair, pour le protéger s intempéries ou améliorer l'aérodynamisme. Par temps aud, il est possible de la retirer complètement.

PARE-BRISE. Il est efficace contre le vent et toute pluie fine.

FREINS. Les freins hydrauliques Magura sont aussi sensibles que puissants.

CARÉNAGE. Une carrosserie supérieure rigide peut être ajoutée en compétition et/ou en cas de mauvais temps.

### RECORDS

Le Mark IV (16,3 kg) a parcouru 60 km dans des conditions de circulation normales à la vitesse moyenne de 50 km/h. Le dernier modèle, le Mark VII, dont le carénage plus profilé est monté sur un châssis en fibres de carbone, ne pèse que 13,6 kg.

# Les nouveaux matériaux

Les matériaux composites tels que la fibre de carbone sont en train de révolutionner la fabrication des cycles. Dans le domaine des cadres ultra-légers, la fibre de carbone a surpassé tous les autres matériaux conventionnels, comme l'acier et l'aluminium : on a construit un cadre ne pesant que 1,02 kg, et la barre des 0,9 kg sera bientôt franchie. La réduction du poids s'accompagne d'une diminution des prix, car les méthodes de production extensives, salissantes et chères, cèdent la place aux agglutinants thermoplastiques plus propres, plus rapides et moins onéreux. Plutôt que d'avoir recours aux résines époxydes, la fibre de carbone est tissée sur des brins thermoplastiques, constituant ainsi un tissu sec, facile à découper, à former et à mettre en place. Ce nouveau procédé, induisant une importante réduction des coûts de fabrication, devrait pouvoir déboucher sur la production en série de cadres ultra-légers, d'excellente qualité et peu onéreux.

### RECHERCHES AÉRODYNAMIQUES

*Cette machine de concept "cantilever" est plus simple à construire, et son meilleur aérodynamisme n'est pas préjudiciable à sa robustesse. En outre, les changements de pneu s'en trouvent facilités !*

### CONCEPTION FUTURISTE

*Le* Windcheetah Carbon Cantilever *est une machine anglaise dont le superbe profil aérodynamique montre combien les nouveaux matériaux peuvent modifier le dessin du vélo. Le cadre profilé est en composite de fibres de carbone, verre et époxyde, à inserts en alliage pour le jeu de direction, le pédalier et les paliers de roulement de l'axe arrière.*

ROUES. Afin d'améliorer encore l'aérodynamisme, les roues cantilever sont fixées directement sur la fusée — il n'y a pas de pattes ou de fourreau de fourche de l'autre côté du vélo.

## LE VÉLO RECYCLABLE

Le cadre prototype de ce Kirk Precision anglais, composé à 91% de magnésium pur coulé sous pression, permet d'envisager la production en série de cadres ultra-légers à très bas prix. Le magnésium est le plus léger des métaux et ses ressources sont en théorie illimitées, car on l'extrait de l'eau de mer. Il est en outre facilement recyclable. Si certains prototypes de compétition ont survécu à des courses telles que le Tour de France, de nombreux problèmes restent à résoudre : moins résistant que l'aluminium, le magnésium se prête mieux à la fabrication des grosses pièces structurelles du cadre. Mais s'il est utilisé pour les longs éléments effilés, caractéristiques de la bicyclette, le gain de résistance et de poids devient nul. Le magnésium est également très vulnérable à la corrosion, et plus particulièrement à l'électrolyse, une forme de corrosion provoquée par simple contact de deux métaux différents. Le fabricant du Kirk Precision certifie cependant que son cadre est robuste, durable, et résistant à la corrosion. Seul le temps permettra de juger.

## PROTOTYPE EN MATÉRIAU COMPOSITE

*Sur ce prototype Radical ATB de 12 kg, le composite de fibres de carbone et de Kevlar rend superflu le cadre tout terrain traditionnel, auquel on a préféré un cadre cruciforme. La partie arrière fait office de base surélevée, réduisant ainsi à 39,5 cm la longueur entre l'axe de roue arrière et le pédalier. La courbure insolite de l'arrière du cadre, réalisable grâce aux matériaux composites, rend inutile la présence des bases traditionnelles.*

TIGE DE SELLE. Elle est en alliage recouvert de carbone Kevlar.•

CADRE. La finition du cadre en composite de fibres de carbone et de Kevlar sur noyau de mousse se fait par séchage dans un moule spécial.•

# Les véhicules utilitaires

L'importance croissante accordée à la protection de l'environnement a donné une nouvelle impulsion aux recherches dans le domaine du transport individuel, visant la conception de véhicules qui puissent concurrencer en pratique l'automobile, sans polluer, sans consommer de ressources énergétiques non renouvelables ni encombrer inutilement l'espace de voirie. Les critères de base requis pour de telles machines sont l'étanchéité, la possibilité de transporter de petites charges, la sécurité et l'inviolabilité, sans que tout cela nuise à la manœuvrabilité et à la vélocité. C'est un défi considérable et les concepteurs s'inspirent des VPH pour la fabrication de prototypes approfondissant diverses options, telles que le moteur électrique auxiliaire, alimenté par l'énergie solaire, des systèmes de transmission originaux ou les matériaux nouveaux.

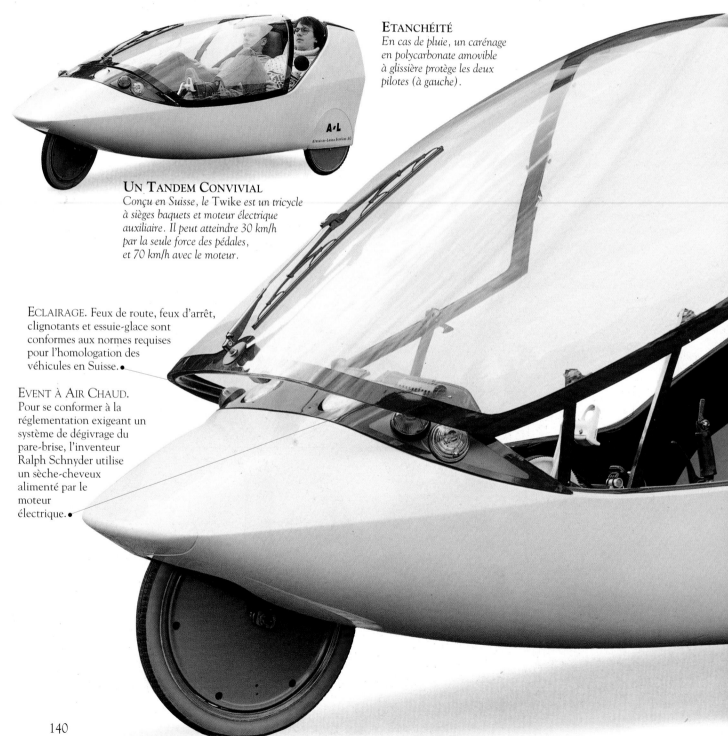

### ÉTANCHÉITÉ
*En cas de pluie, un carénage en polycarbonate amovible à glissière protège les deux pilotes (à gauche).*

### UN TANDEM CONVIVIAL
*Conçu en Suisse, le Twike est un tricycle à sièges baquets et moteur électrique auxiliaire. Il peut atteindre 30 km/h par la seule force des pédales, et 70 km/h avec le moteur.*

ECLAIRAGE. Feux de route, feux d'arrêt, clignotants et essuie-glace sont conformes aux normes requises pour l'homologation des véhicules en Suisse.

EVENT À AIR CHAUD. Pour se conformer à la réglementation exigeant un système de dégivrage du pare-brise, l'inventeur Ralph Schnyder utilise un sèche-cheveux alimenté par le moteur électrique.

## MANIVELLES À BALANCIER

Le Kingsbury Fortuna est un véhicule à quatre roues conçu en Grande-Bretagne ; il propose une nouvelle solution au problème de l'arrondi du carénage avant des VPH, en modifiant la position du pilote pour obtenir une forme plus profilée. Au lieu de faire tourner des manivelles, ce qui nécessite une garde importante pour le déplacement des pieds, le pilote pousse deux manivelles à balancier d'avant en arrière. L'économie de place ainsi réalisée permet d'obtenir un véhicule plus court et moins haut sur roues. Le Fortuna est également doté de quatre roues directrices.

## COLONNE DE COMMANDE

*La colonne de commande (à droite) contrôle la direction, l'accélération du moteur électrique ainsi que le freinage. La partie manche à balai se déplace sur un axe quasi-vertical et actionne une tige de direction fixée sur la roue avant. La manette de couple située au sommet de la colonne commande le moteur électrique que le pilote met en marche dans les montées, pour ne pas gêner la circulation automobile. Les batteries au cadmium-nickel de 2,5 kW ont une autonomie de 100 km et peuvent se recharger à l'énergie solaire en 5 heures.*

CARROSSERIE. Véhicule primé, le Twike est doté d'une carrosserie en fibres de verre montée sur un châssis en aluminium offrant une place suffisante pour transporter jusqu'à 30 kg de bagages. •

**A·L**

*Alusuisse-Lonza Services AG*

•ROUES. Les roues de 20 pouces (50 cm) peuvent accueillir différents pneus, du bicross à la moto, en fonction des conditions de route.

## PILOTAGE ET FREINAGE

*La puissance de pédalage (ci-dessous) est transmise à la seule roue arrière gauche par l'intermédiaire d'un moyeu à boîte de vitesses intégrée, tandis que le moteur actionne les deux roues arrière. Le freinage mécanique est électroniquement assisté, le moteur étant automatiquement ralenti avant que les freins à tambour des deux roues arrière n'entrent en action. Le frein de stationnement est conforme à la réglementation helvétique.*

# Véhicules solaires de compétition

Le moteur à explosion de l'automobile présente au moins deux défauts majeurs : il pollue et n'a qu'un rendement médiocre. Le dioxyde de carbone compte pour moitié dans le phénomène de réchauffement dû à l'effet de serre, et l'automobile est responsable à hauteur de 17% du total des rejets de ce gaz dans l'atmosphère. Le rendement du moteur à combustion interne est généralement inférieur à 25%. Par comparaison, celui des moteurs électriques est de 60%. Ces derniers sont en outre non polluants et peuvent contribuer à la diminution des rejets de $CO_2$ s'ils sont alimentés par une source d'énergie renouvelable, telle que l'énergie solaire.

## L'énergie solaire

Depuis leur apparition dans les programmes d'exploration de l'espace, les cellules photoélectriques, qui transforment la lumière du soleil en électricité, sont devenues aussi pratiques d'emploi que financièrement compétitives. Leur rendement atteint aujourd'hui 30%. Grâce aux nouvelles technologies, les véhicules solaires peuvent dépasser 135 km/h, avec des accélérations de 0 à 95 km/h en moins de 9 secondes — en ne consommant que 5% de l'énergie brûlée dans un moteur à explosion. Mais la technique étant à un stade de développement relativement peu avancé, les véhicules à seule propulsion solaire sur longue distance sont encore peu pratiques et très onéreux, car ils nécessitent des panneaux solaires de grande taille ainsi qu'un complexe appareillage de contrôle, tout en restant ultra-légers et efficaces. Pour les petites distances, on a le choix entre deux types de véhicules solaires plus commodes : la voiture électrique à batteries rechargeables sur panneaux solaires ou le véhicule hybride, vélo ou VPH, muni d'un petit moteur électrique auxiliaire alimenté par l'énergie solaire.

## FORMULE 1

*Les machines qui prirent part au Tour de Sol 1989 (ci-dessus) sont des véhicules solaires de haute technologie. Alimentés par des panneaux solaires fixés sur la carrosserie, ils ne sont pas autorisés à utiliser d'autres sources d'énergie. Leur consommation énergétique est très faible, de l'ordre de 0,3 litre d'essence aux 100 km.*

## VÉLO MIXTE

*Le Sunpower (à gauche) est un vélo hybride propulsé par pédales et par l'énergie solaire. Sa vitesse de pointe est d'environ 45 km/h. C'est un vélo à siège baquet Peer Gynt partiellement caréné en Kevlar, équipé d'un moteur logé dans la roue, alimenté à la fois par des batteries de 12 V au plomb et des cellules photoélectriques. Le moteur est sollicité au démarrage, ainsi que dans les accélérations et les ascensions.*

## VÉLO DE CYCLOTOURISME MODIFIÉ

*Le Neufeld (à droite) est un vélo de randonnée standard doté d'un moteur électrique auxiliaire et d'un panneau solaire. D'un poids de 73 kg, il peut atteindre 35 km/h. N'étant pas une machine de compétition, le Neufeld n'en a pas moins disputé le Tour de Sol, en Suisse (six jours), qui comprenait notamment l'ascension du col du Gothard.*

# L'avenir

Si, durant ses cent premières années d'existence, la bicyclette fit l'objet de progrès aussi lents que velléitaires, on assiste aujourd'hui, grâce à l'immense popularité du vélo tout terrain et au souci écologique d'une alternative satisfaisante à l'automobile, à un développement rapide de la technologie du cycle. Chaque composant et tous les systèmes mécaniques traditionnels sont désormais soumis à une réévaluation systématique. L'évolution considérable qui se produit dans les domaines des nouveaux matériaux, de la micro-informatique et des techniques de fabrication laisse penser que les seules caractéristiques communes que les vélos dernier cri de l'an 2000 partageront avec leurs prédécesseurs seront la propulsion humaine, les pédales et les roues. Puces et capteurs électroniques sont déjà utilisés comme régulateurs dans certains systèmes de changement de vitesse, de freinage et de suspension. La bicyclette est plus que jamais en voie de devenir une extension mécanique extrêmement éla-

borée du corps humain, offrant à l'homme la possibilité d'être la créature auto-propulsée la plus rapide de la création. Ce potentiel est également exploité sur des machines prototypes se déplaçant dans les airs ou sur l'eau, et qui toutes sont fondées sur le principe qu'un bon cycliste peut produire une puissance de 1/3 ch, et jusqu'à 1 ch durant de brefs instants. Elles sont toutes munies d'une transmission par chaîne et

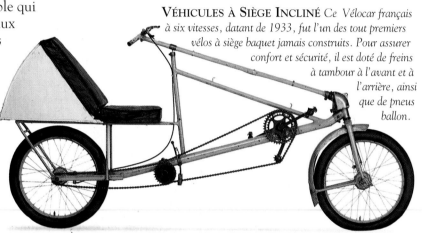

**VÉHICULES À SIÈGE INCLINÉ** *Ce Vélocar français à six vitesses, datant de 1933, fut l'un des tout premiers vélos à siège baquet jamais construits. Pour assurer confort et sécurité, il est doté de freins à tambour à l'avant et à l'arrière, ainsi que de pneus ballon.*

---

## EVOLUTION DES TRANSMISSIONS

**Transmission électrique**

La transmission Chilcote assistée par ordinateur modifie automatiquement le braquet en fonction des variations de la pression sur les pédales et de la cadence de pédalage, les deux étant contrôlées par des capteurs intégrés au moyeu. Lorsqu'un réglage prédéterminé est franchi, un mécanisme électronique fait glisser le pignon de roue libre de 24 sur une nouvelle position, ce qui modifie le braquet.

**Transmission par courroie**

Les recherches menées pour trouver une solution plus légère, plus propre, moins bruyante et ne nécessitant pas de lubrification, au problème de la chaîne de bicyclette noire de cambouis devraient déboucher sur d'autres types de courroie crantée en caoutchouc telle que celle de ce Twike. La transmission par courroie équipe déjà certaines bicyclette pliantes, mais les questions de tension et d'étirement ne sont résolues que très lentement.

**Transmission par manivelle à balancier**

La transmission par manivelles à balancier devrait se répandre sur les VPH, la propulsion se faisant plutôt de haut en bas, à la différence du mouvement de pédalage circulaire. Cela permet un gain d'espace à l'intérieur de la carrosserie et de profiler davantage le nez. En outre, le mouvement de poussée vers le bas effectué en position assise tire plus grand profit de la musculature dans son ensemble, sans amoindrir le rendement mécanique.

de pédales qui transforment, comme sur la bicyclette, l'énergie musculaire en force motrice.

## Avion à pédales

L'amélioration du rapport puissance/poids, c'est-à-dire la diminution de la masse du véhicule, constitue le souci principal des pionniers de la propulsion humaine. Cette question étant en passe d'être réglée par les nouveaux matériaux, ultra-légers et résistants, à base de fibre de carbone, on voit apparaître des machines expérimentales, aéroplanes, hélicoptères, bateaux et autres sous-marins, qui connaissent plus ou moins de succès. Il faut un réel talent, notamment en ce qui concerne la puissance de pédalage, pour faire fonctionner de telles machines ; les premiers progrès concerneront l'automatisation électronique des commandes.

## Et demain ?

Le vélo tout terrain a révolutionné l'industrie du cycle en moins d'une décennie. Et pourtant il ne fut pas inventé par des hommes du ssérail, mais par des

"L'AIGLE"
*Ce prototype d'aéroplane à pédales a l'envergure d'un DC 9. Il vole au-dessus du désert de Californie pour tenter de battre le record du "Projet Dédale" établi par un engin semblable qui franchit 120 km de Crète en Grèce en mémoire du mythe d'Icare.*

LE "POISSON VOLANT"
*L'hydrofoil à pédales "Poisson volant" est l'embarcation à propulsion humaine la plus rapide du monde sur 100 mètres. Il peut atteindre 16 nœuds (29,6 km/h), soit 4 nœuds de plus qu'un aviron à huit rameurs. Son hélice à deux pales, à transmission par chaîne, soulève ses deux flotteurs gonflables et le fait glisser sur un aileron de 2 mètres de large.*

personnalités que n'embarrassait nulle convention et qui jugeaient leur création aussi passionnante que facile à piloter. De la même manière, les VPH, qui peuvent être plus rapides que la bicyclette en terrain plat et offrir davantage de confort, ne furent pas créés par les fabricants de vélos. Les VPH, dont l'un des atouts est la protection contre les intempéries, connaîtront-ils un succès de masse ? Leur marché se développera-t-il dans les plats pays d'Europe du Nord qui disposent de larges pistes cyclables et d'une population aisée (un VPH coûte deux fois plus cher qu'un vélo standard) ? Ou bien les pionniers du VPH dans les pays d'Europe de l'Est, où la circulation automobile est quasi inexistante, parviendront-ils à créer un marché du VPH en tant que substitut de la voiture ? Seul l'avenir le dira.

# L'ENTRETIEN DU VÉLO

L'un des grands charmes de la bicyclette réside aussi dans le fait que vous pouvez l'entretenir ou la réparer vous-même. Certains problèmes demanderont bien sûr des outils plus spécialisés ainsi qu'un grand savoir-faire, cependant, même si *Outil six en un* vous n'êtes pas familier du vélo ou de la mécanique en général, vous pourrez commencer à vous y initier tout simplement en vérifiant la pression des pneus ou en réglant les câbles d'actionnement et les porte-patins de frein.

## Réparations complexes

Vous apprendrez progressivement à effectuer des réparations plus difficiles, telles que le changement de roulements ou l'entretien de la transmission, et à conserver votre vélo en bon état, tout en découvrant la complexité mécanique de certains de ses éléments. Mais à moins d'être un professionnel, ne vous attendez pas à savoir redresser vous-même une roue voilée davantage qu'en guise de réparation de fortune. Cette opération *Outil polyvalent* reste l'apanage du spécialiste, de même que celle, peu fréquente, de l'alignement du cadre qui demande un appareillage onéreux et une grande compétence. C'est pourquoi vous commencerez avant tout à chercher un vélociste ou un mécanicien qui fasse du bon travail : il n'est pas toujours facile de trouver quelqu'un de très compétent. En période estivale, la plupart des ateliers sont souvent débordés et réservent bien naturellement la priorité aux vélos achetés chez eux — c'est un point important

*Outil six en un*

*Outil polyvalent*

*Pince à câble*

à garder à l'esprit lorsque vous faites l'acquisition de votre bicyclette.

## Réputation

Comment dénicher un bon marchand de cycles ? Par sa réputation. Les meilleurs n'oublient jamais que le client est roi. Demandez l'avis d'autres cyclistes, puis faites l'essai chez l'un des marchands qui vous aura été recommandé. Vous pourrez facilement juger des résultats par vous-même, car votre sensibilité à l'état mécanique de votre machine se développera *Dérive-chaîne* nécessairement avec votre pratique de cycliste. Plus vous roulerez, plus vous serez attentif à votre vélo, et plus vous serez apte à l'entretenir pour bénéficier du meilleur de ses performances.

*Outil trois en un*

*Dérive-chaîne*

*Clef de jeu de direction*

*Réparations*

# Outillage et équipement

Le secret de l'efficacité en terme d'entretien du vélo, c'est l'organisation : un endroit qui servira d'atelier, doté d'un établi ou d'une table, un support permettant de soulever le vélo, et les outils, pièces et lubrifiants idoines. N'utilisez que des outils appropriés et de bonne qualité ; les autres seront toujours décevants et risqueront en outre d'endommager la machine.

Du point de vue mécanique, les vélos sont assez diversifiés, c'est pourquoi nous nous contenterons d'aborder dans ce chapitre les points fondamentaux, tout en donnant quelques conseils utiles. Pour plus d'informations, référez-vous aux manuels, prenez des cours de mécanique ou visionnez des cassettes vidéo pédagogiques. Vous devriez pouvoir trouver le manuel d'entretien spécifique de votre bicyclette, sinon essayez de vous procurer la notice du fabricant concernant ses composants. Votre marchand de cycles en aura certainement quelques exemplaires ou vous fournira une photocopie.

### SUPPORT BLACKBURN
*Ce support réglable est muni d'un serrage rotatif recouvert de vinyle ; le vélo peut être fixé par n'importe lequel de ses tubes et orienté quasiment en tous sens.*

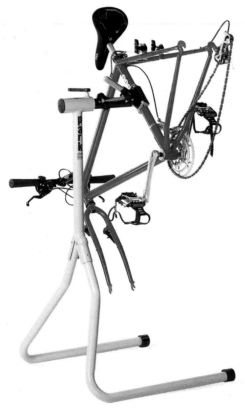

### SUPPORT POUR VÉLO
*Ce support permet d'accéder facilement à toutes les parties du vélo. Il se replie à plat et peut être rangé dans un placard. Certains modèles plus perfectionnés sont également rotatifs.*

### SUPPORT TRÉPIED
*Voici un trépied simple et peu onéreux, auquel on fixe le vélo par les haubans et les bases, ce qui permet de régler le dérailleur ou de démonter la roue arrière. Léger et portatif, c'est également un support pratique pour ranger le vélo.*

### SUPPORT D'ÉTABLI
*La plupart des fabricants proposent des modèles que l'on peut fixer sur un étau d'établi. Ce support permet de travailler debout, le vélo étant placé à une hauteur confortable.*

• BOULON DE POTENCE. Serrez (F). Le boulon doit être suffisamment serré pour ne pas bouger lorsque vous roulez, et pivoter en cas de chute. Pour vérifier la roue avant, coincez-la entre les genoux et tournez le guidon.

• BOULON DE SERRAGE. Serrez (F). Assurez-vous que le guidon ne puisse se desserrer inopinément.

COCOTTES. Serrez (F). Les leviers de frein doivent être suffisamment serrés pour ne pas bouger lorsque vous roulez, et pivoter en cas de chute.

**FORCE DE SERRAGE**

*Un serrage trop puissant peut endommager les pièces en alliage. Utilisez toujours de petits outils sur les petits boulons et écrous. Les illustrations précisent trois gradations de serrage : B, à Bloc — serrez à fond ; F, Fermement — serrez jusqu'à ce que vous sentiez une résistance ; D, Délicatement — serrez avec précaution.*

**VÉRIFICATION À TOUR DE ROLE**

*Vérifiez successivement le bon serrage de tous les boulons et écrous, en travaillant outil par outil, d'abord les boulons hexagonaux de 4 mm, puis ceux de 5 mm et ainsi de suite. Veillez à la bonne adaptation de l'outil à la pièce, sinon il pourrait l'endommager. Si vous avez utilisé un adhésif de filetage, ne dévissez pas l'écrou ou le boulon, mais vérifiez leur serrage.*

• LEVIERS DE FREIN. Vérifiez et réglez la course du câble grâce au boulon de réglage ou de serre-câble (voir p. 166).

• JEU DE DIRECTION. Vérifiez les roulements (voir p. 181). Serrez les jeux de direction en acier (B) ou en alliage (D/F).

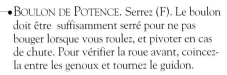

• BOULONS DE FREIN. Serrez (D). Serrez également ceux des freins à tirage latéral (F).

• ÉCROUS DE SERRE-CABLE. Serrez (D/F).

• CADRE ET FOURCHE. Vérifiez l'alignement du cadre et assurez-vous que les tubes ne sont ni bosselés ni rayés. Vérifiez attentivement la fourche, ainsi que la face inférieure du tube diagonal au point de jonction du tube de direction. Une fissure dans la peinture d'un cadre en acier peut signifier un défaut structurel. Un anneau décoloré sur un cadre collé, en aluminium ou en fibres de carbone, est parfois dû à une défaillance de la colle.

**FILETAGE**

*La plupart des composants ont un pas de vis à droite, serrant dans le sens des aiguilles d'une montre et desserrant dans le sens contraire. La pédale de gauche, la cuvette de pédalier et le contre-écrou de droite ont généralement un pas de vis à gauche, serrant dans le sens contraire des aiguilles d'une montre et desserrant dans le sens inverse. Veillez à ne pas fausser le filetage des éléments : avant de visser un boulon, tournez-le dans le sens de desserrage, jusqu'à sentir un petit déclic, puis serrez. Si vous sentez une résistance, retirez le boulon et examinez attentivement son filetage ainsi que celui de l'écrou. Limer soigneusement les ébréchures avec une lime fine, et essayez à nouveau. Si un boulon ou un écrou sont bloqués, utilisez un lubrifiant anti-grippage et tapez légèrement pour le faire pénétrer dans le pas de vis. Patientez quelques minutes et essayez à nouveau. Utilisez toujours l'outil exactement adapté à la pièce. S'il reste bloqué, sciez ou limez le boulon et/ou forez le pas de vis. Organisez votre travail, en conservant outillage et pièces à portée de main, et en rangeant les petites pièces dans des bocaux.*

• MOYEUX. Vérifiez les roulements (voir p. 152). Serrez les écrous d'axe (B) et les leviers de blocage rapide (F).

• PNEUS. Vérifiez la pression et l'usure, assurez-vous que l'enveloppe ne présente pas de coupure, et que n'y sont incrustés ni gravillons ni morceaux de verre.

• JANTE. Vérifiez qu'elle n'est pas voilée, en tenant un outil près de la jante tout en faisant tourner la roue. Un déplacement latéral ou vertical de plus de 3 mm implique qu'il vous faudra redresser la roue (voir p.158). Vérifiez la propreté des jantes ; elles ne doivent pas non plus être bosselées ou évasées ni embouties.

# Révision en trente minutes II

La bicyclette est une extension dynamique de votre corps. Apprenez à être en symbiose avec elle, de sorte que vous sachiez l'écouter et l'observer instinctivement tout en roulant. Mieux vous roulerez, plus vous serez attentif à l'état mécanique de votre machine, et plus son entretien ira de soi.

## L'ouïe

Bruissements, cliquètements, chuintements, chaque bicyclette crée sa propre mélodie, au rythme constant quand elle est en bon état de marche. Soyez attentif au moindre bruit inhabituel, et lorsque vous en entendez un, tâchez d'en connaître immédiatement la cause : si vous entendez un cliquetis rapide, cessez de pédaler un instant. Si le bruit persiste, il s'agira vraisemblablement des roues. Arrêtez-vous et faites-les tourner séparément pour localiser le problème.

## Le toucher

Votre sens du toucher est toujours fondamental. Si vous sentez que quelque chose ne va pas lorsque vous vous penchez dans un virage ou dévalez une pente, faites confiance à votre impression. Arrêtez-vous et contrôlez la pression des pneus. Si tout est en ordre,

vérifiez la fixation et l'alignement des roues. Autre cas de figure : vous roulez en danseuse et percevez soudainement un déclic ou une secousse bizarre lorsque vous appuyez sur la pédale. Le déclic peut indiquer une dent de plateau pliée par l'effort et frottant contre la fourchette de dérailleur. La secousse est un indice du desserrement de la manivelle ou de la pédale.

## La vue

Vos yeux, comme votre ouïe, acquerront naturellement le sens du bon état de marche de votre vélo à mesure que vous vous familiariserez avec son fonctionnement. En observant la chaîne et le dérailleur arrière, vous constaterez peut-être que le bras de dérailleur est soudain animé d'un mouvement de va-et-vient pendant que la chaîne passe sur les galets. Il s'agit probablement d'un maillon rigide. Ou encore, si la chaîne se soulève légèrement en passant sur le plateau, cela peut indiquer une dent ébréchée ou faussée. Sans fixer délibérément votre attention sur les problèmes éventuels, mais en gardant un œil, une oreille et une main sur le vélo, vous remarquerez immédiatement le moindre dysfonctionnement.

**USURE DE LA CHAINE**
*Vérifiez l'usure de la chaîne en la faisant tourner sur le grand plateau : elle est usée si l'une des dents de la roue dentée reste à nu. Ou bien mesurez une longueur de 30,5 cm de chaîne de rivet à rivet : si celle-ci fait 30,8 cm ou plus, c'est qu'elle est également usée.*

*Remplacez ensemble la chaîne, les plateaux et les pignons, car une chaîne neuve aura un rendement médiocre sur des dentures usées. Si votre vélo est doté d'une combinaison plateaux/pignons spécifique, vous pourrez ne pas remplacer ceux qui ne sont pas usés.*

**DENTURES**
*Vérifiez l'alignement des plateaux et l'absence de jeu latéral. Assurez-vous qu'aucune dent n'est ébréchée ou pliée. Une denture très usée ressemble à un aileron de requin ou à une série de vaguelettes — son remplacement est depuis longtemps nécessaire.*

## JEU DE DIRECTION

*Vérifiez les roulements du jeu de direction en bloquant le frein avant et en poussant le vélo d'avant en arrière. Un claquement sourd est signe de desserrement des roulements, ou du boulon de frein. Soulevez la roue avant et faites doucement tourner le guidon : une résistance signifie que les roulements sont trop serrés et/ou qu'il est nécessaire de les graisser.*

## MANIVELLES DESSERRÉES

*Les grincements sont souvent le fait d'une manivelle desserrée. Pour vérifier les pédales, placez-les à l'horizontale, et appuyez fortement sur les deux en même temps. Tournez les pédales de 180° et recommencez l'opération. Si la pédale bouge, son boulon de fixation a besoin d'être resserré. Vérifiez fréquemment les pédales d'une bicyclette neuve.*

## ROULEMENTS

Les moyeux, pédalier, pédales et roue libre d'un vélo fonctionnent grâce à des roulements à billes qui réduisent les frottements entre les pièces mobiles, par exemple entre le moyeu et l'axe d'une roue. Certains roulements sertis ne peuvent être réglés. D'autres disposent d'une piste ou cuvette fixe et d'un cône ou cuvette amovible maintenu par un contre-écrou. La technique de réglage de base des roulements consiste à desserrer le contre-écrou et à visser à la main le cône ou la cuvette réglable à ras contre les billes puis à le dévisser d'un huitième à un quart de tour. En maintenant l'ensemble, resserrez légèrement le contre-écrou. Vérifiez que le réglage soit légèrement desserré et produise un faible déclic en étant poussé d'avant en arrière. En resserrant fortement le contre-écrou, le roulement sera parfaitement réglé — mais vérifiez-le systématiquement : les roulements de moyeu se resserrent quelque peu lorsque la roue est fixée au cadre.

## PÉDALES ET MANIVELLES

*Tenez fermement la pédale et la manivelle, et poussez la pédale d'avant en arrière. Un cliquetis indique le desserrement des roulements : il faudra les régler. Puis faites tourner la pédale. Grincement et friction indiquent un roulement trop serré. Si vous utilisez des cale-pieds, vérifiez l'absence de fissure. Veillez au bon état des courroies : elles ne doivent pas présenter de rainures qui puissent faire glisser la boucle.*

# Entretien des roues

La roue de bicyclette est l'un des mécanismes les plus robustes qui soient. Plus elle est légère, plus souple sera le vélo et rapides ses accélérations. C'est pourquoi les vélos de course sur route ou sur piste sont dotés de roues légères à boyaux étroits, tandis que le VTT, destiné à franchir rochers et nids de poule, utilise des roues plus larges et plus lourdes, à pneus épais. Il existe une grande variété de roues, de la plus légère à la plus lourde, qui toutes donnent une personnalité différente au vélo sur lequel elles sont montées. On peut équiper un VTT de pneus à sculptures profondes adaptés au tout-terrain, de pneus pluie de route pour les trajets citadins ou de pneus lisses pour le pilotage rapide sur route.

## Réglage des roulements

Les roues doivent être régulièrement vérifiées et ajustées : il est nécessaire que la tension des rayons soit équilibrée et que la jante ne soit pas voilée — lorsque la roue tourne, la jante ne doit pas osciller latéralement ni verticalement. Les roulements de moyeu à cône réglable ne doivent être ni trop serrés ni trop desserrés. Certains roulements ne peuvent être réglés.

### ALIGNEMENT DES ROUES

*La première vérification importante, c'est celle de l'alignement des roues. Après avoir retourné le vélo sur la selle, accroupissez-vous derrière une roue et vérifiez le bon alignement des roues au niveau des yeux.*

### NETTOYAGE ET LUBRIFICATION DES MOYEUX

En démontant un moyeu, comptez bien le nombre de billes que vous retirez. Nettoyez tous les éléments dans un solvant biodégradable et séchez-les. Enduisez les cuvettes de graisse et pressez-y les billes.

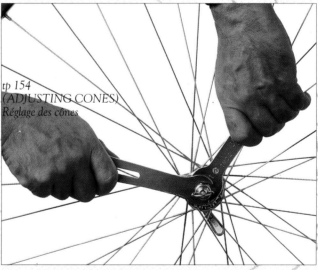

*tp 154
(ADJUSTING CONES)
Réglage des cônes*

### ROULEMENTS DE MOYEU

*Cette vérification s'effectue toujours la roue fixée aux pattes, car l'écrou de serrage de l'axe ou le blocage rapide resserrent légèrement les roulements. Empoignez la roue et tirez-la de haut en bas. Si vous entendez nettement un cliquetis, les roulements sont desserrés. Soulevez ensuite la roue et positionnez la valve à 3 heures. En relâchant la roue, le poids de la valve devrait la faire tourner de sorte que cette dernière se positionne à 6 heures. Dans le cas contraire, les roulements sont vraisemblablement trop serrés. Démontez alors la roue et réglez le cône.*

### RÉGLAGE DES CONES

*Vérifiez le serrage du contre-écrou et du cône droits. du moyeu. Dévissez le contre-écrou et le cône de gauche. Vissez à la main le cône contre les billes, dévissez de un huitième à un quart de tour et serrez avec le contre-écrou. Faites un test avec l'écrou de serrage d'axe ou le blocage rapide en place. (N.B. : sur la roue arrière, enlevez la roue libre à filetage ou l'Hyperglide avant de régler les cônes — voir p. 178). Les moyeux de roue libre sont réglables sans qu'il faille démonter la roue, mais évitez de déloger les billes.*

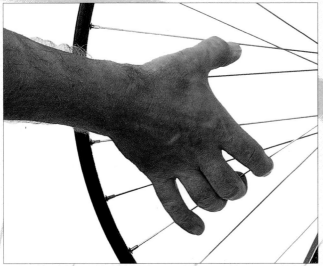

## DÉVOILAGE DE LA ROUE

*Le dévoilage de la roue est un art : les débutants ne doivent pas espérer atteindre la perfection dès le premier essai. Après avoir vérifié qu'aucun rayon n'est cassé ni plié, contrôlez leur tension en les pinçant comme une corde d'instrument de musique. Les rayons de la roue avant doivent tous produire le même son. Sur la roue arrière, la tension des rayons du côté de la roue libre est supérieure à celle des rayons du côté opposé. Si certains sont trop tendus, détendez-les afin que tous produisent le même son.*

1 *Marquez les déformations latérales en tenant un morceau de craie ou un marqueur, la main posée sur une base, tout en faisant tourner la roue. Rapprochez lentement la craie de la jante de sorte qu'elle en frôle les zones convexes. La plus longue marque indique le plus grand voilage de la jante, là où vous devrez d'abord retendre les rayons.*

2 *Une tension uniforme étant essentielle, réalignez tout rayon anormalement tendu dans la zone marquée, même si sa tension doit être supérieure à celle des autres. Tournez la roue pour vérifier le résultat. Lorsque la première zone voilée est rectifiée, passez à la suivante.*

4 *Marquez les déformations verticales en tenant la craie sur le dessus de la jante tout en faisant tourner la roue. Pour les zones convexes, resserrez les rayons par groupes de quatre ; pour les zones concaves, desserrez les rayons. Après avoir procédé à ces réglages, vérifiez l'absence de déformations latérales, et ajustez si nécessaire.*

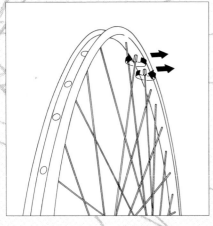

3 *Détendez les rayons fixés au flasque de moyeu situé du côté de la marque et retendez ceux du côté opposé. Travaillez par demi-tour à la fois, en équilibrant les deux côtés. Si vous détendez deux rayons d'un demi-tour chacun, retendez deux rayons d'un demi-tour de l'autre côté.*

5 *Examinez l'intérieur de la jante, et limez tout rayon en saillie qui pourrait percer la chambre à air. C'est en maniant la clef à rayons que vous découvrirez la complexité de la technique nécessaire au dévoilage d'une roue ; à la longue, vous devriez pouvoir travailler avec plus d'assurance.*

## PRESSION DES PNEUS

Afin que votre vélo roule plus vite, gonflez correctement les pneus. Sous-gonflés, ils accroissent la résistance au roulement ainsi que le risque de crevaison. La pression indiquée sur le flanc du pneu n'est qu'une pression de référence calculée en gonflant à une pression équivalente au double de celle-ci sans que le pneu ne sorte de la jante. La pression optimale dépendant de la charge du vélo et des conditions de route ; faites des essais, car une différence de pression de 5 à 10 bars (kg/cm²) peut modifier considérablement les performances du pneu.

# Réparation d'une crevaison

Lorsqu'on roule à vélo, il est peu de mésaventures aussi irritantes que de crever. Mais si vous avez emporté avec vous une pompe et une chambre à air de rechange ou une trousse de secours pour crevaisons, vous pourrez repartir rapidement. Veillez à ce que l'embout de la pompe corresponde bien au type de valve de vos pneus, et que la chambre de rechange soit identique à celle que vous remplacez. Le diamètre des valves varie selon qu'il s'agit d'une valve Schrader de type automobile ou d'une Presta, plus étroite. Limitez les risques de crevaison en gonflant régulièrement vos pneus à la pression correcte, en vérifiant leur usure et en retirant tout corps étranger tranchant incrusté dans la bande de roulement.

**1** Enlevez le capuchon de la valve et le contre-écrou. Si la valve est de marque Presta, dégonflez entièrement le pneu et poussez-la dans le pneu. Avec une valve Schrader, utilisez un crayon, un tournevis ou tout autre petit outil pour actionner la valve, puis repoussez-la à travers le perçage de la jante.

## REMPLACER UNE CHAMBRE À AIR EN DEUX MINUTES

**2** Pincez simultanément les deux flancs du pneu sur toute la circonférence de la roue, en faisant jouer le bourrelet du pneu pour le dégager de la jante. Veillez à ce que les deux bourrelets restent bien dans le fond de jante. Si nécessaire, soulever la valve pour l'écarter du bourrelet.

**3** Si le pneu est suffisamment souple, faites passer un côté par dessus la jante. Si le pneu est rigide, insérez avec précaution un démonte-pneu en veillant à ne pas pincer la chambre, puis soulevez le bourrelet au-dessus de la jante. Répétez l'opération sur toute la circonférence de la roue pour dégager complètement un flanc du pneu hors de la jante.

**4** Dégagez la valve du perçage et retirez la chambre. Marquez avec une craie le point de crevaison sur la chambre. Recherchez sur le pneu la cause de la crevaison et retirez de l'enveloppe tout corps étranger avant d'insérer la chambre neuve ou réparée.

**5** Gonflez partiellement la chambre pour la mettre au rond, afin qu'elle ne se plisse ou ne se pince. Glissez-la dans le pneu puis insérez la valve dans le perçage de la jante, en veillant à ce qu'elle reste droite, et fixez-la en serrant légèrement le contre-écrou.

**6** Insérez le reste de la chambre dans l'enveloppe, en veillant à ce qu'elle soit uniformément répartie autour de la jante, puis dégonflez-la complètement. Repoussez la valve dans le pneu. Faites glisser le bourrelet par-dessus la jante. Veillez à bien dégager de la jante la tige de valve afin que le bourrelet ne pince la chambre, ce qui provoquerait une hernie.

**7** Avec les pouces, repoussez les flancs du pneu par-dessus la jante, en le faisant jouer de sorte qu'il ne se libère pas d'un côté ou de l'autre, tout en poussant fermement. Si la dernière section du bourrelet est trop rigide, empoignez fermement le pneu et tirez-le d'un coup sec pour le mettre en place. Puis gonflez la chambre.

# Remplacer une chambre à air en deux minutes

Quelques astuces techniques vous permettront, avec de la pratique, de remplacer une chambre à air moins de deux minutes (on a déjà pu le faire en une minute !). Le secret, c'est de veiller à ce que les bourrelets du pneu soient bien dégagés des rebords de la jante, tout en restant bien dans le fond de jante. Cela assouplira le pneu qui, après des mois d'utilisation, a tendance à adhérer à la jante, de sorte qu'il sera plus facile de soulever un des flancs du pneu au-dessus du rebord de la jante. Vos mains seront toujours les outils les mieux adaptés à cette opération. Il se peut toutefois que vous ayez besoin d'un démonte-pneu ; dans ce cas, évitez de pincer la chambre avec l'outil.

# Réparer une crevaison

Pour réparer une crevaison, il vous faut une trousse de secours comprenant des démonte-pneus, des pièces à coller (rustines) et un tube de dissolution. Une râpe ou tissu abrasif et un morceau de craie ne sont pas inutiles. Procédez avec méthode. Le secret d'une bonne réparation, c'est la préparation de la chambre et sa propreté. Si vous vous salissez les mains en démontant la roue, lavez-les afin de ne pas souiller la chambre de cambouis. Si vous ne parvenez pas à localiser la crevaison, c'est probablement la valve qui fuit. Les crevaisons sur la face interne de la chambre proviennent de rayons faisant saillie dans le fond de jante. Il faudrait les limer, mais en guise de mesure provisoire on se contentera de les recouvrir d'un tissu adhésif.

## RÉPARER UNE CREVAISON

**1** Localisez la crevaison en gonflant la chambre et en la faisant passer près de votre visage. Si vous n'entendez pas l'air s'échapper et ne le sentez pas sur votre joue, vérifiez la valve avec une goutte de salive. Si vous ne parvenez toujours pas à localiser la crevaison, gonflez à fond la chambre, plongez-la dans une bassine d'eau et cherchez les bulles d'air.

**2** Lorsque vous aurez localisé la crevaison, séchez la chambre et rendez rugueuse la zone de crevaison avec du papier abrasif, sur une surface plus large que la pièce à coller. Si vous ne disposez pas d'abrasif, une surface en ciment fera l'affaire. Nettoyez une dernière fois parfaitement la chambre.

**3** Lavez-vous les mains. Etalez la dissolution en couche uniforme sur la zone abrasée. En veillant à ce que rien ne puisse la toucher, laissez prendre quelques instants la dissolution, de sorte que le solvant s'évapore complètement. Posez la chambre en lieu sûr.

**4** En attendant que la dissolution sèche, cherchez à l'intérieur de l'enveloppe la cause de la crevaison. Si la crevaison est située sur la face interne de la chambre, elle est vraisemblablement due à un rayon en saillie. Si vous ne pouvez le limer, recouvrez-le de plusieurs couches de tissu adhésif.

**5** Retirez le papier protecteur de la pièce à coller en prenant soin de ne pas toucher la surface adhésive. Appuyez fortement la pièce sur la crevaison, en frottant de l'intérieur vers l'extérieur. Saupoudrez la dissolution autour de la pièce avec de la craie.

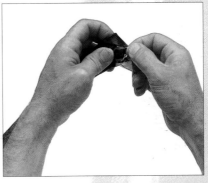

**6** Laissez prendre la pièce durant quelques minutes, puis pincez-la avec la chambre pour fendre la pellicule de cellophane au dos de la pièce. Retirez la cellophane à partir du centre de la pièce sans décoller celle-ci. Gonflez la chambre et vérifiez la réparation.

# Réparations d'urgence I

C'est l'instant redouté de tout cycliste : vous êtes en route et un composant essentiel de votre vélo casse sans prévenir. Vous n'avez emporté aucune pièce de rechange ni de trousse à outils, et le téléphone le plus proche se trouve à des kilomètres. Votre VTT vous lâche en pleine nature. Faites alors preuve d'ingéniosité, car la solution de votre problème est souvent plus simple que vous ne le pensez. Vous êtes victime d'une crevaison, la chambre n'est plus réparable et vous n'en avez pas de rechange. Que faire ? Remplissez le pneu d'herbe, en la tassant suffisamment pour que vous puissiez rentrer chez vous. Une vis du porte-bagages se desserre et vous n'avez pas de tournevis : utilisez une pièce de monnaie. Une patte de fourche s'est voilée : tentez de la réaligner avec la partie creuse de la tige de selle. Un câble s'est rompu : essayez de le dérouler ou de le remplacer par une ficelle. La liste des réparations sommaires en cas d'urgence est infinie. Tout ce dont vous aurez besoin, c'est d'un peu d'imagination, en sachant que la plupart des pièces peuvent être réparées avec des moyens de fortune.

**SELLE FENDUE.** Si la selle s'est fendue sur son armature, vous avez le choix soit de rouler en danseuse, soit d'essayer de la réparer. S'il reste du rembourrage, utilisez-le pour la lier.

**SELLE BANDÉE.** Si le rembourrage de selle a disparu, enroulez une chemise ou un T-shirt autour de la selle et fixez-le avec une ficelle.

**PÉDALES RAPIÉCÉES.** Si le corps de la pédale s'est brisé mais que l'axe est en bon état, réparez-la avec du fil de fer, ou utilisez un morceau de bois en guise de pédale. Si l'axe s'est brisé, arrimez un morceau de bois sur le côté de la manivelle.

**PERTE DE VITESSE.** Si le dérailleur est endommagé, laissez la chaîne sur un pignon intermédiaire et ficelez le dérailleur de sorte que le train de galets reste en extension et la chaîne tendue.

**RUPTURE DE CHAINE.** Si un rivet s'est descellé, remplacez-le par une brindille ou du fil de fer que vous fixerez avec un tissu adhésif ou un morceau de tissu. Vous devrez refaire la réparation toutes les demi-heures environ, mais vous pourrez continuer à rouler.

CABLES. Si la petite enveloppe de gorge de câble d'une manette de dérailleur est endommagée, faisant ainsi sortir le câble lorsque vous actionnez la manette, enroulez une attache de câble autour de l'enveloppe pour le maintenir dans la gorge. Ces attaches sont utiles car elles permettent de maintenir ensemble les composants.

ROULEMENTS DE JEU DE DIRECTION. Si vous roulez en terrain boueux ou devez traverser un cours d'eau, protégez les roulements en recouvrant la base du tube de direction d'un morceau de chambre à air.

LEVIER DE FREIN. Si le levier casse, insérer à force un tube creux sur le bout restant.

DÉRAILLEUR AVANT. S'il casse, enlevez câble et mécanisme, et placez la chaîne sur le plateau intermédiaire.

RUPTURE DE CABLE POUR ÉTRIER. Les câbles de frein rompus ou effilochés qui ne coulissent pas dans une gaine peuvent être remplacés par de la ficelle.

PNEUS. En cas de petite fuite et sans trousse de secours pour crevaison, sortez la chambre avec précaution et colmatez avec du tissu adhésif.

## L'ART DE LA RÉPARATION

*Avant de devenir le moyen de transport le plus usuel, les automobiles étaient avant guerre trois fois moins nombreuses que les bicyclettes ; on rencontrait fréquemment à l'époque des scènes de ce genre sur le bord des routes.*

## RÉPARATIONS SUCCESSIVES

*Si votre première réparation vous lâche après quelques kilomètres, ne désespérez pas. Vous avez pu réparer la pièce défectueuse une première fois, vous pourrez donc le faire une seconde fois. Votre excursion en sera peut-être ralentie, mais cela vaudra mieux que de rentrer à la maison en poussant votre vélo. Il vaudra la peine d'emporter quelques ustensiles indispensables, fil de fer, ficelle, canif et tissu adhésif, avec lesquels vous pourrez réparer provisoirement la plupart des pannes.*

PIÈCES PROVISOIRES. Les flancs des enveloppes modernes étant assez minces, une mauvaise entaille peut laisser sortir une hernie de la chambre. Colmater l'entaille à l'intérieur avec un morceau de carton, de vieille chambre à air, d'écorce ou même de papier. Remettez la chambre en place et regonflez-la.

REMPAILLAGE. Si tout cycliste devrait emporter une pompe, c'est toujours au moment où vous en avez le plus besoin que vous constatez l'avoir oubliée. Gonflez artificiellement le pneu en le bourrant d'herbe ou de feuilles, de petites brindilles comme celles du noisetier ou même de vieux journaux. Le pilotage sera peut-être rude, mais cela vaudra mieux que de marcher.

# Réparations d'urgence II

### BATON ET FICELLE

On pourra improviser une clef à molette avec une ficelle ou un fil de fer noué sur un petit bâton, plat de préférence. Enroulez la ficelle ou le fil de fer autour de l'écrou ou de la pièce concernée ; enroulez la ficelle dans le sens des aiguilles d'une montre pour serrer, dans le sens contraire pour desserrer. Appuyez une extrémité du bâton sur l'écrou, l'autre extrémité servant de manche. C'est une méthode qui peut sembler désespérée, mais qui s'avérera très efficace si vous veillez à nouer fortement la ficelle ou le fil de fer sur le bâton.

### FERMOIRS DE FERMETURE ÉCLAIR

Vous devriez toujours garder en réserve un bon nombre de fermoirs de fermeture Éclair. En matière plastique souple, ils sont extrêmement résistants et très pratiques, et peuvent servir à monter certaines pièces du vélo, à remplacer des boulons cassés net, ou à fixer aux rayons une roue libre dont les cliquets sont bloqués. Leur utilisation est infinie et on peut les stocker en de nombreux endroits sur le vélo, scotchés sous la selle ou sur une entretoise, ou cachés dans la tige de selle.

### BOULON EN BOIS

Avec un canif — ustensile que nul cycliste tout terrain ne devrait oublier — on pourra tailler dans du bois un boulon provisoire ou toute autre pièce du vélo. Dénichez un vieux manche d'outil, un poteau de clôture, ou un morceau de bois aussi sec et dur que possible. La taille de ce boulon de manivelle (ci-dessus) est légèrement surdimensionnée, afin que le filetage de la manivelle creuse un pas correspondant dans le bois. La résistance du boulon en bois est évidemment limitée, mais tout ce qu'on lui demande, c'est de maintenir la manivelle en place. La méthode "retour à la maison" consiste à utiliser le boulon en métal de la manivelle opposée pour serrer la manivelle desserrée, puis à assujettir cette dernière avec le boulon en bois.

### RÉPARER UN CABLE

*On réparera un câble cassé en reliant ses deux extrémités avec un autre objet : morceau de bois, boîte en fer-blanc, bout de chiffon ou lacet. S'il est impossible de raccommoder un câble ayant cédé trop près de la manette de commande, il faudra trouver une autre solution. On pourra par exemple nouer le câble de dérailleur avant sur un tube du cadre ou sur une entretoise et actionner le dérailleur en tirant sur le câble avec un boulon de porte-bidon ou tout autre objet.*

### RIVET DE CHAINE EN FIL DE FER

*Si la chaîne casse net et que vous perdiez un rivet, vous pourrez le remplacer par un morceau de fil de fer provenant d'un cintre pour vêtement. Faites passer la chaîne sur un pignon suffisamment large pour qu'elle ne touche pas les pignons voisins qui pourraient bloquer le fil de fer. Recourbez les extrémités du fil de fer le long de la chaîne, vers l'arrière, dans le sens opposé à la course de celle-ci, et fixez-le avec un tissu adhésif. La denture du pignon creusera un trou dans le tissu.*

### ROUE VOILÉE

*Il peut arriver qu'une roue soit gravement voilée après un accident. Quelle qu'en soit la cause — freinage avant trop violent dans un virage, ou dérapage avec la roue arrière coincée dans un rocher — c'est un problème majeur : la roue est si bien pliée qu'elle ressemble à une chips. Démontez-la et maintenez-la de sorte que les parties incurvées vers l'avant soient situées en haut et en bas. Posez-la contre un arbre, un poteau ou un mur, empoignez les parties incurvées vers vous (à 3 et 9 heures) et poussez fortement jusqu'à ce que la jante soit suffisamment dévoilée pour être remontée sur le vélo. Avec une clef à rayons, serrez les rayons et dévoilez la roue le mieux possible. Si vous ne disposez pas de clef à rayons, rien n'est perdu : utilisez une petite clef anglaise ou une petite tenaille. Enlevez le pneu et réglez les écrous de rayon. Rentrez chez vous en roulant très lentement.*

# Réglages de confort I

Déterminer une position aussi efficace et confortable que possible, cela implique toute une série de mesures et de réglages interdépendants. Par exemple, lorsque l'on augmente la hauteur de selle, la distance entre la selle et le guidon augmente également. Pour conserver une position confortable, vous devrez probablement avancer la selle ou, si vous ne le pouvez plus, utiliser une potence plus courte. Les réglages proposés ici sont méthodiques, de sorte que si vous en modifiez un, en installant des manivelles plus longues ou plus courtes, ou bien en rehaussant ou en abaissant le guidon, vous devrez réajuster tous les réglages à partir de la première étape. Ce nouvel ajustement sera probablement inconfortable au début, mais laissez à votre organisme le temps de s'y habituer, c'est-à-dire en roulant environ 80 km.

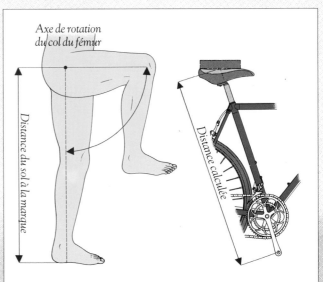

Axe de rotation du col du fémur

Distance du sol à la marque

Distance calculée

## HAUTEUR DE SELLE

Pour déterminer la bonne hauteur de selle, multipliez par 0,885 la longueur de votre entrejambe (mesurée contre un mur, pieds nus), puis ajoutez l'épaisseur de la semelle de vos chaussures avec les cales. Si vous avez une grande pointure pour votre taille, ajoutez 3 mm. Le résultat donne la distance nécessaire entre le sommet de la selle et le centre de l'axe de pédalier. Une méthode plus précise consiste à se tenir debout contre un mur, pieds nus, et de marquer la hauteur de l'axe de rotation du col du fémur (la bosse la plus proéminente sur la hanche au-dessus de la poche revolver). En levant la cuisse parallèlement au sol, elle devrait être alignée avec la marque. Mesurez trois fois la longueur de chaque jambe de la marque au sol (en millimètres) et multipliez la moyenne par 0,95. Ajoutez l'épaisseur de votre semelle avec la cale, et la hauteur du corps de pédale au-dessus de l'axe de la pédale. Le résultat donne la distance nécessaire entre l'axe de pédale sur la manivelle et un point situé à mi-chemin entre le sommet de la selle et une règle plate.

## VÉRIFICATION DE LA TAILLE DU CADRE

Petit guide de vérification des cotes du cadre : avec la selle à la bonne hauteur, la sortie de tige de selle doit être comprise entre 9 et 13 cm sur un vélo de course, entre 7 et 10 cm sur un vélo de cyclotourisme, et entre 15 et 20 cm sur un VTT La garde entre votre entrejambe et le tube horizontal doit être de 2,5 à 5 cm sur un vélo de course, de 2,5 cm sur un vélo de cyclotourisme, et de 7 cm ou plus sur un VTT et sur tout autre vélo hybride.

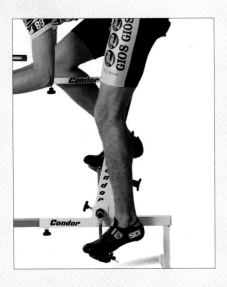

### VÉRIFICATIONS RAPIDES

*Pour compléter les techniques décrites ci-dessus, il existe quelques vérifications standards qui permettent de savoir au premier coup d'œil si votre selle est à la bonne hauteur. Assis sur la selle, la pointe du pied posée sur la pédale abaissée, votre genou doit être légèrement replié (à gauche). Si en pédalant vos hanches basculent d'un côté et de l'autre, votre selle est trop haute (à droite). Autre vérification : la pédale complètement baissée, votre talon devrait à peine pouvoir atteindre l'autre pédale. Une garde de 3 mm devrait être parfaite. Avec des cales standards, conservez une garde de 3 à 5 mm. La garde des pédales automatiques doit être de 5 à 8 mm.*

## RÉGLAGES DE LA SELLE

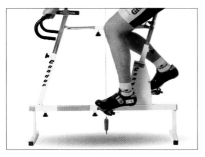 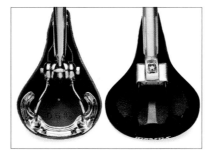 

### Réglage longitudinal
Assis, les pédales horizontales, un fil à plomb doit relier la saillie du genou à l'axe de la pédale avant. Avancez la selle de 1 cm pour une cadence de pédalage plus élevée, reculez-la de 1 à 2 cm pour disposer de plus de puissance.

### Inclinaison de la selle
Pour modifier l'inclinaison de la selle, réglez l'angle du collier de serrage. Les selles traditionnelles (ci-dessus à gauche) se règlent avec une clef à molette, tandis que les selles à réglage micrométrique

s'ajustent avec une clef pour vis à six pans creux. Commencez par placer la selle à l'horizontale (ci-dessus), et baissez la pointe si vous n'êtes pas à l'aise. Trop bas risque de vous fatiguer les bras et le dos. Trop haut peut être douloureux à la longue.

 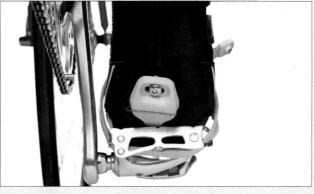

### PÉDALES
*Pédalez toujours en maintenant la partie la plus large de votre pied au-dessus de l'axe de pédale : vous aurez un pédalage plus confortable et plus puissant. La pédale est essentiellement une plate-forme grâce à laquelle votre pied appuie sur les manivelles. Si vous utilisez des cale-pieds, veillez à conserver un espace d'au moins 5 mm entre la pointe de la chaussure et le cale-pied.*

### CALES TRADITIONNELLES
*Réglez la cale selon la rotation naturelle de votre pied. Desserrez légèrement le boulon de réglage de sorte que la cale puisse bouger en fonction de la torsion du pied. Roulez à cadence rapide en adoptant diverses positions. Lorsque vous serez à l'aise, arrêtez-vous et défaites la courroie. Soulevez la cale sans modifier sa position et serrez le boulon.*

## TENSION DE LA PÉDALE

La plupart des pédales automatiques disposent d'une vis de réglage de tension. Si vous en utilisez pour la première fois, réglez la tension de sorte que vous puissiez dégagez votre pied par simple torsion du talon vers l'extérieur. Le pied fixé à la pédale est une sensation certainement déroutante au premier abord, mais en fait les pédales automatiques sont plus simples à utiliser et plus sûres que les pédales traditionnelles à cale-pieds, courroies et cales de chaussures. Augmentez la tension lorsque vous vous serez familiarisé à ce type de pédales.

### PÉDALES AUTOMATIQUES
*La plupart des pédales automatiques autorisent un jeu de 10° dans la rotation ou la torsion du pied, mais il faudra cependant les régler selon la méthode décrite ci-dessus pour les cales traditionnelles. Demandez à un ami de serrer le boulon de réglage, car vous ne pourrez pas libérer votre pied de la pédale sans modifier la position de la cale.*

# Réglages de confort II

Après avoir positionné la selle à bonne hauteur, l'étape suivante consiste à régler la distance du guidon, de sorte que le dos du cycliste soit incliné vers l'avant d'un angle de 45° par rapport aux hanches, les bras légèrement repliés pour absorber les chocs de la route. Cette distance est fonction de la longueur de la potence. La potence des vélos de route (guidon à cintres) étant dirigée vers l'avant, la détermination de sa taille ne devrait poser aucun problème. En revanche, la potence d'un VTT, également dirigée vers l'avant, se soulève, et le guidon est soit droit, soit recourbé vers l'arrière avec un angle d'environ 12°. En raison de tous ces paramètres, un bon réglage résulte souvent d'une grande expérience. Une solution consiste à utiliser temporairement une potence de longueur réglable, une autre à mesurer les cotes sur un cadre-gabarit.

### POSITION DU GUIDON
*La potence doit être positionnée à une hauteur telle que le guidon soit de 2,5 cm à 7,6 cm plus bas que la selle. Le guidon en position basse convient aux buste et bras longs, et à un pilotage véloce ; la position haute est adaptée aux buste et bras courts, et à un pilotage plus détendu.*

### RÉGLAGE EN HAUTEUR
*Dévissez le boulon de l'expandeur et donnez quelques coups de maillet en bois sur le boulon à enlever. Graissez la potence et remettez-la en place, en serrant le boulon. Le guidon doit être bien immobilisé, mais il doit pouvoir pivoter en cas de chute. Faites un essai en maintenant la roue avant entre vos genoux et en faisant tourner le guidon.*

### LONGUEUR MAXIMALE
*La longueur de potence à l'intérieur du tube de direction doit être au minimum de 6,3 cm. La plupart des potences présentent un repère de sortie maximale de sécurité. La longueur de la potence, mesurée du centre du boulon expandeur au centre du guidon, varie de 5 à 14 cm. La limite de sécurité est de 12 cm.*

### EXTENSION DU GUIDON À CINTRE

**Extension courte**
Une extension trop courte voûte le dos, comprime le diaphragme et diminue le rendement aérobique du cycliste. N.B. : Les mains dans les cintres et les avant-bras parallèles au sol, les genoux doivent dépasser les coudes au sommet du coup de pédale.

**Extension longue**
Une extension trop longue bloque les coudes et le dos. Ultérieurement vous pourrez allonger la potence de 1 à 2 cm. Les mains sur les cocottes, vous ne devriez pas voir le moyeu avant.

## CINTRE DU GUIDON

*La profondeur du cintre (à gauche) dépend essentiellement de la taille de votre main. Les cintres de 14 cm sont de faible profondeur, ceux de 14 à 15 cm sont de profondeur moyenne, et ceux de plus de 15 cm sont de grande profondeur. Les extrémités du guidon doivent être parallèles au sol, ou inclinées de 10° au maximum.*

## MESURES DE LA MAIN

*Pour mesurer la taille de votre main (à droite), empoignez un tube de même diamètre que le guidon, posez-le verticalement sur une table et mesurez la taille de votre poing. Sous 7 cm, votre main est de petite taille, 7-9 cm de taille moyenne, et au-dessus de 9 cm de grande taille.*

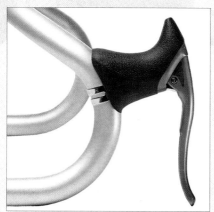

## LEVIERS DE FREIN

*Sur un guidon à cintre, le levier de frein (à gauche) doit être monté de sorte que son extrémité rejoigne une ligne droite prolongeant l'extrémité horizontale du guidon.*

## RÉGLAGE DU LEVIER DE FREIN

*Le boulon de fixation du frein (à droite) se trouve à l'intérieur de la cocotte. On y accède avec une clef à six pans creux en actionnant le levier.*

## RÉGLAGES DU GUIDON

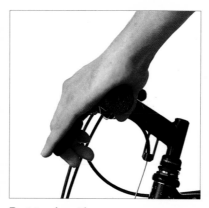

**Largeur du guidon**
Le guidon, dont la largeur varie de 53 à 61 cm, doit être au moins aussi large que vos épaules. Un guidon plus large permet un meilleur pilotage à faible vitesse ; un guidon plus étroit convient mieux à la course, ou pour se faufiler dans les embouteillages.

**Position de guidon**
Le poignet tendu indique une position correcte à la fois du guidon et du levier de frein. Gardez le pouce recourbé et enroulez vos doigts sur la poignée du guidon, en posant l'index et le majeur sur le levier de frein.

**Réglage du levier de frein**
La plupart des leviers de frein disposent d'une vis de réglage de leur écartement par rapport au guidon. Serrez suffisamment le boulon de fixation, mais pas trop de sorte que le levier puisse pivoter en cas de chute.

# Les freins

Avant de réviser vos freins, procédez toujours à trois vérifications essentielles. D'abord, assurez-vous que les jantes des deux roues ne sont pas voilées (voir p. 154-155) et sont en bon état, sans bosselure ni déformation qui diminueraient le rendement du freinage. Si elles sont rayées et sales, nettoyez-les avec de la paille de fer. Vérifiez l'usure des patins de frein et enlevez les gravillons incrustés. Enfin, veillez à ce que les câbles ne soient pas entortillés ni effilochés, et que les gaines soient en bon état. Remplacez toutes les pièces usées et tout composant qui vous paraîtrait suspect.

### LEVIER DE FREIN
*Réglez le levier de sorte que la force d'appui assure un freinage efficace, sans que le levier ne vienne buter sur le guidon. La vis de réglage de tension du câble (à gauche) se trouve sur la monture du levier pour les freins cantilever, et sur le mécanisme du frein pour les freins à tirage latéral.*

### BOULON DE RÉGLAGE DU CABLE
*Desserrez le contre-écrou (à droite) puis vissez ou dévissez la vis. Pour réduire la tension en dévissant, tenez la gaine du câble en même temps que vous actionnez le levier de frein.*

## FREIN A TIRAGE LATÉRAL

**1** *Si le levier d'un frein à tirage latéral présente un jeu trop important et que la vis de réglage du câble ne peut être davantage dévissée, il faut réajuster à sa position d'origine le boulon de serre-câble. Tournez la vis de réglage dans le sens des aiguilles d'un montre pour la rentrer complètement. Pour éviter que le frein ne se détende en faisant sortir le câble hors du boulon lorsque vous le desserrez, appuyez sur l'étrier de frein de sorte que les patins soient maintenus contre la jante. Un outil spécial, la troisième main, maintiendra les patins, laissant vos deux mains libres.*

**2** *Lorsque vous aurez comprimé l'étrier de frein, desserrez légèrement, sans l'enlever complètement, l'écrou de serre-câble. Utilisez soit une paire de pinces, soit une quatrième main, pour tirer le câble à travers le boulon de serre-câble, puis resserrez l'écrou. Avant de serrer celui-ci, n'oubliez pas de vérifier la fermeture de l'attache du blocage rapide qui sert à ouvrir l'étrier de frein lors du démontage de la roue. Si elle est en position ouverte, le serrage de l'écrou de serre-câble est vraisemblablement trop important, dans ce cas recommencez toute l'opération.*

## FREIN CANTILEVER

**1** Les freins cantilever étant équipés de puissants ressorts, utilisez une troisième main si vous devez réajuster à sa position d'origine l'écrou de serre-câble lorsque le levier de frein ne peut plus être réglé par l'intermédiaire de la vis de réglage du câble. Tournez la vis de réglage pour la rentrer complètement, et appuyez sur l'étrier de frein de sorte que les patins soient maintenus contre la jante. Une troisième main évitera la sortie du câble hors du boulon de serre-câble. Certains freins ont un écrou de serre-câble situé sur l'étrier : on le réglera facilement avec une simple clef. D'autres freins sont dotés d'un boulon et d'un écrou qui nécessiteront alors deux clefs.

**2** Veillez à ne dévisser que l'écrou, et non le boulon de serre-câble, celui-ci étant percé d'un trou à travers lequel passe le câble. Si vous tournez le câble, il risque de s'entortiller. (Si les boulons de votre bicyclette sont forés, il sera prudent de toujours en emporter un de rechange dans votre trousse à outils). L'angle que forment le câble d'étrier et l'étrier influe à la fois sur la résistance des leviers de frein et la puissance de freinage. Cet angle étant variable, consultez le manuel d'entretien de votre vélo. Il est généralement inutile de modifier la longueur du câble d'étrier, mais vérifiez toutefois qu'il soit bien distant des roues.

### RISQUES POTENTIELS

Un frein cantilever posé sur une roue avant dépourvue de garde-boue présente un certain risque : si le boulon de serre-câble ou le câble cèdent, le câble d'étrier bloquera la roue avant. Vous risquez alors de passer par-dessus le guidon et de vous blesser. Pour l'éviter, une solution consiste à monter un réflecteur avant par le perçage de la fourche et de faire passer le câble d'étrier au-dessus de la bride du réflecteur. Une autre méthode consiste à utiliser un boulon suffisamment long pour qu'il retienne le câble d'étrier. Pour plus de sûreté, essayez d'attacher le câble sur lui-même, de sorte que si le boulon de serre-câble glisse, le câble d'étrier restera écarté de la roue.

### FREINS HYDRAULIQUES

Les freins hydrauliques fonctionnent non par le truchement d'un câble mais d'un fluide. Sauf si vous êtes bon plombier, le remplacement des tuyaux est un travail souvent complexe qui devrait être laissé à un mécanicien spécialisé. La méthode décrite ci-dessous pour régler un modèle de frein hydraulique assez répandu, le Magura Hydro-Stop, n'est qu'indicative : la technologie de ce type de frein évoluant rapidement, référez-vous au manuel du fabricant. Pour le remplir et le vider de son air, positionnez le maître cylindre de sorte que les vis de tuyau et d'évent soient redressées. Dévissez le bouchon de remplissage de l'étrier de frein. Remplissez la seringue avec une huile minérale de faible viscosité, telle que la Castrol LHM 1756, la Pentosin LHM, la Hanseline H-LP 10, ou la Citroën Hydraulic Oils (n'utilisez jamais de liquide de frein à base de glycol). Expulsez l'air de la seringue et placez-la dans le trou de remplissage de l'étrier de frein. Enlevez la vis d'évent, et remplissez jusqu'à ce que tout l'air soit sorti. Remettez en place la vis d'évent avec un joint neuf, retirez la seringue et replacez le bouchon de remplissage avec un joint neuf. Vérifiez les freins en actionnant les leviers et en maintenant la pression. L'huile ne doit pas suinter des joints de tuyau ou des bouchons vissés. Relâcher les freins, et les plaquettes de frein devraient se remettre en position parking.

### RÉGLAGE DES PORTE-PATIN DE FREIN

Les porte-patin de frein doivent s'appuyer avec précision sur la jante de la roue. En cas de freinage intense, ils se compriment légèrement, et s'ils sont trop hauts sur la jante, ils peuvent creuser le pneu. Au contraire, s'ils sont trop bas, ils peuvent déraper et tordre les rayons. Les porte-patin de freins à tirage latéral sont dirigés vers le haut, vers le pneu, tandis que ceux des freins à tirage central sont dirigés vers le bas, vers les rayons. C'est pourquoi, en tenant compte de la compression, on positionnera les premiers plus près de l'intérieur de la jante, les seconds plus près du pneu.

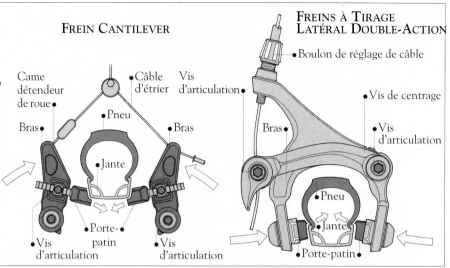

FREIN CANTILEVER

Came détendeur de roue • Câble d'étrier • Vis d'articulation • Pneu • Bras • Bras • Jante • Porte-patin • Vis d'articulation • Vis d'articulation

FREINS À TIRAGE LATÉRAL DOUBLE-ACTION

• Boulon de réglage de câble • Vis de centrage • Bras • Vis d'articulation • Pneu • Jante • Porte-patin •

### POSITION DE FREIN CANTILEVER

*Certains bras de frein cantilever ont un boulon de fixation de porte-patin à contre-écrou. Desserrez d'abord l'écrou, et utilisez une clef à six pans sur le boulon de fixation pour positionner le porte-patin. Serrez l'écrou et actionnez le frein pour vérifier la position du porte-patin.*

### POSITION DE FREIN CANTILEVER II

*D'autres bras de frein cantilever ont un simple boulon de fixation. Desserrez l'écrou et positionnez le porte-patin. Si le serrage de l'écrou déplace le porte-patin, placez celui-ci légèrement de travers, de sorte qu'il se positionne correctement en serrant.*

### INCLINAISON DU PORTE-PATIN DE FREIN CANTILEVER

*La partie avant du porte-patin doit toucher la jante avant la partie arrière. On réglera l'inclinaison en desserrant le boulon de fixation du porte-patin, puis en faisant pivoter la rondelle conique qu'il recouvre, ou en repositionnant le boulon sur le bras.*

### POSITION DE FREIN À TIRAGE LATÉRAL

*Les porte-patin de frein à tirage latéral n'ont qu'un seul boulon de fixation. Desserrez l'écrou pour positionner le porte-patin. Si le serrage de l'écrou déplace le porte-patin, placez celui-ci légèrement de travers, de sorte qu'il se positionne correctement en serrant.*

### INCLINAISON DE PORTE-PATIN DE FREIN À TIRAGE LATÉRAL

*Si l'on ne peut normalement pas régler l'inclinaison des freins à tirage latéral, on pourra cependant y procéder en insérant une clef à molette au-dessus du bras de frein et en le courbant — méthode à employer avec précaution. Une autre technique consiste à déformer le bras avec une lime.*

### ACTION SUR LA JANTE DU FREIN À TIRAGE LATÉRAL

*Les deux porte-patin doivent serrer la jante en même temps. On peut centrer les freins à tirage latéral Shimano à double vis d'articulation grâce à une vis de réglage. Les freins à simple vis d'articulation sont centrés en desserrant la vis d'articulation située derrière la fourche.*

## CANTILEVER —
### VIS D'ARTICULATION

*Les mâchoires de frein pivotent sur des tasseaux qui doivent être propres et bien lubrifiés. Libérez le câble d'étrier pour soulager la tension du ressort sur la mâchoire et desserrez la vis d'articulation. Retirez la mâchoire, puis nettoyez et graissez légèrement le tasseau. Si celui-ci est très éraflé, lissez-le avec du papier de verre ou de la paille de fer. Veillez à l'abraser le moins possible, sinon le freinage risque d'être affaibli en raison du mauvais ajustement de la mâchoire.*

## CANTILEVER —
### TENSION DU RESSORT

*Si le tasseau présente plusieurs perçages de fixation du ressort de mâchoire, le choix du perçage détermine la tension du ressort. Tendez-le davantage en terrain boueux ou en hiver. Après avoir replacé la mâchoire, serrez suffisamment la vis d'articulation, mais pas trop, car elle pourrait abraser le tasseau et déformer la mâchoire. Si toutefois cela vous arrive, limez le tasseau en vérifiant fréquemment l'ajustement de la mâchoire, puis polissez le tasseau avec de la paille de fer.*

## TIRAGE LATÉRAL — DOUBLE VIS D'ARTICULATION

*On règle les freins Shimano à double vis d'articulation en desserrant le contre-écrou, puis en serrant la vis (dans le sens des aiguilles d'une montre) et en la desserrant légèrement. Resserrez ensuite le contre-écrou et vérifiez le réglage. C'est un point important, car en serrant le contre-écrou, on serre également le réglage. Démontez périodiquement les vis d'articulation pour les nettoyer et les graisser. Vérifiez soigneusement chaque composant, et lissez ceux qui portent des marques de rouille ou d'éraflures avec de la paille de fer.*

## TIRAGE LATÉRAL — VIS D'ARTICULATION SIMPLE

*On règle les freins à simple vis d'articulation en desserrant d'abord le contre-écrou, puis en serrant l'écrou de réglage (dans le sens des aiguilles d'une montre) et en le desserrant légèrement. Puis resserrez le contre-écrou. Pour démonter la mâchoire de frein, desserrez l'écrou de fixation situé derrière la tête de fourche. Pour nettoyer et graisser la vis d'articulation, dégagez le ressort de mâchoire, puis desserrez le contre-écrou et l'écrou de réglage, enfin enlevez les bras de frein. Conservez soigneusement les rondelles et toutes les petites pièces, chacune étant essentielle.*

## SURVEILLEZ VOS FREINS

Le crissement de freins peut provenir d'une mauvaise inclinaison des porte-patin. Lorsque la partie avant du patin touche la jante, il devrait y avoir un écart de 3 à 6 mm entre la jante et la partie arrière du patin. Un certain jeu dans le mécanisme du frein permet au porte-patin de pivoter légèrement lorsque le frein est actionné. S'il est correctement incliné, le patin devrait pivoter en restant bien plaqué contre la jante.

### Temps humide

Par temps de pluie, les performances des freins sur la jante sont considérablement réduites — la distance de freinage peut être multipliée par quatre. Essuyez régulièrement avec les patins l'eau accumulée sur les jantes en freinant doucement. Une autre solution consiste à monter sur les patins des essuie-jante qui, en frottant légèrement sur celle-ci, épongent eau et boue. Dans des conditions humides, les patins en matière synthétique ont un meilleur rendement que les patins en caoutchouc.

### Freinage d'urgence

Pour obtenir une décélération maximale, déplacez la plus grande part de votre poids sur les pédales, et déportez-vous en arrière au-dessus de la selle tout en freinant puissamment, sans toutefois bloquer la roue arrière, ce qui la ferait déraper, ni la roue avant, ce qui risquerait de vous faire passer par dessus le guidon. Faites à chaque sortie au moins un essai de freinage d'urgence, afin de vérifier le bon fonctionnement de chacun des freins et de vous familiariser avec cette technique, pour avoir les bons réflexes le moment venu.

# Remplacement des câbles

**D**es câbles bien lubrifiés et coulissant sans à-coups sont essentiels au pilotage en douceur du vélo. Vous constaterez qu'en les entretenant et en les remplaçant régulièrement les ruptures se feront très rares. Vous devriez doter vos freins des câbles les plus épais que puisse supporter votre machine, notamment s'il s'agit d'un vélo hybride ou d'un VTT Les câbles de plus gros diamètre, plus résistants, se détendent moins et sont plus sensibles. Le levier droit actionne le frein arrière, sauf en Grande-Bretagne, où l'on circule à gauche. Les câbles de dérailleur n'étant pas très différents des câbles de frein, les conseils d'entretien pourront s'appliquer à l'un comme à l'autre.

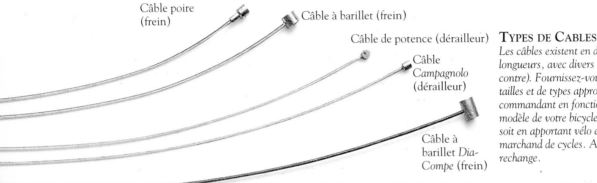

Câble poire (frein)

Câble à barillet (frein)

Câble de potence (dérailleur)

Câble *Campagnolo* (dérailleur)

Câble à barillet *Dia-Compe* (frein)

## TYPES DE CABLES

*Les câbles existent en différents diamètres et longueurs, avec divers types de goupilles (ci-contre). Fournissez-vous toujours en câbles de tailles et de types appropriés, soit en les commandant en fonction de la marque et du modèle de votre bicyclette et de ses composants, soit en apportant vélo et vieux câbles chez votre marchand de cycles. Ayez toujours un jeu de rechange.*

## ENTRETIEN DES GAINES

*Vérifiez que les gaines ne sont ni tordues ni percées (ci-contre) et que les câbles ne sont pas effilochés. Sinon, remplacez câbles et/ou gaines le plus tôt possible. Il est prudent de les changer par paire, dérailleur et freins. Ebarbez à la lime les extrémités d'une gaine coupée si la section est irrégulière.*

## FREIN À TIRAGE LATÉRAL

### DÉMONTAGE ET REMPLACEMENT

*Serrez la vis de réglage (dans le sens des aiguilles d'une montre). Fixez une troisième main sur le frein et desserrez l'écrou de serre-câble (ci-dessus à gauche). Actionnez le levier de frein et sortez le câble (ci-dessus à droite). Si vous remplacez la gaine, montez la nouvelle en la faisant coulisser dans les passe-câble si nécessaire, et en remontant les viroles (les petites capsules qui garnissent les extrémités de la gaine) si votre système en est équipé. Coupez la gaine avec une pince coupante aux mâchoires suffisamment larges pour ne pas l'écraser en coinçant sa* spirale. *Utilisez le cas échéant des fermoirs de fermeture éclair pour fixer la gaine au cadre. Graissez le câble et sa goupille et faites-le passer dans la gaine de poignée de frein puis dans sa gaine, en le faisant tourner (généralement dans le sens des aiguilles d'une montre) de sorte que les brins restent serrés et ne s'effilochent pas. Vérifiez la bonne fixation des extrémités de gaine, remontez l'écrou de serre-câble puis actionnez fortement le levier de frein, plusieurs fois de suite, pour détendre le câble. Enfin, réglez le frein selon la méthode décrite p. 166.*

## FREINS CANTILEVER

### DÉMONTAGE ET REMPLACEMENT

Vissez à fond le boulon de réglage de câble (dans le sens des aiguilles d'une montre). Fixez une troisième main sur le frein et désassemblez le câble d'étrier ainsi que le boulon de serre-câble (ci-dessus). Alignez les perçages de la vis de réglage et du contre-écrou sur celui du levier de frein, et dégagez le câble en le tirant à travers les perçages, ainsi que la goupille par le levier de frein. Remplacez la gaine le cas échéant, graissez et remontez le câble neuf. Insérez la goupille dans le levier de frein et emboîtez avec précision la gaine dans le boulon de réglage. Passez le câble à travers le boulon de serre-câble, en veillant à ce que les extrémités de la gaine soient bien emboîtées dans leurs butées, serrez le boulon et rattachez le câble d'étrier. Actionnez fortement le levier de frein, plusieurs fois de suite, pour détendre le câble, puis réglez-le selon la méthode décrite p. 166.

## CÂBLES DE DERAILLEUR

### DÉMONTAGE ET REMPLACEMENT

Mettez la chaîne sur les plus petits plateau et pignon. Vissez à fond le(s) boulon(s) de réglage dans le sens des aiguilles d'une montre. Dévissez de deux tours le boulon du dérailleur arrière, pour disposer d'une marge de réglage. Desserrez l'écrou de serre-câble qui, pour le dérailleur arrière, se trouve soit sur le corps du dérailleur, soit à l'intérieur de celui-ci, de même que pour la plupart des dérailleurs avant, dont certains ont cependant la butée de gaine sur le dérailleur et le boulon de serre-câble sur le cadre du vélo. Démontez les manettes (ce qui n'est pas toujours nécessaire avec les manettes fixées au tube diagonal) pour retirer les câbles. Comme pour les freins (ci-dessus), graissez et insérez les câbles neufs, puis serrez tous les boulons et attaches. Tendez les câbles en les tirant là où ils se trouvent à nu. Réglez le dérailleur si nécessaire.

## COUPER LES CÂBLES — QUELQUES CONSEILS

Si possible, attendez d'avoir fini de monter un câble neuf avant d'en raccourcir les extrémités, car elles risquent de s'effilocher et vous pourriez avoir des difficultés à faire passer le câble dans la gaine et le boulon de serre-câble. Utilisez des cisailles de bonne qualité — une pince ordinaire ne fera qu'effilocher le câble. Lorsque le câble est monté et raccourci, sertissez l'extrémité d'une capsule pour éviter qu'elle ne s'effile. Quand vous coupez une gaine, utilisez d'abord un couteau pour fendre l'enveloppe en vinyle et mettre à nu la gaine métallique. Voir "Réglage fins" (p. 186).

# Démontage et montage de la chaîne

Le rendement de la chaîne sera maximal tant qu'elle restera propre et bien graissée (voir p. 184). Parmi les plus ou moins 116 maillons, chacun est un ensemble de roulements à rouleaux aussi simple que précis. La saleté, en arasant la surface des rouleaux, accroît l'usure. A mesure que les rivets d'articulation élargissent le perçage des plaques latérales, la chaîne, en se détendant, s'engrène moins souplement sur la denture des plateaux et des pignons de la roue libre, la précision du dérailleur se dégrade et la chaîne a tendance à sauter d'un pignon sur l'autre. Lorsque vous changez la chaîne, remplacez également les plateaux et les pignons, car elle risque de déraper sur les dentures usées — ce sera en outre l'occasion, si vous le souhaitez, de modifier les braquets. Avant d'acheter une nouvelle chaîne, vérifiez qu'elle est adaptée à la transmission de votre vélo et renseignez-vous sur les qualités respectives des différentes combinaisons chaîne/roue libre possibles.

1 Le démontage et le remontage de la chaîne n'est pas une opération compliquée dès lors que vous avez pris le tour de main : entraînez-vous sur une longueur de vieille chaîne. Placez d'abord la chaîne dans le dérive-chaîne, en centrant exactement le maillon entretoisé extérieur et la cheville sur le rivet.

2 Tournez six fois à six fois et demie la vis du dérive-chaîne, pour dégager le rivet de la plaque intérieure du maillon sans le faire sortir de la plaque extérieure.

3 Courbez la chaîne pour séparer le maillon. Si le rivet n'est pas suffisamment repoussé, utilisez à nouveau le dérive-chaîne. Procédez avec précaution, en tournant doucement la vis, d'un tiers de tour à la fois, afin de ne pas repousser le rivet trop loin.

4 Pour assembler deux maillons, placez la chaîne dans le dérive-chaîne comme précédemment. Repoussez le rivet à l'intérieur ; s'il bloque, desserrez et faites jouer le maillon pour aligner le rivet avec les perçages et recommencez.

•Chaîne HyperGlide

•Chaîne *Sedis* dorée de 2.38 mm

•Chaîne *Sedis* standard de 2.38 mm

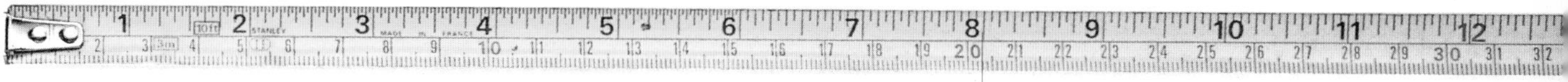

**5** *Repoussez le rivet de sorte qu'il dépasse à peine de la plaque extérieure entretoisée, tout en restant saillant sur la plaque la plus proche de la vis de dérive-chaîne.*

DÉRIVE-CHAINE. Son manche allongé accroît la force de levier et la vis de blocage située à l'extrémité sert à éviter de repousser le rivet hors de la plaque extérieure.

MESURE DE L'USURE. La chaîne est usée lorsque les rivets se sont écartés et que la chaîne s'est détendue de 309 mm ou plus.

CHAINE DE 3,17 MM NON ADAPTÉE AU DÉRAILLEUR (À ATTACHE RAPIDE). C'est un maillon maître qui ferme ce type de chaîne. L'extrémité fermée du ressort d'attache-rapide doit faire face au sens de la course.

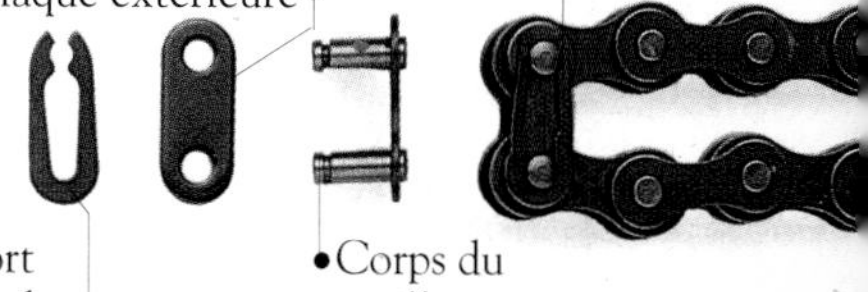

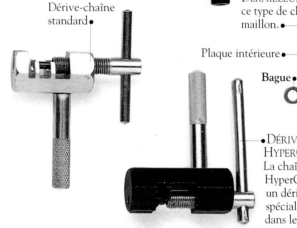

Plaque extérieure

Ressort d'attache-rapide

Corps du maillon

CHAINE DE 2,38 MM ADAPTÉE AU DÉRAILLEUR. On peut démonter et remonter ce type de chaîne à partir de n'importe quel maillon.

Dérive-chaîne standard

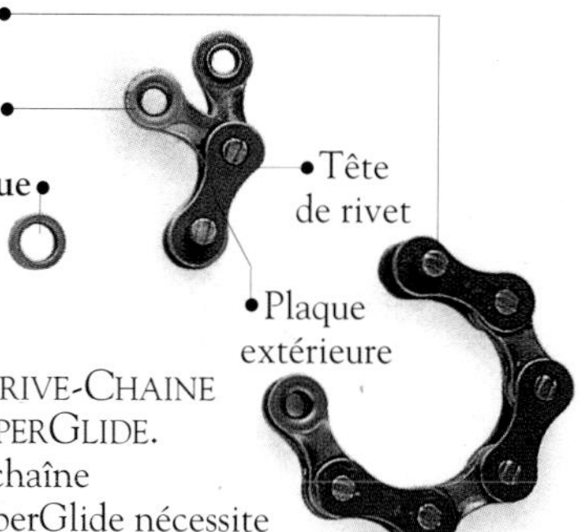

Plaque intérieure

**Bague**

Tête de rivet

Plaque extérieure

DÉRIVE-CHAINE HYPERGLIDE. La chaîne HyperGlide nécessite un dérive-chaîne spécial. Poussez le rivet dans le maillon avec cet outil, puis sectionnez les extrémités en saillie avec une tenaille.

**6** *Placez la chaîne dans la fente de l'extenseur, la vis contre l'extrémité saillante du rivet. Ouvrez doucement le maillon — un tiers de tour devrait suffire.*

**7** *Réglez la longueur de la nouvelle chaîne de sorte qu'en passant du plus grand plateau au plus petit pignon, le train de galets du dérailleur pointe vers le bas. Vérifiez que la chaîne reste bien tendue lorsqu'elle passe du plus petit plateau au petit pignon.*

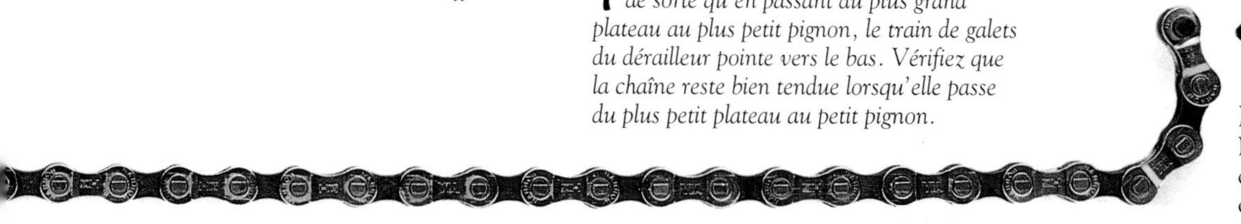

Rivet de chaîne HyperGlide

MAILLON DE JONCTION. Ne raccourcissez pas une chaîne HyperGlide à cet endroit, mais à l'extrémité opposée.

# Entretien de la transmission I

Lorsque l'on change de vitesse, le dérailleur déplace la chaîne sur le pignon ou le plateau sélectionné, et aligne celle-ci de sorte que sa course s'effectue sans à-coups. Les premiers dérailleurs étaient actionnés par de simples manettes à friction/tension que le cycliste devait positionner correctement. On changeait de vitesse à l'oreille et au toucher. Il fallait moduler le pédalage au bon moment en coordonnant l'action sur la manette afin de faire monter ou descendre la chaîne sur une denture, puis actionner la manette en sens contraire pour centrer la chaîne.

## Changement de vitesses à commande automatique

Bien que la plupart des dérailleurs modernes offrent toujours l'option changement de vitesses en mode friction, les dérailleurs indexés ou à commande automatique constituent désormais la norme. Le cycliste change de vitesse d'une pichenette sur une manette ou un bouton, et le système prend en charge le reste de l'opération. Mais savoir manœuvrer correctement le dérailleur demeure un art.

## Systèmes de précision

Les systèmes de changement de vitesses modernes sont devenus si précis que pour fonctionner correctement le moindre de leurs composants doit être parfaitement réglé. Qu'un seul boulon soit desserré d'un demi-tour, et c'est l'ensemble du dérailleur qui se trouve hors d'état de marche. C'est pourquoi, bien que les dérailleurs actuels soient simples d'emploi, il est nécessaire de bien connaître leur mode de fonctionnement afin de pouvoir les régler à la perfection. La plupart des petits réglages s'exécutent facilement et la grande majorité des dérailleurs sont conçus selon les principes illustrés ci-dessous.

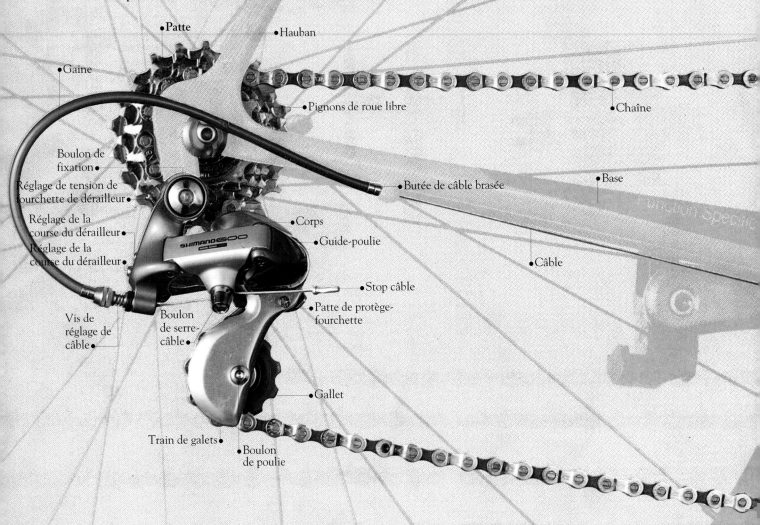

Patte · Hauban · Gaine · Pignons de roue libre · Chaîne · Boulon de fixation · Réglage de tension de fourchette de dérailleur · Réglage de la course du dérailleur · Réglage de la course du dérailleur · Butée de câble brasée · Base · Corps · Guide-poulie · Câble · Vis de réglage de câble · Boulon de serre-câble · Stop câble · Patte de protège-fourchette · Gallet · Train de galets · Boulon de poulie

## BRAQUETS

*Triple plateau et train de galets de dérailleur arrière surdimensionné sont courants sur les VTT et les vélos de cyclotourisme. Plateau supplémentaire, grande fourchette et pignons très espacés offrent un nombre bien plus important de braquets que sur un vélo de course. Mais ces braquets plus étendus nécessitent une chaîne plus longue et le passage de l'un à l'autre est moins rapide et précis qu'avec les braquets plus courts du vélo de course.*

## GROUPE DE COMPOSANTS

*La plupart des transmissions sont composées de systèmes complets de composants, de la manette de dérailleur à la roue libre et au moyeu, expressément conçus pour être utilisés ensemble. Les fabricants précisent généralement que la substitution d'un de leurs composants (par exemple la chaîne ou la roue libre) par celui d'une autre marque peut entraîner une diminution des performances. Mais l'inverse peut être également vrai : demandez conseil à votre marchand de vélo.*

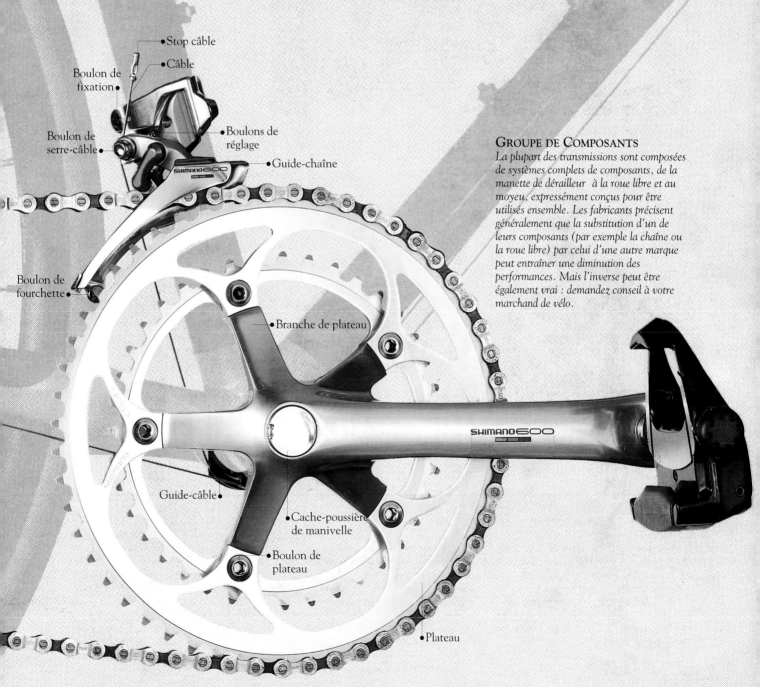

• Stop câble
• Câble
Boulon de fixation•
Boulon de serre-câble•
• Boulons de réglage
• Guide-chaîne
SHIMANO 600
Boulon de fourchette•
• Branche de plateau
Guide-câble•
• Cache-poussière de manivelle
• Boulon de plateau
SHIMANO 600
• Plateau

## LE DÉRAILLEUR AVANT

Pour régler le dérailleur avant, avec la manette placez la plaque extérieure de la fourchette au-dessus du grand plateau. Puis réglez le boulon de fixation du dérailleur avant pour que la plaque soit parallèle au grand plateau à 1-3 mm au-dessus de celui-ci. Une garde plus étroite est nécessaire pour les doubles plateaux peu espacés, et une garde plus large pour les triples plateaux plus espacés.

N.B. : si votre vélo est équipé de plateaux Biospace, faites tous les réglages la manivelle pointée vers le bas, alignée sur le tube de selle, de sorte que la partie haute du plateau soit à proximité des plaques de la fourchette.

### RÉGLAGE DU DÉRAILLEUR AVANT

*Tournez les manivelles à la main et faites passer la chaîne sur le petit plateau et le grand pignon. Sur les triples plateaux, utilisez le boulon de réglage inférieur pour conserver une garde de 1 mm à 1,5 mm entre la plaque intérieure de la fourchette et la chaîne. Sur les doubles plateaux, positionnez la plaque intérieure de la fourchette le plus près possible de la chaîne sans la toucher. Vérifiez la tension du câble et réglez si nécessaire*

*l'écrou de serre-câble. Faites passer la chaîne du grand plateau au petit pignon. Utilisez le boulon de réglage supérieur pour positionner la plaque extérieure de la fourchette le plus près possible de la chaîne sans la toucher. Sur un système Shimano STI, faites passer la chaîne sur le plateau intermédiaire et le grand pignon, et utilisez le boulon de réglage de câble sur le boîtier de la manette de dérailleur pour positionner la plaque intérieure de la fourchette le plus près possible de la chaîne sans la toucher.*

1 *Montez le vélo sur un support pour soulever la roue arrière. Serrez complètement la vis de réglage du câble située sur la manette de dérailleur puis dévissez deux tours. Mettez la manette en mode friction, tournez les manivelles à la main et faites passer la chaîne sur le petit plateau et le grand pignon. Vissez ou dévissez le boulon de réglage inférieur, de sorte que le guide-galet soit aligné avec le grand pignon.*

2 *Passez la chaîne sur le grand plateau et le petit pignon. vissez ou dévissez le boulon de réglage supérieur de sorte que le guide-galet soit aligné avec le petit pignon. Mettez la manette de dérailleur en mode SIS, tournez les manivelles et faites passer la chaîne du pignon supérieur au deuxième pignon. Si cela ne marche pas, tournez le boulon de réglage de câble dans le sens contraire des aiguilles d'une montre pour augmenter la tension du câble. Si la chaîne va trop loin, tournez le boulon dans le sens des aiguilles d'une montre.*

3 *La chaîne passant sur le deuxième pignon, tournez les manivelles et augmentez la tension du câble en tournant le boulon de réglage dans le sens contraire des aiguilles d'une montre. Arrêtez-vous juste avant que la chaîne ne frotte contre le troisième pignon. Vérifiez le changement de vitesses sur tous les pignons. Si le passage sur les grands pignons se fait lentement, augmentez la tension du câble d'un demi-tour. Si le passage sur les petits pignons se fait lentement, diminuez la tension du câble d'un demi-tour.*

**BOULON DE RÉGLAGE DE TENSION**
*Faites passer la chaîne sur le petit plateau et le grand pignon. Tournez les manivelles vers l'arrière et réglez le boulon de tension de sorte que le guide-galet soit le plus près possible du grand pignon sans le toucher. Tournez les manivelles, faites passer la chaîne sur le grand plateau et le petit pignon et vérifiez que le guide-galet ne touche pas au pignon. Réglez si nécessaire.*

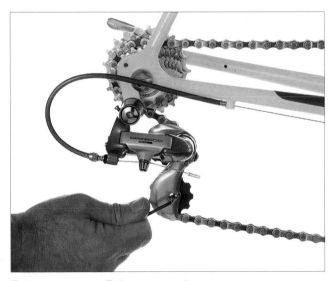

**DÉMONTAGE DU DÉRAILLEUR ARRIÈRE**
*La chaîne montée sur le vélo, vous pouvez monter ou démonter le dérailleur arrière en libérant le boulon de tension de galet avec une clef mâle coudée pour vis à six pans creux (ci-dessus) et en retirant le galet de tension. Il sera peut-être nécessaire de desserrer le guide-galet de sorte que les plaques de la fourchette puissent être écartées suffisamment loin de la chaîne pour dégager la patte de carter de chaîne.*

## MONTAGE DU DÉRAILLEUR ARRIRE

Afin d'assurer le bon fonctionnement de la plupart des dérailleurs modernes, les pattes de roue arrière doivent être parfaitement alignées entre elles, et le dérailleur parallèle à l'axe central du vélo. Le redressage du cadre, opération nécessitant un outillage spécifique et un grand savoir-faire, ne devrait être entrepris que par un mécanicien spécialisé. Essai sur le terrain : tenez-vous derrière le vélo et vérifiez visuellement que la ligne imaginaire tracée entre le galet guide et le galet de tension est parallèle à la roue arrière (dans le même plan).

### Démontage du dérailleur arrière

Il est amusant de manipuler un dérailleur. Son démontage ne demande que quelques outils, et c'est un objet suffisamment petit pour que vous puissiez le démonter en étant confortablement installé sur votre chaise. Vous découvrirez son principe de fonctionnement en le nettoyant et en le graissant, avant de le remonter en bon ordre. Démontez le dérailleur arrière au niveau du boulon de fixation, en déconnectant d'abord le boulon de serre-câble et, si la chaîne est en place, le galet de tension et le galet guide. La technique de démontage diffère ensuite selon le modèle de dérailleur. Le seul élément commun, c'est la vis de butée de la fourchette, qui évite le dévidage de la fourchette. Maintenez la fourchette et le corps, dévissez la vis de butée de la fourchette et dévidez cette dernière, en notant soigneusement le nombre de ses rotations. De la même manière, lorsque vous la dissociez du train de galets en dévissant tout ce qui peut à l'évidence les maintenir ensemble, prenez bonne note de la position du ressort. La plupart des dérailleurs sont conçus de sorte que sa tension se règle en accrochant une de ses extrémités dans l'un des perçages prévus à cet effet. Si votre transmission dispose d'un grand nombre de braquets, le ressort doit être bien tendu. Si leur nombre est plus petit, vous devrez diminuer sa tension de sorte que le changement de vitesses se fasse plus rapidement.

### Longueur de chaîne

Dérailleur à train de galets court et double plateau : il vous faut une longueur de chaîne suffisante pour passer sur le grand plateau et le grand pignon, sans passer par le train de galets, plus deux maillons. Dérailleur à train de galets long et triple plateau : la chaîne passant par le train de galets, sur le grand plateau et le petit pignon, le train de galets doit être pointé vers le sol.

### Lubrification

Graissez périodiquement les chevilles d'articulation du corps du dérailleur, puis nettoyez et graissez le galet de tension et le galet guide. Retirez les galets en dévissant leurs boulons, nettoyez-les dans un solvant biodégradable, et graissez-les avec un lubrifiant léger (voir p. 184-185).

# Entretien de la transmission II

Le corps de la roue libre se compose de deux éléments principaux, l'un placé à l'intérieur de l'autre : une noix intérieure vissée ou glissée dans le moyeu, et une noix extérieure supportant les couronnes dentées ou pignons. L'intérieur de la roue libre étant un dédale de petits éléments imbriqués — cliquets, roulements à billes, ressorts et chevilles — il est important que l'ensemble reste propre et bien graissé (voir p. 184-185) de sorte que les cliquets ne se bloquent pas. Gardez toujours une oreille attentive à la roue libre : si son cafouillage régulier devient discontinu ou syncopé, cela signifie qu'il vous faudra la vérifier ou la changer le plus tôt possible.

## Démontage et mise en place de la roue libre

On peut distinguer deux types principaux de roues libres : celle à filetage se vissant dans le moyeu et la roue libre-cassette, qui se glisse dans les rainures du moyeu-cassette. Et comme dans ces deux catégories il existe différents modèles, il vous faudra posséder l'outillage spécifique à la marque et au modèle de votre roue libre et de votre moyeu. Si vous ne disposez d'aucun renseignement de fabricant, allez voir votre marchand de cycles qui identifiera votre roue libre et vous indiquera les outils nécessaires à son entretien.

### ENTRAINEMENT PAR ROCHET

*Une extrémité de chaque cliquet s'articule sur la noix intérieure, l'autre extrémité étant appuyée par un ressort contre une série d'indentations, ou dents, positionnées dans la noix extérieure. Lorsque la chaîne entraîne la noix extérieure dans le sens des aiguilles d'une montre, les cliquets se bloquent dans les indentations, provoquant alors la rotation de la noix intérieure de la roue libre qui entraîne la roue du vélo.*

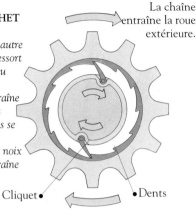

La chaîne entraîne la roue extérieure.

Cliquet • • Dents

### EN ROUE LIBRE

*Lorsque vous cessez de pédaler, alors que la roue et la noix intérieure de la roue libre tournent encore, les cliquets sautent sur les indentations de la noix extérieure, provoquant ce cliquetis rapide que vous entendez quand vous roulez en roue libre.*

La roue intérieure continue à tourner après la fin du pédalage.

### ANATOMIE DE LA CASSETTE

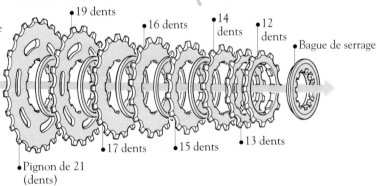

• Roue libre

• 19 dents

• 16 dents

• 14 dents

• 12 dents

• Bague de serrage

• 17 dents

• 15 dents

• 13 dents

• Pignon de 21 (dents)

### INSTALLATION D'UN ARRACHE-ROUE LIBRE

*Enlevez la roue et les écrous d'axe. Installez l'arrache-roue libre (ci-dessous) et remontez l'écrou en le serrant suffisamment pour maintenir l'arrache-roue libre.*

### REMPLACEMENT DE LA ROUE LIBRE

*Placez l'arrache-roue libre dans l'étau, la roue posée à plat (l'illustration la montre posée sur le côté pour faciliter la démonstration). Tournez la roue dans le sens contraire des aiguilles d'une montre, jusqu'à ce que la roue libre se débloque, puis desserrez la broche de blocage rapide ou l'écrou d'axe, afin de ne pas endommager le filetage du moyeu. Tournez un peu plus l'arrache-roue libre et desserrez légèrement l'écrou d'axe avant de dégager la roue libre du moyeu. Graissez le filetage de ce dernier avant de remettre en place la roue libre. Procédez avec précaution, un mauvais alignement et le croisement des filetages de la roue libre et du moyeu risquant d'endommager celui-ci.*

# Le jeu de direction

Le jeu de direction maintient le tube de fourche dans le tube de direction. Vérifiez l'assemblage en soulevant la roue avant et en tournant le guidon d'un seul doigt : il devrait pivoter en douceur. Si vous entendez un grincement ou si la fourche tourne avec à-coups, il faut régler et/ou graisser les roulements. Vérifiez le jeu en empoignant le guidon : serrez à fond le frein avant et faites basculer le vélo. Un cliquetis indique le desserrement d'un roulement. Vous devriez vous en occuper immédiatement car un jeu de direction desserré peut se dégrader très rapidement, les contraintes étant fortes à ce niveau là. Vous devrez utiliser les clefs de jeu de direction adéquates : clefs de 32 mm pour la plupart des vélos ou de 36 mm pour certains VTT Si les pièces du jeu de direction sont en alliage, procédez avec précaution afin de ne pas les voiler.

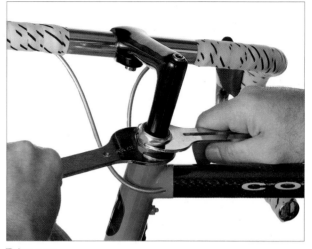

### RÉGLAGE

*Débloquez le contre-écrou et tournez à la main la cuvette supérieure dans le sens des aiguilles d'une montre pour l'amener contre les roulements. Dévissez d'un huitième à un quart de tour et bloquez-la en serrant moyennement. Procédez toujours à partir d'un réglage légèrement desserré.*

### Démontage

Le jeu de direction devrait être nettoyé et graissé environ une fois par an. Enlevez la potence (voir p. 164) et tout ce qui pourrait gêner. Retirez

également la roue avant pour vous faciliter le travail. Vous pourrez simplement poser le vélo par terre sur de vieux journaux, ou le monter sur un support.

## ANATOMIE DU JEU DE DIRECTION

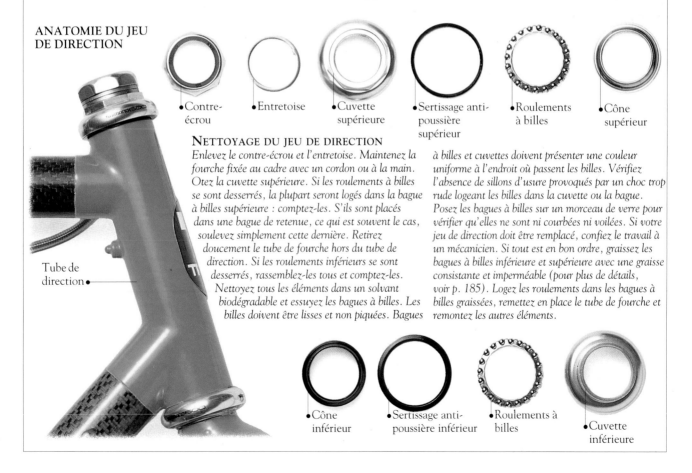

Tube de direction

- Contre-écrou
- Entretoise
- Cuvette supérieure
- Sertissage anti-poussière supérieur
- Roulements à billes
- Cône supérieur

### NETTOYAGE DU JEU DE DIRECTION

*Enlevez le contre-écrou et l'entretoise. Maintenez la fourche fixée au cadre avec un cordon ou à la main. Otez la cuvette supérieure. Si les roulements à billes se sont desserrés, la plupart seront logés dans la bague à billes supérieure : comptez-les. S'ils sont placés dans une bague de retenue, ce qui est souvent le cas, soulevez simplement cette dernière. Retirez doucement le tube de fourche hors du tube de direction. Si les roulements inférieurs se sont desserrés, rassemblez-les tous et comptez-les. Nettoyez tous les éléments dans un solvant biodégradable et essuyez les bagues à billes. Les billes doivent être lisses et non piquées. Bagues*

*à billes et cuvettes doivent présenter une couleur uniforme à l'endroit où passent les billes. Vérifiez l'absence de sillons d'usure provoqués par un choc trop rude logeant les billes dans la cuvette ou la bague. Posez les bagues à billes sur un morceau de verre pour vérifier qu'elles ne sont ni courbées ni voilées. Si votre jeu de direction doit être remplacé, confiez le travail à un mécanicien. Si tout est en bon ordre, graissez les bagues à billes inférieure et supérieure avec une graisse consistante et imperméable (pour plus de détails, voir p. 185). Logez les roulements dans les bagues à billes graissées, remettez en place le tube de fourche et remontez les autres éléments.*

- Cône inférieur
- Sertissage anti-poussière inférieur
- Roulements à billes
- Cuvette inférieure

# Entretien de la transmission III

L'axe du pédalier tourne sur des roulements à billes à l'intérieur de la boîte de pédalier. Les deux types les plus courants sont le pédalier réglable, à cônes et cuvettes filetés, vissé dans la boîte de pédalier, et le pédalier-cassette où axe et roulements forment un groupe solidaire fixé dans la boîte de pédalier. Certains pédaliers-cassettes sont réglables d'autres non. Ceux à roulements réglables présentent généralement sur le côté droit une cuvette fixe dépourvue de contre-écrou, et sur le côté gauche une cuvette réglable à perçages et contre-écrou.

### DÉMONTAGE DES MANIVELLES — 1

*Lorsque vous démontez une manivelle, retirez d'abord le cache-poussière. Si ce dernier présente une encoche pour clef à six pans ou pour tournevis, elle est probablement vissée et devra être dévissée avec l'outil adéquat. Si la surface du cache-poussière est lisse, elle est sans doute emboîtée et devra être dégagée avec un petit tournevis. Après avoir enlevé le cache-poussière, dévissez et retirez le boulon de manivelle. Vérifiez qu'il ne reste aucune rondelle à l'intérieur.*

### PLATEAUX ET MANIVELLES

*Vérifiez régulièrement le serrage des boulons de plateaux (à gauche). Lorsqu'ils ont été resserrés plusieurs fois et se sont logés dans le filetage, maintenez-les en place avec un adhésif de filetage. Vérifiez périodiquement la denture des plateaux en retirant la chaîne et en plaçant une lampe derrière le plateau que vous ferez tourner. Les dents ébréchées seront visibles sur le côté, les dents faussées par dessus. Vérifiez l'alignement des plateaux et l'absence de jeu latéral. S'il est nécessaire de les ajuster, on pourra procéder avec une grande clef, mais il vaudra mieux faire appel à un spécialiste. Vérifiez régulièrement l'absence de jeu des boulons de manivelle. Retirez le cache-poussière et serrez le boulon de manivelle avec une clef adéquate. Serrez fermement, mais pas trop, pour ne pas rayer le filetage. Si les boulons de manivelle sont en alliage, utilisez un boulon en acier pour serrer celles-ci, puis remplacez-le par le boulon en alliage. Vérifiez le serrage des manivelles neuves tous les 40 km durant les premiers 350 km.*

### LE PÉDALIER

L'axe du pédalier devrait être nettoyé et graissé une fois par an, et plus souvent si vous roulez en terrain boueux ou détrempé. Démontez les manivelles, la cuvette réglable et le contre-écrou, puis retirez l'axe. Procédez au démontage sur du papier journal, pour ne perdre aucune bille, et assurez-vous qu'il n'en reste pas dans la cuvette fixe. Si les roulements sont de type annulaire, notez bien leur disposition. Si un manchon cache-poussière en plastique protège l'axe à l'intérieur de la boîte de pédalier, retirez-le. Nettoyez tous les éléments avec un solvant biodégradable. Nettoyez la cuvette fixe, mais ne l'enlevez pas, sauf si vous avez constaté à la lumière d'une lampe de poche qu'elle était usée et piquée. Examinez l'usure de tous les éléments. L'axe et la cuvette doivent présenter des sillons d'usure polis, mais non piqués. Si tout est en ordre, enduisez les cuvettes de graisse et logez-y les billes. Insérez l'axe en place, la plus grande extrémité en premier, maintenez-le contre les roulements de la cuvette fixe et remontez les autres éléments. Donnez quelques tours de manivelle puis réglez les roulements.

Boulon
Rondelle
Bague de roulement à billes
Cache-poussière
Axe
Bague de roulement à billes
Cuvette réglable
Contre-écrou
Rondelle
Boulon

### DÉMONTAGE DES MANIVELLES — 2

*Pour démonter une manivelle, utilisez un extracteur de manivelle (à droite) qui présente un boulon passant dans un carter circulaire fileté à l'extérieur. Dévissez complètement le boulon intérieur (dans le sens contraire des aiguilles d'une montre), puis vissez le carter dans la manivelle, en prenant soin de ne pas croiser le filetage. Bloquez le carter dans la manivelle, en utilisant une clef à molette si nécessaire. Tournez le boulon intérieur de l'extracteur de manivelle dans le sens des aiguilles d'une montre, et serrez fermement, mais pas de toutes vos forces — la manivelle étant en alliage, un serrage trop puissant risquerait d'arracher le filetage. Si la manivelle ne sort pas, tapez avec un maillet en bois. Augmentez doucement la tension de l'extracteur et guettez l'instant où vous sentirez venir la manivelle, c'est alors que vous devrez augmenter la tension de façon décisive. Si toutefois rien ne se passe, il faudra desserrer la manivelle avec un marteau et un chasse-clavette, ou avec un outillage spécialisé.*

### RÉGLAGE DU PÉDALIER

*Vérifiez le jeu des roulements à billes du pédalier en empoignant une manivelle et en la tirant et la poussant fermement. Un cliquetis signifie que les roulements se sont desserrés. Retirez ensuite la chaîne des plateaux et laissez-la posée sur la boîte de pédalier. Faites tourner le pédalier : si vous constatez des à-coups dans la rotation, les roulements sont trop serrés et/ou ont besoin d'être graissés. Vérifiez le serrage de la cuvette fixe du côté des plateaux. Ces cuvettes ayant un filetage inversé, à gauche, on les serre dans le sens contraire des aiguilles d'une montre. Il est généralement nécessaire de retirer d'abord l'ensemble manivelle et plateau avant de pouvoir accéder à la cuvette fixe. Pour régler les roulements du pédalier, desserrez le contre-écrou, serrez avec les doigts la cuvette réglable contre les roulements, puis desserrez légèrement — un huitième de tour environ. (NB : Pour les besoins de la photographie, nous avons démonté la manivelle afin de bien montrer la cuvette et le contre-écrou. Cependant, si vous utilisez des clefs à broche telles que celles représentées, il n'est pas nécessaire de retirer la manivelle.) Vérifiez le jeu des roulements. Réglez avec précaution, car l'étape suivante — le serrage du contre-écrou en maintenant en place la cuvette réglable — serrera légèrement les roulements. S'ils sont neufs, serrez étroitement afin que les billes se logent convenablement. Si ces dernières sont déjà bien rodées, serrez le plus précisément possible.*

# Les pédales

**D**eux types principaux de roulements à billes équipent les pédales : ceux de type cône-cuvette, où les billes indépendantes sont maintenues par un cône réglable, et les annulaires, qui forment un ensemble hermétique, ajusté à l'intérieur du corps de la pédale. Il est possible de régler le jeu de certains roulements annulaires. Les pédales munies de tels roulements pourront être utilisées plus de deux ans sans révision, mais si vous souhaitez les entretenir, il vous faudra un outillage spécialisé. Maints cyclistes ne s'en inquiètent pas : lorsque leurs vieilles pédales commencent à grincer et craquer, ils préfèrent les changer plutôt que de les réparer. Les pédales à roulements cône-cuvette doivent être nettoyées et graissées tous les six mois. La durée de vie d'une pédale dépend de sa qualité : une pédale bas de gamme ne dépassera pas quelques milliers de kilomètres, tandis qu'une pédale de bonne qualité pourra rouler plus de 150 000 km.

**DÉMONTAGE DES PÉDALES**
*Démontez les deux pédales avec une clef à pédale (mâchoires étroites) ou, si le filetage de l'axe est bien graissé, démontez-les avec une clef à six pans appliquée sur l'extrémité de l'axe du côté manivelle. Notez que la pédale de gauche, qui a un filetage à gauche (ci-dessus), se dévisse en étant tournée dans le sens des aiguilles d'une montre. La pédale de droite, qui a un filetage à droite traditionnel, se dévisse dans le sens contraire des aiguilles d'une montre.*

## Anatomie de la pédale

La pédale doit être révisée si son axe cliquette lorsqu'on le tire et le pousse dans le corps de pédale, ou si la rotation se fait avec des à-coups. Vérification qui sera d'autant plus nécessaire si vous ne vous souvenez pas l'avoir jamais faite. Grâce au cache-poussière fixé à l'extrémité de la pédale, les roulements de ce côté sont généralement toujours suffisamment graissés. Mais les roulements situés du côté de la manivelle, plus vulnérables à l'humidité et à la poussière, pourront être déjà secs alors que les roulements extérieurs sont encore convenablement graissés ; c'est pourquoi vous devez démonter complètement la pédale lorsque vous la révisez.

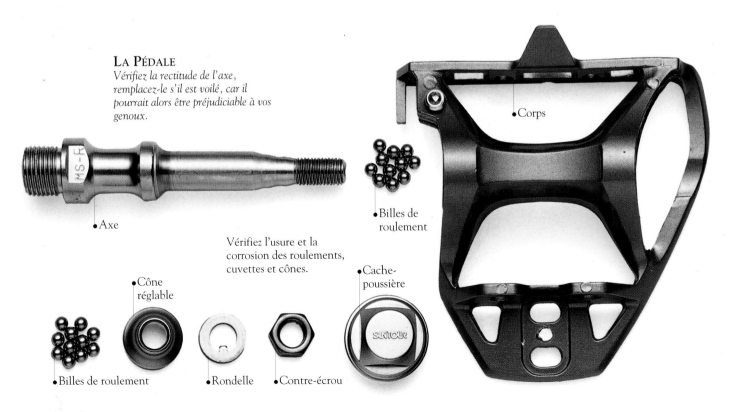

**LA PÉDALE**
*Vérifiez la rectitude de l'axe, remplacez-le s'il est voilé, car il pourrait alors être préjudiciable à vos genoux.*

• Axe

*Vérifiez l'usure et la corrosion des roulements, cuvettes et cônes.*

• Corps

• Billes de roulement

• Cône réglable

• Cache-poussière

• Billes de roulement

• Rondelle

• Contre-écrou

## Démontage et graissage

Après avoir enlevé le contre-écrou et le cache-poussière (voir ci-dessous à droite), démontez le cône réglable. Il présente généralement deux faces que l'on dévisse avec un petit tournevis. Maintenez l'extrémité de l'axe du côté de la manivelle et renversez la pédale sur du papier journal, puis videz les billes côté cache-poussière en secouant le roulement et en retirant avec un petit tournevis ou une allumette celles qui restent collées dans la graisse. Comptez-les, puis sortez l'axe du côté de la manivelle et retirez les billes correspondant à cette extrémité. Comptez-les également et nettoyez toutes les pièces avec un solvant biodégradable. Enduisez les cuvettes de graisse consistante imperméable (voir p. 185) et logez les billes dans la graisse. Glissez le tout avec précaution dans l'axe, sans déranger les billes, serrez à la main le cône puis remontez la rondelle et le contre-écrou. Faites tourner plusieurs fois la pédale pour loger les roulements. Puis vissez le cône contre les roulements, et desserrez d'un huitième à un quart de tour. Bloquez le contre-écrou et vérifiez que le tout ne soit pas trop serré, car en le bloquant on serre également les roulements. Enfin, remettez le cache-poussière en place, graissez légèrement le filetage de l'axe de pédale puis remontez toute la pédale.

### DÉMONTAGE DU CACHE-POUSSIÈRE
*Pour avoir accès aux roulements à billes, il faut d'abord démonter le cache-poussière (ci-dessous). Les cache-poussière en alliage étant filetés, utilisez une clef anglaise ou un outil spécialement conçu pour eux. Certains cache-poussière en plastique n'étant pas filetés, essayez d'abord de les dévisser. Si cela ne marche pas, retirez-les doucement avec un petit tournevis.*

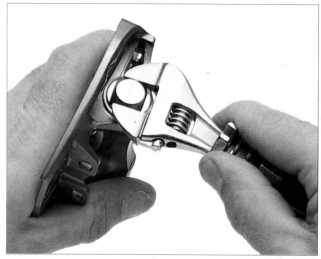

### DÉMONTAGE DU CONTRE-ÉCROU
*Le cache-poussière enlevé, vous avez accès au contre-écrou. Maintenez la pédale avec une clef du côté de la manivelle, ou bloquez-la dans un étau, puis desserrez le contre-écrou (ci-dessous). Sur certaines pédales, celui-ci est logé dans un renfoncement difficile d'accès. Dans ce cas, vous devrez utiliser une clef à contre-écrou de pédale, ou du moins un manchon suffisamment étroit pour atteindre le contre-écrou.*

## PÉDALES AUTOMATIQUES

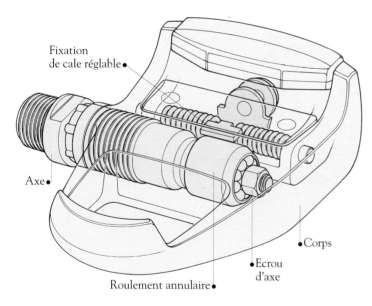

Fixation de cale réglable

Axe

Roulement annulaire

Corps

Ecrou d'axe

### RÉGLAGE D'UNE PÉDALE AUTOMATIQUE
*La pédale automatique est constituée d'un ensemble pédale et cale compatible. Lorsque le cycliste pose le pied sur la pédale, la cale s'emboîte automatiquement dans une fixation de sécurité. La tension de cette fixation se règle par un boulon situé derrière ou sous la pédale. Les axes de tous les systèmes de pédale automatique sont équipés de roulements annulaires. Si la pédale est détendue, ou si elle cliquette, cela indique soit le desserrement de l'écrou d'axe, soit celui du roulement annulaire. L'accès à ces deux pièces dépend du modèle, lisez d'abord le mode d'emploi du fabricant. Si la douille en nylon de l'écrou d'axe est usée, remplacez-la.*

# Nettoyage et lubrification

Jadis, les huiles et les graisses n'étant pas durables, les composants de la bicyclette étaient plongés à demeure dans un lubrifiant. La plupart des vélos de cyclotourisme étaient équipés d'un carter de chaîne hermétique qui contenait un bain d'huile dans lequel tournait la chaîne, et les pièces dotées de roulements à billes étaient percées de tubulures de remplissage dans lesquelles on versait régulièrement de copieuses quantités d'huile, afin d'éviter que les pièces ne sèchent et ne s'abîment irrémédiablement. L'huile suintant sur toute la bicyclette retenait poussière et boue, ce qui faisait un beau gâchis. Les lubrifiants modernes, bien plus résistants, ont une longue durée de vie et sont imperméables. De nombreux composants sont désormais montés en éléments sertis et graissés dans lesquels tournent les pièces sans risque de fuite, qui peuvent servir cinq ans ou plus en conditions d'utilisation normales.

La technique moderne ayant permis d'éliminer l'aspect le plus salissant du travail de nettoyage, cela ne vous dispense cependant pas de nettoyer et de graisser régulièrement votre vélo. Usez toujours des lubrifiants avec mesure et précision. Une petite quantité utilisée à bon escient préviendra longtemps frottements et corrosion — au contraire, une trop grande quantité retiendra les poussières et accentuera l'usure des pièces. Essuyez fréquemment tout excès de lubrifiant et séchez complètement votre vélo à la fin du nettoyage.

## LA CHAINE

Chaque maillon de la chaîne est constitué d'un assemblage très précis de roulements à rouleaux. Etant régulièrement exposée à l'humidité et à la poussière, la chaîne a besoin d'un nettoyage et d'un graissage tout aussi réguliers. L'huile est un lubrifiant bon marché et efficace, mais elle forme un mélange abrasif avec la poussière qu'elle retient, ce qui augmente l'usure. Les lubrifiants synthétiques, plus résistants et plus propres, retiennent moins la saleté et l'eau. La chaîne neuve est graissée par le fabricant, et puisque graisses à base de pétrole et lubrifiants synthétiques sont incompatibles, vous devrez d'abord nettoyer la chaîne si vous souhaitez employer un lubrifiant synthétique. Démontez la chaîne et laissez-la tremper dans le solvant. Nettoyez les plateaux et utilisez une brosse à roue libre pour enlever la saleté accumulée sur les pignons (à droite). Avec une brosse métallique, supprimez toute trace de graisse sur la chaîne. Séchez complètement la chaîne dans un four, sur une chaudière ou même avec un sèche-cheveux. Graissez un à un les rouleaux, en pliant les maillons d'avant en arrière pour faire pénétrer le lubrifiant. Lorsque tous les rouleaux sont bien graissés, essuyez les plaques extérieures de sorte qu'elles soient presque sèches au toucher. Le bac à brosse, tel que ce Park Chain Bath (ci-contre en haut), est un autre système de nettoyage et de graissage, excellent pour les chaînes très sales à l'extérieur, qui sera encore plus efficace si lubrifiant et solvant proviennent du même fabricant. Les lubrifiants en bombe aérosol, comme le Superspray, sont rapides et pratiques : faites simplement tourner les manivelles en arrière tout en aspergeant la chaîne, puis essuyez le surplus. Renouvelez fréquemment l'opération. Les lubrifiants synthétiques liquides, comme le Pedros Synlube, qui doivent être appliqués au goutte à goutte, durent plus longtemps.

## LE NETTOYAGE DE VOTRE VÉLO

*Dépoussiérez votre vélo en l'essuyant avec un chiffon humide le plus souvent possible. Le fait de le sécher après une sortie par temps de pluie le maintiendra automatiquement en bon état de propreté. Si nécessaire, passez-le à l'eau savonneuse. Une brosse douce sera pratique pour nettoyer les endroits difficilement accessibles. Protégez à la fois l'environnement et le lustrage de votre bicyclette en utilisant un savon doux, non alcalin, ou bien un produit spécifique, biodégradable, comme le Bike Elixir Wash & Wax. Les pièces en alliage enduites de graisse doivent être traitées avec un produit pour chaîne ou un solvant tel que le Simple Green ou le Parts Wash Concentrate. Un VTT bien encrassé pourra être lavé au jet d'eau (à droite), mais veillez à ne jamais diriger directement le jet sur les roulements.*

## Graisses

Les graisses sont soit à base de pétrole, soit à base de lubrifiant synthétique mélangé à des savons ou des épaississants qui augmentent leur viscosité, ainsi qu'à différents additifs améliorant leurs performances. Certaines graisses contiennent un lubrifiant solide, tel que le disulphide de molybdène ou le téflon, qui, enduisant la surface des roulements, réduisent d'autant les frottements. On graisse essentiellement les jeux de direction, moyeux, roulements de pédale et pédaliers, et parfois les roues libres. Les graisses sont soit légères, soit consistantes : les premières, bien plus fines et douces, plus fluides également, conviennent mieux aux roulements annulaires, aux roues libres ou aux roulements semi-sertis avec joint torique d'étanchéité. Les graisses consistantes, beaucoup plus épaisses et collantes, conviennent aux roulements non sertis et sont relativement imperméables. Les lubrifiants automobiles sont souvent revendus sous un autre nom comme graisses pour bicyclette. De fait, cela ne pose aucun problème, les seuils de performance requis pour la voiture étant bien supérieurs à ceux du vélo. Mais certains lubrifiants spécifiquement conçus pour la bicyclette donneront généralement de meilleurs résultats, surtout en condition d'utilisation extrême. La graisse Phil Wood Waterproof Grease, par exemple, est très efficace sur les VTT qui roulent fréquemment dans l'eau. Les coureurs sur route, pour qui il est naturel de démonter et de graisser leur vélo avant toute compétition, préfèrent les graisses les plus fines et les plus rapides. Quels que soient les lubrifiants utilisés, ne mélangez jamais deux graisses différentes : leurs additifs étant souvent incompatibles, il en résulterait un dysfonctionnement des pièces. C'est pourquoi, lorsque vous graissez les composants, commencez par les nettoyer complètement et assurez-vous que toutes les pièces soient bien sèches, sans trace du lubrifiant précédent ni du solvant. Le tube ou le pistolet graisseur vous aideront à lubrifier soigneusement les pièces.

**GRAISSAGE DES ROULEMENTS**
*Graissez légèrement la cuvette de roulement et mettez en place les billes, puis rajoutez suffisamment de lubrifiant pour enduire chaque bille. Soyez modéré, sinon la graisse risque de suinter, de retenir la saleté et d'encrasser les pièces. Evitez de souiller la graisse, lavez-vous les mains avant de commencer le travail.*

**PARTIES À LUBRIFIER**
*Afin d'assurer son bon fonctionnement, il est essentiel de lubrifier régulièrement les parties du vélo indiquées ci-dessous, avec une huile (H) ou une graisse (G).*

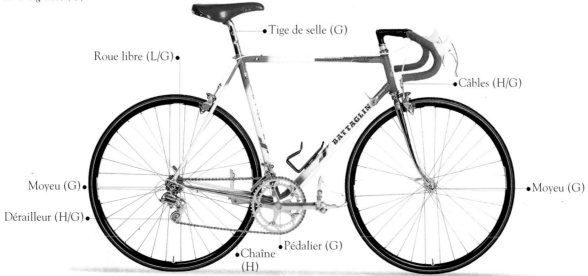

Tige de selle (G)

Roue libre (L/G)

Câbles (H/G)

Moyeu (G)

Moyeu (G)

Dérailleur (H/G)

Pédalier (G)

Chaîne (H)

# Réglages fins

Un vélo rutilant, en bon état et bien réglé augmente d'autant le plaisir de rouler : son rendement mécanique s'en trouve amélioré et son entretien facilité. Divers procédés permettent d'adapter votre vélo à vos besoins particuliers : rajouter des garde-boue sur votre VTT, par exemple, ou équiper votre bicyclette d'antivols, d'un éclairage et de tout l'attirail adapté à la conduite en ville. D'autres méthodes servent à affûter la machine pour qu'elle fonctionne au meilleur de son rendement et de sa vélocité. Mais quelles que soient les priorités, porter au moindre détail toute l'attention requise sera probablement source de grandes satisfactions. De plus, la certitude de rouler sur un vélo parfaitement préparé vous donnera une plus grande assurance, que ce soit dans un sprint au finish ou lors d'une embardée effectuée pour éviter un piéton en vous rendant au travail.

### CHAMBRE À AIR USAGÉE

*La roue avant d'un VTT peut projeter de la boue sur les roulements du jeu de direction. Une façon simple de se confectionner une protection étanche consiste à enlever la potence et à glisser une petite longueur de chambre à air usagée sur le tube de direction. Après avoir remonté la potence, tortillez la chambre de sorte qu'elle recouvre bien les roulements et la potence.*

### FILS ÉLECTRIQUES

*Lorsque vous installez dynamo, compteur électronique ou tout autre équipement doté de fils électriques, veillez à ce que ces derniers soient toujours convenablement tendus sur le vélo, sinon ils risqueraient d'être accrochés et de se casser. L'astuce consiste à bien tout prévoir, avant de commencer à monter les brides et à faire les raccords. Vous trouverez toujours le moyen d'enrouler le fil de sorte qu'il se confonde avec le vélo, le long d'un hauban de garde-boue ou d'une gaine de câble, par exemple. Si vous installez un projecteur avant, laissez un peu de mou pour la rotation du guidon. Les fils électriques seront régulièrement spiralés si vous les enroulez d'abord, en serrant, sur un crayon ou sur un gros clou.*

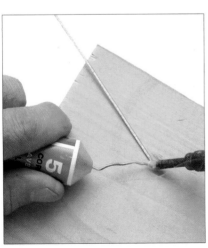

### CABLES

*Afin d'éviter qu'elles ne s'effilochent, les extrémités des câbles sont généralement recouvertes d'une capsule qu'il vous faudra couper pour démonter et graisser le câble. Une façon de remplacer la capsule consiste à plonger l'extrémité dans de la colle, en essuyant tout surplus avant qu'elle ne sèche. Une méthode plus compliquée sera d'en souder l'extrémité et de limer l'excès de soudure de sorte que le câble puisse aisément coulisser dans la gaine. En guise de mesure provisoire, enroulez un tissu adhésif sur le câble et cisaillez le câble au milieu.*

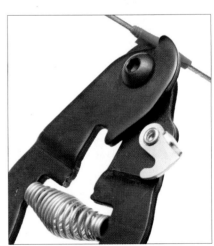

# Lustrage et retouches

Le lustrage du vélo effectué au moins une fois par an entretient la peinture et facilite le nettoyage. Si la finition s'est ternie, nettoyez-la avec un rénovateur de couleur, ou, avec une cire à pâte dure qui donne un lustre intense. La cire à cacheter polymère permet d'obtenir une finition étincelante, mais pour la raviver ultérieurement il faudra d'abord utiliser un dissolvant spécial. La plupart des cires conviennent au lustrage, c'est pourquoi de nombreux vélocistes utilisent des cires pour meuble en bombe aérosol, qui nettoient et font briller en un seul passage. La cire protège également les composants en alliage, aussi longtemps qu'ils sont en bon état. S'ils sont oxydés et ternis, faites-les briller avec un produit pour métaux avant de les cirer. Et s'ils sont très ternes, utilisez de la paille de fer. Vous ferez les retouches avec de l'apprêt et de la peinture de finition.

Certains fabricants proposent de la peinture pour retouches à l'achat du vélo ; sinon faites vos mélanges avec de la peinture pour modèles réduits. Frottez les taches de rouille à la toile émeri et à la paille de fer, et lissez à la toile émeri le bord des écaillures de peinture. Appliquez l'apprêt en dépassant les bords, puis laissez sécher. Appliquez ensuite la peinture de retouche avec un petit pinceau et enlevez toutes les aspérités avec une paille de fer fine. Passez la retouche à la pâte à polir, nettoyez le cadre et, enfin, cirez.

### ADHÉSIF DE FILETAGE

*Il est possible de bloquer boulons et écrous avec un adhésif de filetage tel que le Loctite, très utile sur les petits boulons ayant tendance à se dévisser, boulons de support de porte-bagages, de plateaux et de cuvette fixe de pédalier. L'adhésif, qui permet d'éviter tout desserrement dû aux vibrations, n'empêche pas le dévissage avec une clef. Démontez boulon et écrou, nettoyez-les, puis appliquez l'adhésif de filetage avant de les revisser en place.*

## RODAGE DES ROULEMENTS

Vue au microscope, la surface des cônes et cuvettes de roulements et des billes d'un moyeu neuf ressemble à un paysage lunaire : déchiqueté, ponctué de pics accidentés et de profondes vallées. Après quelque temps d'utilisation du moyeu, ces minuscules irrégularités s'usent, des sillons polis apparaissent à la surface des cônes et des cuvettes, les billes deviennent plus lisses et les frottements mécaniques diminuent. L'accroissement du rendement varie suivant les modèles, mais sur une distance de 160 km la différence entre un moyeu neuf et un moyeu rodé correspond, en terme de dépense d'énergie, à l'ascension d'une pente de 30 mètres. Et si vous ajoutez le second moyeu, le pédalier et les galets du dérailleur, le rodage de ces pièces peut accroître considérablement le rendement de votre vélo. Mais le rodage demande du temps. Pour accélérer le processus, on passera les roulements à la pâte à polir, un abrasif fin utilisé pour lisser et polir les surfaces peintes. Faites d'abord des essais sur un composant dont vous ne vous servirez pas, car cette méthode équivaut à utiliser une ponceuse surpuissante sur du mobilier : elle est efficace, mais souvent excessive si vous n'y prêtez garde. Les composants pouvant être ainsi traités sont les moyeux, le pédalier et les pédales. Démontez-les et nettoyez-les d'abord avec un solvant biodégradable. Mélangez la pâte à polir à une graisse légère, garnissez les roulements de ce mélange et remontez la pièce. Il est essentiel de pouvoir la faire tourner de façon uniforme sans que s'exerce de force latérale, sinon le polissage risque de se faire de travers. En ce qui concerne le moyeu, montez la roue sur un centreur de roue et, pendant plusieurs jours, faites la tourner chaque fois que vous passez à côté. Une méthode plus rapide consiste à relier le moyeu à une perceuse électrique munie d'une durite flexible. Positionnez soigneusement le moyeu et la perceuse afin que la charge sur l'axe soit neutre. Lorsque les composants sont rodés, démontez-les et nettoyez-les à fond pour qu'il ne reste plus aucune trace de mélange de pâte à polir, puis garnissez les pièces de lubrifiant et remontez-les.

# Lexique

Les mots du lexique en *italique* font l'objet d'une entrée à part entière.

## A

**Aérofoil.** Structure profilée comparable à la coupe transversale d'une aile d'avion.

**Amortisseur.** Dispositif équipant les systèmes de suspension des VTT, destiné à amortir la course d'un mécanisme, bras oscillant par exemple, tout en minimisant le rebond.

**ANSI, BSI, Snell, AS** (American National Standards Institute, British Standards Institute, Snell Foundation, Australian Standards). Organismes définissant critères et tests de sécurité des cycles et de leur équipement. Si les normes peuvent varier, elles se recoupent fréquemment. Les normes de la Snell Foundation, organisme privé, sont les plus rigoureuses en ce qui concerne les casques.

**Axe du moyeu.** Axe sur lequel tourne la roue.

## B

**Braquet.** Détermine la distance parcourue par le vélo à chaque tour de pédalier. C'est le rapport entre le nombre de dents du plateau et le nombre de dents du pignon utilisés. Une rotation d'un plateau de 48 dents fera tourner quatre fois une roue arrière munie d'un pignon de 12 dents. C'est un braquet de 48/12.

**Brasure.** Procédé de soudure de deux tubes d'acier par un alliage non ferreux tel que le cuivre et dont le point de fusion est inférieur aux métaux ainsi assemblés.

## C

**Cadence.** Vitesse du pédalage, mesurée en nombre de rotations de *manivelle* par minute. Les cyclistes de cyclotourisme et de ville ont une cadence variant de 55 à 85 tr/mn, les coureurs de 95 à 130 tr/mn selon les conditions.

**Cale.** Système bloquant la chaussure sur la pédale. C'est une petite plaque de métal ou de plastique fixée à demeure sous la semelle, conçue pour rendre cette dernière solidaire de la pédale.

**Carénage.** Pare-brise et/ou carrosserie améliorant la pénétration dans l'air.

**Chaîne primaire, ou chaîne-relais.** Utilisée sur les tandems. Les plateaux avant et arrière, situés sur le côté gauche du vélo, sont reliés par cette chaîne. L'axe du pédalier arrière est également doté de plateaux sur le côté droit, reliés par une chaîne à la roue libre.

**Chasse.** Mesure la distance entre l'intersection avec le sol d'une ligne verticale tirée de l'axe de roue avant et celle d'une ligne prolongeant le tube de direction.

**Chrome-molybdène.** Alliage d'acier de haute tension utilisé pour la fabrication de cadres, plus particulièrement ceux des VTT. Il est adapté à la production en série de cadres soudés, car les tubes résistent aux températures de soudure sans perte de leur force de tension.

**Cintre de la fourche.** Mesure la distance entre une ligne imaginaire prolongeant le tube de fourche et la ligne parallèle à celle-ci passant par les *pattes* de la fourche.

**Coup de pédale.** Pédalage souple et régulier, le pied pivotant sur la cheville à chaque rotation de la *manivelle*.

**Couple.** Mesure la force de rotation ou la puissance.

## D

**Diode Zener.** Régulateur de tension électrique.

**Double renfort.** Décrit certains tubes de cadre à parois plus étroites au centre qu'aux extrémités, plus légers mais plus résistants aux points de jonction.

**Douille.** Manchon ou tube sur lequel pivotent certaines pièces.

**Duromètre.** Dispositif de mesure de la rigidité et de la souplesse des amortisseurs à uréthanne équipant les systèmes de suspension, principalement sur les VTT.

## E

**Ecuanteur.** Mesure le degré d'asymétrie des nappes de rayons des deux côtés d'une roue. La roue avant est symétrique, la roue arrière est asymétrique en raison du déport (écuanteur) nécessaire aux pignons multiples.

**Empattement.** Mesure la distance entre les deux axes de roue. Sur un vélo traditionnel, l'empattement varie de 96,5 cm à 111,7 cm.

**Eventail.** Ligne oblique que forment plusieurs coureurs décalés vers l'arrière les uns par rapport aux autres, afin de profiter au maximum de l'abri qu'offre le coureur précédent contre le vent latéral.

## F

**Frein à tambour.** Freine la roue au niveau du moyeu, et non sur la jante.

## H

**Hybride.** Désigne un vélo de ville associant les principales caractéristiques du VTT et du vélo de cyclotourisme : guidon droit, manettes de frein et de dérailleur montées sur le guidon, freins cantilever et roues de 700 à pneus polyvalents étroits.

## M

**Manivelle.** Bras de levier reliant la pédale au plateau du pédalier.

**Monocoque.** Technique de fabrication donnant à la carrosserie ou la surface externe la fonction de structure porteuse servant de châssis.

**Mouliner.** Pédaler très vite et légèrement, sans grand effort musculaire.

## P

**Passager.** Sur un tandem, désigne le cycliste placé à l'arrière.

**Pattes.** Extrémités de la fourche à l'avant et des haubans à l'arrière, sur lesquelles se fixent les axes de roue.

**Peloton.** Groupe compact de coureurs rassemblant la majeure partie des concurrents dans une épreuve (ou dans une randonnée).

**Pilote.** Sur un tandem, désigne le cycliste placé à l'avant.

**Pneu à tringle.** Pneu en U dont les tringles sont maintenues contre la jante par la pression de la chambre à air.

**Position "en œuf".** Recherche du meilleur profil aérodynamique du corps, mains dans les cintres, épaules rentrées, menton sur les mains et dos le plus plat possible.

**Potence.** Raccorde le guidon au cadre par l'intermédiaire de la tête de fourche. Sa forme et sa taille déterminent les positions avant-arrière et verticale du guidon.

**Prendre la roue.** Technique de pilotage grâce à laquelle le cycliste se place "dans la roue" de celui qui le précède, et profite de l'abri de son sillage.

## R

**Raccord de cadre.** Manchon servant à positionner précisément deux tubes assemblés par soudage ou collage. Souvent ornés, les raccords renforcent la résistance du cadre en offrant une plus grande surface à la soudure ou à la colle et en répartissant sur le cadre les contraintes.

**Raccord de selle.** Assemble les haubans, le tube de selle et (parfois) le tube horizontal.

**Résistance à l'air.** Résistance aérodynamique. Elle est due aux frottements de l'air s'écoulant à la surface d'un objet, et de la résistance due aux zones de basse pression situées à l'arrière de l'objet. La résistance mécanique résulte des frottements des pièces mobiles entre elles.

**Rouler en danseuse.** Rouler debout sur les pédales, en se servant du poids du corps pour appuyer alternativement sur les *manivelles*.

## T

**Tasseau.** Embase *brasée* sur le cadre prévue pour la fixation de divers composants tels que freins cantilever, manettes de dérailleur sur le tube diagonal ou porte-bagages.

## V

**VPH.** Véhicule à propulsion humaine. Techniquement, la bicyclette est un VPH, mais en pratique le terme désigne tous les véhicules à propulsion humaine n'étant pas un vélo.

**Voiture-balai.** Véhicule suivant un groupe de cyclistes, pour le transport des bagages, l'assistance technique et les premiers secours, surtout dans les courses et les randonnées monstres.

NORMALISATION
Nous conformant aux conventions régissant les normes de mesures des cycles, les dimensions des VTT sont indiquées en pouces, tandis que celles des vélos de course et de cyclotourisme sont données en centimètres. Il existe certaines exceptions, telles que la mesure des manivelles, toujours données en millimètres, même pour les VTT.

NOTE DES AUTEURS :
Le pronom personnel "il" utilisé dans cet ouvrage ne doit être considéré que sous son acception la plus générale : il inclut bien évidemment "elle".

# Index

**Remerciements des auteurs**

Cet ouvrage n'aurait pu voir le jour sans l'aide de nombreux amis versés à titres divers dans le cyclisme, et plus particulièrement Mike Burrows, Monty et Grant Young de chez Condor, Debbie DeMeritte de chez F.W.Evans, Nick Fish de chez Trek, Nick Reardon et Kirsten Begg de chez Cannondale, et Mick Allen. Notre reconnaissance va également à tous ceux qui nous ont apporté aide, conseil et matériel, notamment : Nick Crane, On Yer Bike, Hilary Stone, Evolution Imports, Simon Lilleystone, W.A.Bush, Ian Emmerson, Pete et JoAnne Pensayres, Mike Shermer, Bob Schmidt, Avis Cycles, Avocet International, Bell Helmets, John Potter, Bike Events, John Matthews, Campagnolo, Mark W. Hopkins de chez Du Pont, Wolfgang Haas, Fahrradtechnik, Bob Rubenstein et Han Gœd de Fiets Magazine, Gary Fisher de chez Fisher Mountainbikes, Chris Payne, BMBF, Peter Ernst, Miles et John Kingsbury, King Cycles, Frank Kirk, Madison Cycles plc, Graham Bell de chez Neatwork, Jim McGurn de New Cyclist, Simon Doughty, David Hemmings, Rick Kiddle de chez Perfect Performance, Marti Daily, IHPVA, John Pritchard, Danny Rosen, Domenico Garbelli et Richard Strom de chez Rossin, Nico Lemmens de chez Shimano, Michael Cramer et Martin Higgins de chez Specialized, Nick Saunders, Sturmey Archer, Ralph Schnyder, Reg Turner, Wim Van Wijnen, Scott Young, David Taylor de York Films, et Millie.

**Les éditions Dorling Kindersley souhaitent également remercier :**

Dave Robinson, directeur artistique du projet durant les six premiers mois, puis Melanie Miller pour le secrétariat de rédaction. Ainsi que Cooling-Brown Partnership pour la maquette, Kevin Ryan, Alison Donovan et Gurinder Purewall pour leur aide ; Alison Edmonds, Deborah Popczynska, Lol Henderson et Deborah Rhodes, assistants d'édition ; Andrew Green, Stephen Dew, Pete Serjent et Paul Dewhurst pour la mise en page ; Kate Grant pour la recherche documentaire ; Diana Morris, Catherine O'Rourke et Suzanne Williams pour la recherche iconographique, et Peter Moloney pour l'index.

**Crédits photographiques**
b en bas, c au centre, d à droite, g à gauche, h en haut

J.P. Montiel/TempSport : couverture c
Jim McGurn : p. 8 dh, cd, 9 hd, 113 hd
The Ricket Encyclopedia of Slides : p. 9 bd
Le Monde à bicyclette : p. 10 bd, 108 g, 109 hd
Nick Crane : p. 38 bg, 39 hg, hd, 100 bg, bd
Danny McMillin : p. 44 bg, bd, 45 h, b
Allsport : p. 49 hg, 69 b, 76 g, 81 hg, 83 h, 113 hg
Stockfile : p. 49 bd
York Films : p. 52 hd, bg, 113 b
Actionsnap : p. 53 h, b
Fountain Head Advertising : p. 59 cd
Graham Watson : p. 68 b, 82 b
Action Pact : p. 71 hd
J. Pritchard : p. 75 bd
J. Dickerson : p. 78 hd, 79 bd
P. Penseyre : p. 79 bg
R. Ballantine : p. 113 hd
R. Simonsen : p. 79 h
Leicester City Council : p. 80 g
Tim Leighton-Boyce : p. 83 bg, 113 hd
Precor USA : p. 87 h
Bike Events : p. 96 b
Ben Osborne : p. 97 h, bd, 99 hd
Sally et Richard Greenhill : p. 112 hd
Imperial Tobacco Ltd : p. 123 hg
Thomas Forsyth : p. 124 h, c, b, 125 h, b
Bob Eshuis : p. 132, 133, 144 d
Matt Mullin : p. 142 bg, 143 hd, bd, 145 g
Discover Magazine : p. 144 bg
Lynn Tobias : p. 145 hd
Hulton Picture Library : p. 159 hd
Université de Californie : p. 192 bd

Nous nous sommes efforcés de retrouver tous les ayants droit. Les éditions Dorling Kindersley prient ceux qui auraient pu être lésés par une omission involontaire de bien vouloir les excuser, et seraient heureuses de mentionner leur nom lors d'une prochaine édition de l'ouvrage.